周恩来总理1958年为玉屏县题词："中国油茶之乡"。笔者深有感怀，赋小诗一首：

万绿丛中红光铄，题词巍然辉日月。
油茶之乡壮山河，山歌声声农家乐。

（玉屏县林业局　供稿）

河北迁西板栗树王（迁西县林业局　供稿）

湖南省永州大自然油茶公司示范基地。照片自左至右：李春梅，大自然公司副总经理；吴国侠，湖南省粮食行业协会、粮食经济学会常务理事；丁声俊，本书作者；王硕球，永州市粮食局副局长。

（文晏　供稿）

湖南永州市大自然公司优质油茶良种繁育基地
（大自然公司　供稿）

河南内黄县千年古枣园（内黄县林业局　供稿）

内黄县“枣相情”专业社红枣园，林下种植豆类、中药材　（内黄县林业局　供稿）

河南新县油茶中药材苗圃　（新县林业局　供稿）

陕西省佳县黄河岸边百年枣园
（文晏　供稿）

佳县百年枣园

长河滚滚奔流远，
百顷枣园碧连天。
春来树树花串串，
秋到累累果甜甜。
枝繁叶茂覆大湾，
根深须密固沙原。
风摧雨打越百年，
护岸卫士水清滟。

中国木本粮油发展研究

丁声俊　等著

中 国 农 业 出 版 社

讴歌嘉木　赞美绿色

——代前言

2013年年初，李克强总理到国家粮食局视察和调研，发表了作好“三篇文章”、守住管好“天下粮仓”的讲话。李总理在讲话中还明确表示，赞成和支持发展木本粮油。

为落实李总理的讲话精神，国家林业局委托国家粮食局科学研究院承担“中国木本粮油产业发展战略研究”的软科学研究项目。此前，丁声俊研究员曾与几位专业研究者开展了一些研究，并向国家林业局提出申请项目，得到了支持，并正式作为软科学研究项目立项，开始了爬山越岭的考察，走乡串户的调研，不眠之夜的写作。

从那时至今，历时千日、行程万里，不知爬过几多坡，涉过几条河，翻过几道岭，访过几多山寨和村落，更阅尽郁郁葱葱嘉木秀，感受生机勃勃花果硕。尤其令人难忘的是，考察调研的过程，是深受陶冶情操和受教育的过程。木本粮油产区大都分布在老少边山穷地带，这为研究者提供了难得的走访革命老区、学习革命传统的机会。在穿越山林的途中，怀着敬仰的心情，缅怀革命先辈和革命圣地：鄂豫皖根据地的悲壮豪歌，湘江风雷的震彻山河，遵义城头的灯光闪烁，太行山岳的抗战炮火，陕北转战的斗争岁月，还有那掩埋在苍松翠柏下忠魂的座座墓穴……都使作者受到教育和激奋。回想长途跋涉行，既获得丰富多彩的木本粮油第一手资料；又瞻仰先烈伟绩，弘扬了革命传统。

令人欣慰的是，前辈先烈们洒下热血的山林，如今满目碧绿，葳蕤繁茂，尤其引人瞩目的是，木本粮油欣欣向荣，铁杆庄稼生机勃勃。在各地奔波的途中，写出了多篇调研报告和阐述木本粮油的论文，发表在《求是采访》《战略问题参考》《绿叶》《中国粮食经济》《中国油脂》《中华粮网》等全国级刊物上，收到积极反响。特别是，笔者在充分研究的基础上向国家食物与营养咨询委员会提出建议，把广辟食物之源、发展木本粮油纳入《中国食物发展纲要》(2014—2020) 中。这项建议被采纳。集千日辛劳、万里奔波成果之总结，完成了《中国木本粮油发展研究》一书。这是一部由多位专家、教授和专业人员通力合作、并重在深入调研的基础上完成的学术专著。

这是一部讴歌嘉木、赞美绿色的新作。嘉木者，即木本粮油树林，崇山峻岭种满“铁杆庄稼”；绿色者，即绿色发展、绿色产业，青山绿水变为“金山银山”。在本书的“专题篇”中，重点评述和介绍了木本粮油加工先进技术工艺，以及资源综合利用方法。在“研究篇”中，不仅以主要篇幅阐述开创和发展木本粮油的重大经济、社会、生态价值，而且以绿色文化为理念贯穿于各章节，体现崭新“山林观”。说真的，不走进山林，不会真正知晓山林的博大、精深。作者初探山林，对山林还一知半解，但确实感受到山林价值之优：“食”的优，“药”的优，“饮”的优，“菜”的优，各种林特产品的优；还确实感受到山林文化之美：诗的美，声的美，色的美，景的美，生态环境美。对山林奥秘的认识愈深，就会对其心生重视、崇拜与敬畏。这种“山林观”，在《中国木本粮油发展研究》中多有彰显。

全书共包括 4 篇：“绪论篇”包括第一、二章，由赵大晭（中国合作经济促进中心秘书长）、李兴军（国家粮食局科学研究院副研究员、博士）、李光涛（国家粮食局科学研究院助理研究员）搜集资料，由丁声俊（国家粮食局研究员）梳理、综述完成。“研究篇”包括第三至七章，由丁声俊研究员、马榕（国家粮食局科学研究院高级工程师、科研处长）撰写完成。“专题篇”包括第八至十章：第八章由屈凌波（洛阳理工大学校长、教授、博导），孙中叶（河南工业大学教授、博导、处长）撰写完成；第九章由武丽荣（《中国油脂》杂志社社长、副主编、高级经济师）撰写完成；第十章由潘月红（中国农业科学院信息研究所《农业展望》编辑部主任、编审）撰写完成。“调研篇”中的4个调研报告，是由丁声俊研究员新近写作完成的。全书由丁声俊研究员统稿和统改。

在为本书打上最后一个句号的时候，脑海里油然浮现出明朝那位以保卫国家为己任、不辞千里辛劳，纵马再登太行山、“两鬓霜华”老将军的诗章：“西风落日草斑斑，云薄秋容鸟独还。两鬓霜华千里客，马蹄又上太行山。”心中更响起那“踏遍青山人未老，风景这边独好”的豪放名句。回想翻过的座座山岭，走访的还在贫穷中的座座山寨，顿生感慨，赋小诗一首，作为本书和千日奔波的铭记。

山乡念

千日辛劳不寻常，
登山归来念山乡。
采集碧绿红橙黄，
挥洒锦绣作新章。

丁声俊

2016年3月20日　春分

目录
Contents

调研篇

绪论篇

苏幕遮

木本粮油林

红玛瑙①，碧青桃②。栗花③如雪，油茶④绿崖坳。嘉木葱茏江山娇，树树珠宝，串串枝条。

爬千坡，登万岳。满眼花果，澄空云朵。喜闻林下声声乐，荡漾涌波，欢笑和山歌。

①红枣；②核桃；③板栗；④山茶树。

丁声俊

2013年6月于湖南永州

第一章　导　论

党的十八大坚持解放思想、实事求是、与时俱进、求真务实，提出了一系列新思想、新论断和新举措，绘制了壮丽的新蓝图和新目标，制定和部署了具有中国特色的社会主义事业“五位一体”的建设新方略。遵照党的十八大精神，中央又制定了“以我为主、立足国内、确保产能、适度进口、科技支撑”的粮食安全新战略。确保国家粮食安全，已上升为国家安全战略的重要内容，也是实施建国总方略的重要内容和任务。习近平总书记精辟提出了“中国人的饭碗要端在自己的手上，而且主要装自产的粮食”的战略思想。李克强总理在国家粮食局科学研究院视察和举行的座谈会上，深刻地阐述了“广积粮、积好粮、好积粮”的“粮安天下”的新思维。这充分表明，党和政府把确保粮食安全置于保障国家经济安全、乃至国家安全的战略高度。

第一节　研究的总统领

科学发展是我国的第一要务。如何把握发展规律、如何创新发展理念、如何破解发展难题，始终是一个重大课题和重要任务。发展木本粮油是振兴一个新产业，更需要探索发展新理念。党的十八届五中全会明确提出“创新、协调、绿色、开放、共享”的五大发展新理念，为引领木本粮油产业持续发展提供了思想灵魂。以创新发展为动力，拓展新空间，构建新体制，完善新机制，创建新体系。以协调发展为途径，促进各地区、各领域协调发展、共同发展。以绿色发展为方向，构建产业结构，促进生产方式、资源利用方式，乃至生活方式有利于优化天蓝、地绿、水清、山秀的生态环境。以开放发展为战略，开拓广阔大市场。以共享发展为目标，促使广大民众共享发展机遇，同享发展成果，促进民生福祉。

党的十八大以来，习近平总书记关于生态文明建设发表了一系列新论断和新观点，成为治国理政的重要内容。其中，论述了尊重自然、谋求人与自然和谐发展的价值理念和发展理念，为努力建设美丽中国，实现中华民族永续发展，走向社会主义生态文明新时代，指明了方向和道路，也完全适用于包括木本粮油在内的现代林业的发展。

生态恶化是中国21世纪面临的最严峻挑战之一。建设生态文明保护环境是保证经济长期稳定增长和实现可持续发展的基本国家利益。环境问题解决得好坏关系到中国的国家安全、国际形象和广大人民群众的切身福祉，以及全面小康社会的实现。习近平总书记提出的“绿水青山也是金山银山”的命题，是用科学的眼光诠释了发展循环经济、建设资源节约型和环境友好型社会的理念。生态环境就是生产力，是一种新发展观，蓝天白云、绿水青山是我们长远发展的资本和潜力。要统筹兼顾、和谐发展、绿色发展、循环发展、低碳发展，找到发展经济与保护生态的结合点，实现经济社会发展与生态环境保护的共赢。

“变绿水青山为金山银山”，需要建章立制，严肃问责。要加快调整经济结构和布局，抓紧完善标准、制度和法规体系，抓紧制定环境保护空白领域的法律法规，筑牢保护生态环境的制度防护墙。“法律是红线、法治是底线。任何人、任何组织不能触碰、不得突破。”

生态文明建设的正道，是尊重自然规律，尊重人民群众权益，善待一草一木，善待每一寸土地。政府既要着眼于宏观的保护，又要从微观入手，发动群众、教育群众，使环境保护成为公民的自觉行动，不断增强全社会生态文明观念。保护环境，人人有责。这就要求每个人将环保意识植根心中，选择健康的生活方式。坐而论道，不如行动起来，从我做起，从身边做起，身体力行，自觉自为，持之以恒，全民动员保护环境，为美丽中国贡献自己的力量，把生态建设变成为全民的自觉行动。

“中国木本粮油产业发展战略研究”课题，是国家林业局委托国家粮食局科学研究院承担的重大软科学研究项目。本研究力求站在新的历史时代的高度，以党的十八大决议中新思想、新观点、新论断、新战略和新举措为总引领，以经济、社会、政治、文化和生态“五位一体”建国方略为指引，确定研究目标，划定研究内容，设定研究路线。

第二节　研究的总目标

党的十八届三中全会提出完善和发展中国特色社会主义制度、推进国家治理体系和治理能力现代化的总目标，并做出经济建设、政治建设、文化建设、社会建设和生态建设“五位一体”的总布局。这是党中央总揽国内外大局，贯彻落实科学发展观做出的战略总目标和总布局。

“五位一体”的总布局体现了新的建国方略。它是一个有机整体：经济建设是根本，政治建设是保证，文化建设是灵魂，社会建设是条件，生态建设是基础。只有全面落实“五位一体”的建国方略，才能开创我国经济富裕、政治民主、文化繁荣、社会公平、生态良好的发展格局，把我国建设成为“富强、民主、文明、和谐”的社会主义现代化国家；实现“自由、平等、公平、法制”的现代化社会。全面实施“五位一体”的建国方略，一项重大内容是实施党中央和国务院确立的“以我为主、立足国内、确保产能、适度进口、科技支撑”的粮食新战略，保障国家粮食可持续安全、特别是口粮的绝对安全；保护和改善生态环境；保障农民收入稳定增加。

一、广辟还处在沉睡中的山地资源

在承前启后的新时代，中央把粮食安全战略提升到国家经济安全战略、乃至国家安全战略的层面，明确要求管住守好“天下粮仓”，把中国人的饭碗端在自己手里。

中央提出的新战略，再次敲响粮食安全的警钟。虽然我国粮食取得“十二连增”，但由于各种原因导致我国粮食消费呈刚性增长，粮食“紧平衡”趋向“更紧”的态势发展。伴随工业化、城镇化的进程，我国人口城镇化率呈快速提高态势。2012 年年末，全国城镇总人口达到 7.11 亿人，城镇化率达到 52.6%。到 2015 年年末，全国城镇常住人口 77 116 万人，乡村常住人口 60 346 万人，城镇化率升为 56.1%。城镇人口的粮食消费水平比农村高出 30% 以上，使全国每年大体需要新增粮食供应量 400 万吨。与此同时，由于城乡居民食物结构迅速转变，动物蛋白食品消费量快速增加，导致饲料粮需求量快速扩大，其占据粮食总消费量的比重已升至第一位。与此相对照，我国耕地面积趋向缩减，农业粮食生产的资源约束压力越来越加重，粮食增产、农民增收的难度日益加大。总体看，我国粮食总供给的增长赶不上总需求的增长。一个拥有 13 亿多人口的大国，决不能仰仗进口粮食过活，而必须主要依靠国内生产保障粮食安全，特别是保障国民口粮的绝对安全。

正是在这样的农情、粮情变化态势下，中央及时确立粮食安全新战略。它的核心内容在于确保“三个安全”：一是确保“口粮绝对安全”。国民口粮的自给率必须保持在95%以上。这是最基本的民生，也是治国理政的头等大事。二是确保“质量安全”。国以民为本，民以食为天，食以安为先。所谓“安”就包括粮食和食用农产品从“田头”到“餐桌”的质量安全。三是确保“资源安全”。耕地是根基，淡水是命脉，都是农业粮食生产的要素资源，又是稀缺资源。另外，我国的人均水资源占有量远低于世界平均水平，仅为世界人均占有量的1/4；人均耕地面积不到世界平均水平的2/5。珍惜资源，保护资源，综合开发利用资源，建设“资源节约型”和“环境友好型”的“两型社会”，已成为我国的基本国策。

然而，我国拥有广大的山地和丘陵资源，国土资源的显著特点是：幅员辽阔广大，地理位置优越；山地多，平原少；人均耕地数量少，土地禀赋较低；地形地貌复杂，类型多种多样。在全国国土总面积中，山地、高原和丘陵等合计占国土总面积的比重高达69%；平原和盆地合计占31%。其中，现有林地面积3.04亿公顷，荒山荒地0.53亿公顷，适宜种植木本粮油树种的面积约0.3亿公顷，大体相当于我国现有总耕地面积的25%。在这一巨大生态系统中潜藏着雄厚的优质粮油生产能力。如果唤醒基本上还在沉睡中的山地和丘陵的国土资源，那么可以替代大量土地资源，是减轻我国土地资源约束力的新视角和新途径。即在广阔的山地、丘陵、荒原上，因地制宜发展以油茶、板栗、核桃、红枣、柿子等为代表的木本粮油产业，建设成大批绿色木本粮油基地。近年来，除了油桐籽和乌桕籽因替代品使之产量有所下降，其他油茶籽、核桃、红枣、板栗、柿子等都大幅增长。根据国家统计局资料，2012年，我国油桐籽、油茶籽、乌桕籽、核桃、板栗、红枣和柿子等木本粮油的产量分别达到：427 048吨、1 727 708吨、39 467吨、2 046 904吨、1 979 583吨、5 887 121吨和3 417 586吨。到2014年，上述主要木本粮油品种的产量依次为：416 065吨、2 023 445吨、35 921吨、2 688 896.1吨、2 292 132.9吨、7 345 266.4吨和3 730 793.8吨，对保障我国粮油安全做出了贡献。

二、推进生态文明建设、开发木本粮油树种资源

党的十八大明确提出：紧紧围绕建设“美丽中国”深化生态文明体制改革，加快建立生态文明制度，健全国土空间开发、资源节约利用、生态环境保护的体制机制。同时，在我国“五位一体”建国方略的总布局中，已把实现

"美丽中国"纳入国家发展战略。"美丽中国"既含有国家自然环境之美，又含有国家精神及社会发展之美。建设生态文明、实现环境之美是建设"美丽中国"的有机内容和重要任务。从直观意义而言，"美"就是"绿"满山川原野，而"绿"则是"美"的和谐底色。只有广袤国土披绿，美才有本色，生态文明才有根基。让广大丘陵山区告别荒凉贫困，就会使人民享受生态文明建设的成果和荣耀。开展木本粮油产业发展战略研究的意义，正在于谱写"绿色篇章"——即实施生态文明建设的"绿色工程"，变生态优势为经济优势，有利于保护和改善整个生态环境，实现经济的绿色增长。

在林业生态系统中，有多达五六百种的木本粮油树种，其中多数是我国的乡土树种，具有多种功效。一是具有耐干旱瘠薄、绿化国土的资源价值。木本粮油树种根系发达，可有效防止水土流失，耐干旱瘠薄土壤，适种范围广，是退耕还林和荒山荒地造林、绿化国土的优良经济林木。二是具有很高的减缓温室效应的生态价值。木本粮油树种枝叶繁茂，花果丰硕，通过光合作用可以有效减轻温室气体，达到绿化美化环境、净化空气、调节气候、保持水土、涵养水源的效应。三是具有生产多种优质森林食品及其他林业产品的经济价值。森林食品是指来自森林，符合人类自然、环保、清洁生产技术要求，生态、优质、健康、营养的食用林产品，是人类最早的食物，具有不与粮油作物争地的特点。进入新世纪以来，发展木本粮油等森林食品已成为保障我国粮油安全的重要途径。以油茶产业为例，它既是我国亚热带地区重要的木本油料树种，又是优良的荒山荒地绿化树种。2012 年，全国油茶林总面积已达 383.33 万公顷，茶油产量增加到 45 万吨，产值上升到 390 亿元。

三、振兴新的"民生产业"、推动精准扶贫

促进山地丘陵地区开发全部国土资源，促进"老、少、边、穷"地区脱贫致富奔小康。遵照"五位一体"的建国方略，在社会建设方面，要以保障和改善民生为重点，多谋民生之利，多解民生之忧，推动和谐社会建设。目前，我国改善民生、全面建设和谐社会与小康社会的一个重点和难点在农村地区，特别是广大"老、少、边、穷"地区。无疑，我国扶贫事业的成效广受国际的赞扬。全国贫困发生率由 20 世纪 80 年代的 80%左右下降到 2014 年的 7.2%。然而，到 2015 年年底，按照现行提高后的脱贫标准概算，我国仍有 5 575 万农村人口生活在贫困标准线以下。这些贫困人口多集中在这一地区。这些地区

经济相对落后，贫困人口相对集中，“三农”问题依旧突出，农民增收、实现小康的难度尤大。针对这种情况，国家制定了精准扶贫、脱贫“五个一批工程”：发展生产脱贫一批；异地搬迁脱贫一批；生态补偿脱贫一批；发展教育脱贫一批；社会保障兜底一批。实施这一工程，需要精准识贫、精准施策、精准落实。发展木本粮油就是一项重大措施。如述，在这些地区拥有种植木本粮油经济树的优越条件，拥有适合当地发展的优质木本粮油树种，是丘陵山区重要的特色产业门类，具有良好的经济效益和广阔的产业化发展前景。

创新山区经济发展思路，扬长避短，大力发展木本粮油产业，是“老、少、边、穷”地区实施“五位一体”建设的重要内容和体现，也是在扶贫新阶段推进精准扶贫策略的重要途径。中央提出到2020年实现7 000多万贫困人口脱贫、所有贫困县全部摘掉“贫困”的帽子。这需要转变扶贫方式，实现精准扶贫：做到扶持对象精准、项目安排精准、资金使用精准、措施到户精准、脱贫成效精准，有效促使贫困群众脱离贫困陷阱。通过转变发展方式，解除传统发展模式之危，大兴科学发展模式之利，推动木本粮油产业科学发展，完整体现发展木本粮油特色产业的目标：把发展特色产业与振兴贫困地区经济结合起来；把发展特色产业与保护生态环境、开发山区资源结合起来；把发展特色产业与缩小城乡、区域发展差距结合起来，努力实现基础设施好、产业结构好、人口素质好、社会保障好、生态环境好、社会风尚好。

第三节　重点研究内容

本书从确定的研究目标出发，重点研究内容包括五个方面：

一、关于我国发展木本粮油产业战略意义的研究

遵循党的十八大的精神和“五位一体”的建国方略，全面综合评述了我国粮食安全面临的新形势，既客观评价了我国粮食产业取得的辉煌成就，又清醒正视粮食面临的严峻挑战。在此基础上深刻阐述和概括了振兴木本粮油产业的战略意义。它是加强国家粮油安全的“粮安工程”；是发展绿色经济的“生态工程”；是促进“老、少、边、穷”地区经济发展的“民生工程”；是丰富市场、改善民众营养的“健康工程”。要特别指出的是，本研究还对木本粮油文化进行了初步探讨和挖掘。

二、关于我国木本粮油丰富资源的研究

基于我国农业资源的约束力越来越加重的趋势，全方位开发食物资源，尤其是开发非耕地资源——木本粮油资源大有可为。我国包括木本粮油在内的经济林木面积广达 3 200 多万公顷，总产量可达 1.26 亿吨，总产值超过 5 158 亿元。本研究系统分析了我国基本上还处在沉睡中的丰富的木本粮油资源，即山地丘陵面积广大，具有开发利用的巨大潜力；木本粮油树种众多，具有扩大种植的广阔前景；木本粮油种植历史久，具有发展木本粮油产业的经验和积极性；国内外市场广阔，具有强大的拉动力。

三、关于我国木本粮油产业发展历程及绩效的研究

在回顾我国木本粮油产业“三起三落”的历史经验教训基础上，总结和概述了改革开放以来我国木本粮油产业在发展新阶段取得的绩效，包括：社会各界对发展木本粮油产业重要意义认识的提高；发展大量木本粮油种植基地；涌现大批“产供销”一体化的产业化龙头企业。迄今，我国现有油茶林 300 多万公顷、核桃林 252 万公顷。2010 年全国主要木本粮油树种总面积达 953.33 万公顷。值得重视的是，木本粮油领域涌现一批新型经营主体，包括林业大户、企业、家庭林场和木本粮油专业合作社。

四、关于我国木本粮油产业发展现存问题的研究

基于 SWOT 战略分析方法，不仅分析了我国发展木本粮油产业的优势方面，而且还注重分析其劣势方面。总体看来，我国木本粮油产业还处在初创阶段，存在五个薄弱环节：思想认识薄弱，还未把木本粮油产业真正置于战略地位；基础建设薄弱，木本粮油基地的路、电、水等设施普遍缺乏；加工工业薄弱，加工企业“小、杂、低、乱”；科技创新薄弱，科技力量、科研设施都很落后；现代服务薄弱，缺少社会化、专业化服务；财政支持薄弱，国家对木本粮油产业支持的品种和力度都很不足。为促进我国木本粮油产业的持续发展，必须加强这些薄弱环节。

五、关于振兴我国木本粮油产业重大战略举措的研究

振兴木本粮油，是一个新兴的特色产业，更需要采取“创新驱动”战略措

施：在宏观层面，要培育新动力，拓展新空间，构建新体系等；在微观层面，要切实抓住产品品种创新、工艺技术创新、市场流通创新、资源配置创新、组织经营创新等。本研究围绕“创新驱动”进行了如下探索：创新发展理念，探索木本粮油现代生态化转型升级；创新发展道路，扩大木本粮油多形式的产业化组织经营路径；创新科学技术，有力加强自主科技创新能力；创新企业体制机制，积极引进多种资本交叉入股、相互融合的混合所有制经济形式；创新保障机制，在开辟多元化融资渠道的同时，更要加大公共财政扶持力度。

第四节　研究方法和路线

“中国木本粮油产业发展战略研究”是一个重大软科学研究项目。课题研究组采取的研究路线是：由软科学理论研究切入，发扬理论结合实际的学风，以创新思维、创新精神进行新探索，在理论研究的基础上，针对我国木本粮油产业发展的实际需要，提出新对策、新建议。

一、软科学系统分析法

软科学（soft science）是一门新兴的、高度综合性的学科群：系统科学是一大类主学科；领导学、管理学、决策学是其另一大类主学科；科学学是其第三大类主学科；人才、创造思维、心理和行为科学是其第四大类主学科。在本课题的研究过程中，采取以全面、动态、辩证为特征的系统分析方法，对我国木本粮油产业发展过程中产生的认识问题，以及面临的科技、社会、经济等一系列实践性问题给出了答案。

系统分析方法（system analysis method）来源于软科学中的系统科学。系统科学是20世纪40年代以后迅速发展起来的一个横跨各个学科的新的科学部门。它从系统的着眼点或角度去考察和研究客观世界，为人类认识和改造世界提供了科学的理论和方法。它的产生和发展标志着人类的科学思维由主要以“实物为中心”逐渐过渡到以“系统为中心”。系统分析已成为咨询研究的最基本的方法。人们也可以把一个复杂的咨询项目看成为系统工程，通过系统目标分析、系统要素分析、系统环境分析、系统资源分析和系统管理分析，可以准确地发现问题，深刻地揭示问题的起因，有效地提出解决方案。

采用系统分析方法进行木本粮油产业发展战略研究，从整体上考察和分析产业发展的优势与劣势，产业发展的内在要素和外部环境，产业发展的科技创新能力和市场容纳规模，产业发展的目标和通向目标的途径。综合制定出木本粮油产业发展的战略和策略。

二、SWOT 战略分析法

SWOT 是一种战略分析方法。SWOT 分别代表的意义是：Strengths（优势）、Weaknesses（劣势）、Opportunities（机遇）、Threats（挑战）。SWOT 分析法又称为态势分析法。它是由旧金山大学的管理学教授于 20 世纪 80 年代初提出来的，是一种能够比较客观而准确地分析和研究一个企业或产业现实态势的方法。运用 SWOT 方法，重在以系统工程的思想将各种似乎独立的因素相互匹配起来进行综合分析，使企业或产业战略计划的制定更加科学全面。迄今，SWOT 方法广泛应用于战略研究与竞争分析，成为战略管理和竞争情报的重要分析工具。这一分析法的优点是直观、使用简单。缺陷是精度性不足，所以在使用 SWOT 方法时要尽量做到真实、客观、精确。

本研究采用 SWOT 分析法，把我国木本粮油产业作为分析对象，通过对整体产业的优势、劣势、机会和威胁等因素加以综合评估与分析，对产业发展提出战略性对策和发展目标。同时在把内部资源、外部环境有机结合的基础上，确定我国木本粮油的资源优势和缺陷，以及所面临的机遇和挑战，从而在战略与策略两个层面，以及发展方式上进行调整，优化资源配置，以保障整个产业所要实现的目标。

三、空间经济学

空间经济学（spatial economics）是根据时间、层次、传统三维空间相互转化原理，研究经济发展规律，预测经济发展趋向，进行经济空间布局，调整产业空间结构，取得经济规模效益，实现经济可持续发展的经济学，是结构经济学向发展经济学转化的中间环节。空间经济学与结构经济学使发展经济学成为科学。空间经济学是 1999 年由麻省理工学院出版的《空间经济学：城市、区域与国际贸易》一书中提出的具有里程碑意义的理论，是三位著名经济学家合作的结晶。他们是：日本京都大学的藤田昌久，美国普林斯顿大学的保罗·克鲁格曼和英国伦敦政治经济学院的安东尼·J. 维纳伯尔斯。空间经济学是当代经济学对人类最伟大的贡献之一，也是当代经济学中最激动人心的领域。

空间经济学是在区位论的基础上发展起来的多门学科的总称。它研究的是空间的经济现象和规律，研究生产要素的空间布局和经济活动的空间区位。

四、多种形式调查研究法

调查研究是科学研究中一个重要的常用的方法，在描述性、解释性和探索性的研究中，都可以采用适合研究本身需要的调研方法。它既可以通过实地考察等形式取得第一手资料进行分析综合，也可以利用他人现有的调查数据进行分析和综合。不同的科研项目和科研任务，可以选择适当的调研方式。本研究项目力求把木本粮油经济研究与技术进步相结合，采用了多种形式的调研法。

1. 实地考察法

在研究中，选择木本粮油的主产区中的主产县和生产基地，进行深入的实地考察调研。研究中，先后对河北省（迁西、遵化）的板栗；河南省（新县、桐柏、西峡）的板栗；山东省（泰安、东平、肥城）的板栗和红枣；陕西省（宜君、佳县）的核桃、红枣；湖南省（耒阳、衡阳、永州）的茶籽油；新疆维吾尔自治区（阿克苏）的红枣、核桃发展状况进行实地调研。在调查中，一般针对相关大宗木本粮油品种的种植历史、发展历程、基地建设、种植主体、加工水平、科技咨询、市场销售，特别是对现存的问题和急需要解决的困难等。调研中采取参观种植基地、访问专业合作社、种植农户等形式，尽量多搜集第一手资料。

2. 小型座谈会法

在每一个调研地，都举行一次到二次小型座谈会。邀请的代表包括：行政管理工作者、种植者、加工企业经理、专业合作社等。其中，特别注意要有农民代表。在座谈会上，以诚恳的学习态度倾听发言，边听边记录。座谈的重点内容包括：当地木本粮油产业发展的历程、经验、困难和问题；发展我国木本粮油应该采取什么重大措施；对发展我国木本粮油产业的意见、要求和建议。特别是注意倾听生产者和经营者的期盼。

3. 专项调研法

选择具有一定代表性典型性的产业化龙头企业，或现代示范种植基地，进行专访和深入调研，调查了解其历史、现状和未来；了解其技术装备水平与科技含量；产品市场销售渠道、价格、收益；木本粮油产业化龙头企业如何做大做强。例如，赴河北省迁安县调研板栗。该县95%为山地和丘陵所覆盖，土

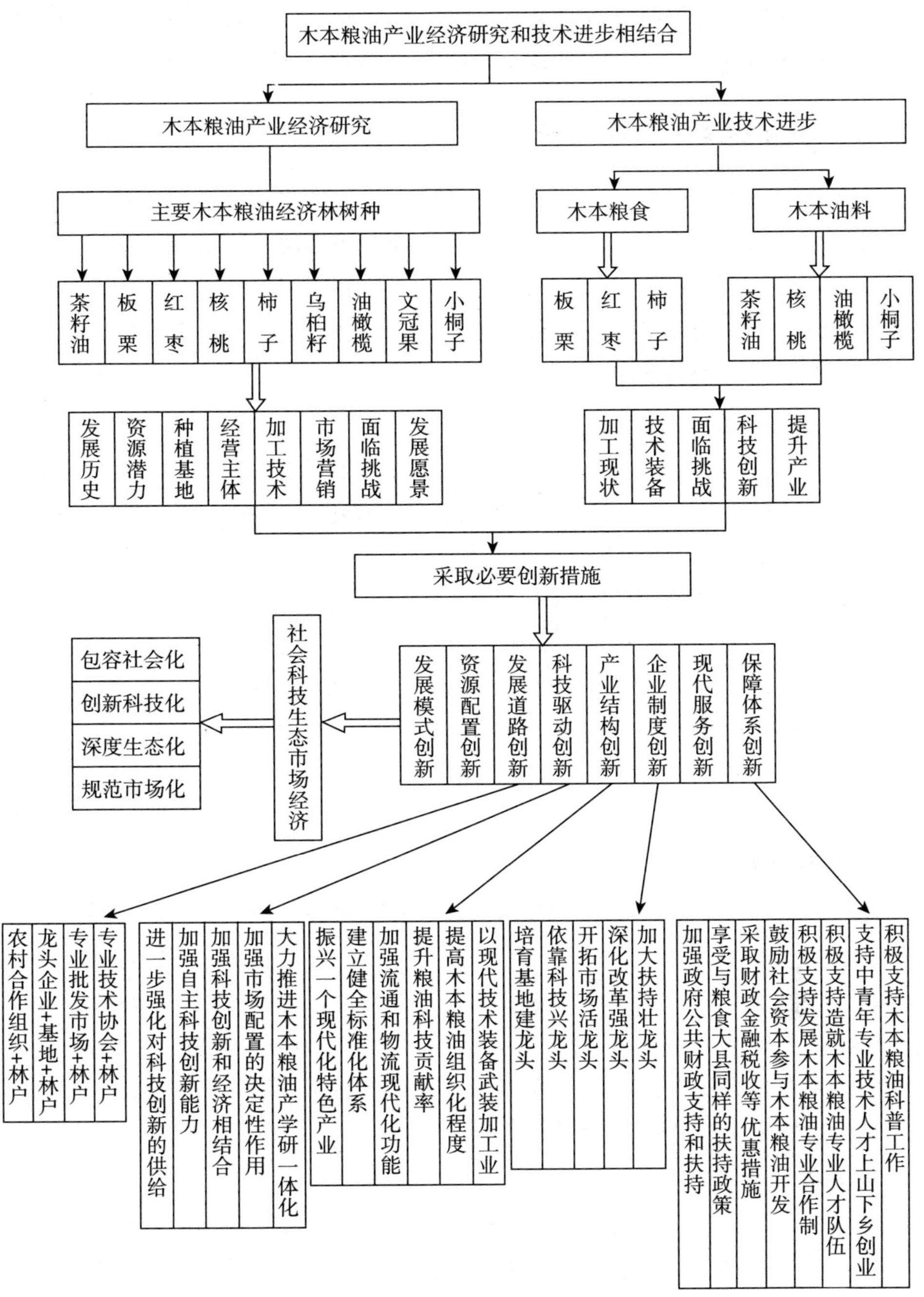

图 1-1　木本粮油产业发展战略研究路线图

地中富含铁质，具有种植板栗的传统。通过合理开发山区建设，形成板栗种植基地，板栗产量大、质量优、加工业具有一定水平，成为全县的支柱产业和民生产业。

4. 农户访问法

在山区考察时，专门走进山村、走进农家，坐在农家院与农民兄弟进行面对面交谈，进行详细询问，包括家庭人口、从事职业、承包耕地面积、林地面积、种植作物、主要产品、家庭收入等。尤其是倾听农户的意见、要求和期盼。在本研究进行的始终，访问了各种有代表性的农户和专业合作社，了解到许多第一手资料，对启发思维、深入研究产生了重要的作用。

五、研究的技术路线

与研究内容相配合，必须为完成研究任务制定好实施步骤，即技术路线。每一步骤的关键点，要阐述清楚技术途径，并具有可操作性。合理的技术路线可以保证顺利实现所定的研究目标。技术路线的合理性并不等于技术路线的复杂性。一般情况下，研究内容和技术路线都是实施研究项目的重点。这个环节是评判研究设计是否合理和可行性大小的关键内容。鉴于此，本研究认真制定了实施研究的技术路线，并在研究过程中进行了必要修改。

第二章　文献综述

在应对全球气候变暖、粮食安全、能源紧缺、生态环境恶化等问题的严峻挑战过程中，社会各界对林业发展的经济、社会、生态意义的认识越来越深刻。随着经济发展、社会进步与人民生活的提高，社会各界对包括木本粮油在内的林业发展的要求越来越迫切，开发利用包括经济林木在内的林业产业的技术手段越来越强，大幅度提高了林业的生产力。学术界对包括木本粮油在内的经济林木产业进行了大量的研究，积累了丰富的文献资料。

第一节　关于发展木本粮油产业的重大意义

从20世纪60年代以来，世界粮食市场风云跌宕，曾数次爆发严重危机，引起各国和各个地区的高度关注。尤其是2007年爆发的全球金融危机后，引发世界粮食危机，广大发展中国家深受其苦。学术界由此出发，从不同视角对开发木本粮油资源和发展木本粮油产业进行探讨和研究。

一、发展木本粮油产业关系国家粮油安全

我国是世界第一人口大国，保障粮食安全是长期的战略大局。尽管我国粮食安全是有保障的，但目前仍然有不少隐忧。从长远看，我国人口不断增加，而耕地面积仍将减少，维护粮食安全的压力依然沉重。目前我国食用植物油对外依存度已提高到60%以上，对我国食用植物油安全构成了严重威胁，也对我国粮食安全敲响了警钟。

1. 全方位开发食物来源是保障我国未来食物安全的重要途径

大力开发非耕地资源，农、林、牧、渔综合发展，全方位开发食物来源是保障我国未来众多人口食物安全的重要途径。我国山区占国土面积近70%，人口占全国56%，拥有全国森林面积的90%，是木本粮油、野生植物淀粉、竹、果、藤、香料、药材等产品的主要生产基地，是我国重要的非耕地资源。新中国成立以来，科学技术的进步促进了经济林，以及竹、果、藤、香料和药

材的生产（《中国农业科技导报》，2000 年第 1 期）。

2. 树上也能“产”粮油，而且安全健康

在开发山区、治穷致富的过程中，农业专家们盯上了大枣、核桃、板栗等木本粮油。木本粮油是指从树木上采摘的可代替粮食或可榨油的果实、种子。板栗、柿树、枣树等可提供优良的食品，油桐、油茶、核桃等可提供优质食用油或工业油。专家们提出，发展木本粮油利国利民，可概括为：有利于优化生态环境，有利于确保国家粮油安全，缓解日益紧张的粮油供求矛盾；有利于实现国家粮食安全和生态建设“双赢”，在创造经济价值的同时构筑起有效的生态屏障；有利于山区脱贫和农民增收，促进新农村建设；有利于改善国民的食物结构，为居民提供优质、多样、功能性产品（宋磊，2014 年）。

另据最新统计资料，截至 2015 年年末，我国经济林总面积增长到 3 800 万公顷，总产值突破 1 万亿元。其中，木本粮油种植面积也明显扩大。截至 2010 年年底，我国包括木本粮油在内的经济林种植面积达 3 200 多万公顷，总产量达 1.26 亿吨，产值 5 158 多亿元，占林业第一产业总产值的 58.0%，占林业总产值的 22.6%。在全国经济林产业中，尤其是以油茶、核桃、板栗、红枣为主的木本粮油产业近几年发展更快，湖南、江西和广西成为全国三大油茶省（区）（《生态文化》，2011 年 5 月）。

3. 专业研究者提出食物当量（FEU）概念

认为食物当量以热量与蛋白质含量为基础综合而成，是用以衡量食物的食用价值当量。在食物当量中同时考虑热量和蛋白质，把食物当量的计算公式确定为：FEU＝H×CH＋P×CP。其基本计算原理为：首先确定标准食物。分植物产品和动物产品两种情况。式中，H、P 分别为单位重量（100 克）食物中的热量和蛋白质含量，CH、CP 分别为热量系数（coefficient of heat，CH）和蛋白质系数（coefficient of protein，CP）。该研究认为植物食物重点为人体提供热量，在粮食当量中热量权重较大；而动物食物重要的是为人提供蛋白质，在粮食当量中蛋白质的权重大。因此，植物产品以栽培范围广，食用人口众多，产量大的稻米（粳稻）为标准食物，以它的热量值（H）和蛋白质值（P）两者的校正系数之和作为单位食物当量，设定它的 FEU 为 1，则其中热量权重为 0.9，蛋白质权重 0.1，即：H・CH＝0.9，P・CP＝0.1。动物性食物的食物当量以草食动物羊肉为标准动物性食品。把它的 FEU a 也定为 1，并且，蛋白质部分权重 0.9，热量部分权重 0.1，即：H・CH＝0.1，P・CP＝

0.9（任继周，1999）。

通过计算得出的数据表明，木本粮油替代稻谷和耕地的作用明显。由于研究的限制，根据所收集的中国主要木本粮油作物 30 年的生产数据（1999—2008 年），计算当年产量可替代的稻谷产量及耕地情况。30 年来，稻谷的年产量从 1979 年的 1.47 亿吨上升到 2008 年的 1.93 亿吨，增长率为 31.67%。稻谷的单位面积产量 30 年来保持增长的趋势，收获面积整体呈下降的趋势，这与我国耕地面积逐年减少和稻谷种植水平提高的实际情况相符。而通过对木本粮油的稻谷和耕地替代计算结果可得，从 1979—2008 年，当年产木本粮油产量替代稻谷数量呈明显的增长趋势，2008 年比 1979 年增长了 147.92%。1979 年，木本粮油产量替代当年稻谷产量比例为 1.23%，2008 年增长为 2.31%，可节约稻谷收获面积 68.14 万公顷，按我国南北水稻平均播种 1.8 季计算，可替代耕地 37.86 万公顷，略大于西藏的耕地面积（国家统计局，2008）。因此，大力发展木本粮油产业，对高效利用国土资源、维护国家粮油安全有着非常重要的战略意义，符合现阶段我国市场的实际需求（洪燕真等，2010 年）。

4. 森林食品是人类食物的四大重要来源之一

森林食品是指来自森林，符合人类自然、环保、清洁生产技术要求，生态、优质、健康、营养的食用林产品。我国森林食品种类繁多，营养丰富，品质优良。主要包括：①森林粮食，即木本粮食；②森林食油，即木本油料。③森林蔬菜，也称山野菜、长寿菜；④森林饮料，是纯自然饮料；⑤森林饲料，也称木本饲料；⑥森林药材，即药用植物；⑦森林蜜源，是指具有蜜腺，能分泌甜液并被蜜蜂采集、酿造成蜂蜜的森林植物，是养蜂生产的物质基础；⑧森林香料，是指那些含有芳香成分或挥发性精油的森林植物。我国拥有 2.67 亿公顷林地，发展以油茶、核桃、板栗、红枣和柿子等为代表的森林食品潜力巨大，且具有不与粮油作物争地的特点，是保障国家粮油安全的战略途径。森林食品曾经是人类最主要的食物来源，目前仍然是人类食物的四大重要来源之一。在我国经历的饥荒史中，森林食品发挥过十分重要的作用。即使在新中国成立后，森林食品仍然是战胜饥荒、解决温饱的重要食物来源和物质基础。进入 21 世纪以来，发展木本粮油等森林食品已成为保障我国粮油安全的重要途径。据统计，2010 年，我国森林食品总产量达 1.23 亿吨，其中，板栗、枣和柿子等木本粮食达 742.94 万吨，油茶和核桃等木本油料达 241.01 万吨，木本水果达 1.10 亿吨。2015 年，参加全国“森林食品交易博览会”的各类森林食、药、果、饮品共1 000多个品种，展现了森林食品的繁荣景象。根据中国工程院任继周院士的食物当量法，2010年我国木本粮油替代的耕地总面积达160.73万公顷（戴永务，2013年）。

5. 经济欠发达的山地丘陵地区的新经济增长点

我国广大“老、少、边、穷”地区，大部分为山地和丘陵所覆盖，经济落后，民生艰难，生态脆弱。然而，这些地区拥有发展木本粮油的丰富资源和雄厚潜力。在相关地区发展山茶油、板栗、核桃、红枣、文冠果、柿子等木本粮油基地，可以点燃新的经济增长点。例如，对西南喀斯特地区石漠化治理是恢复和改善岩溶地区生态环境的迫切需要，也是稳步推进西部大开发战略和巩固扶贫成果的必然要求。在这些地区，解决粮食安全问题是巩固退耕还林还草成果的必要条件。在西南喀斯特地区石漠化治理中扩大核桃种植具有优势，并沿着产业化发展，一定会发挥重要作用（《第二届中国林业学术大会——木本粮油产业化论文集》，2009年11月）。

二、发展木本粮油产业与生态文化息息相关

开拓和发展木本粮油产业，不仅具有重大经济社会意义，而且挖掘出深刻的生态文化内涵。木本粮油是生态文化的载体；生态文化是木本粮油的灵魂。生态文化是全新的生存方式，深刻影响人们的思维意识、价值观、伦理观。生态文化愈彰显，木本粮油产业价值愈显现。

1. 生态文化的基本界定

生态文化是伴随着经济社会发展的历史进程形成的新的文化形态。生态文化是人与自然和谐相处、协同发展的文化。也可以把生态文化理解为人与自然关系的文化。广义的生态文化是指人类历史实践过程中所创造的与自然相关的物质财富和精神财富的总和。狭义的生态文化是指人与自然和谐发展、共存共荣的意识形态、价值取向和行为方式等（江泽慧，2013）。

2. 关于生态文化的主要特征

生态文化的主要特征：从研究对象而言，生态文化是一种有关人与自然关系的文化；从本质属性而言，生态文化是一种涉及社会性的人与自然性的环境及其相互关系的文化；从价值功能而言，生态文化的价值功能主要表现在能正确指导人们处理好个人与自然之间、协调好人类社会与生态环境系统之间的整体平衡关系；从时空跨度而言，生态文化既具有历史传承性，又具有跨国界的地域性；

从形态载体而言，生态文化分为有形载体和隐形载体两大类（江泽慧，2013）。

3. 森林与人类文化息息相关

森林文化源远流长、博大精深，极大地丰富了我国现代林业和生态环境建设的人文内涵。

森林文化与森林密切相关。人类之初，出自森林，衣食住行，多赖森林，此一也。随着人类心能智慧的发达，各种木器、工具出现，兴农耕文明，延续之久，此二也。及至文字发明，竹木简成为书册，又有纸张问世，奠定中国文化的诸子百家经典、书画艺术得以传播，木构营造，人可安居，文明古国，由是大成，此三也。饱含精神，孕育文化。从生态意义上说，森林是陆地生态的中枢。在文化意义上，森林文化为人类文化中枢者。上述二者关系若何？互为表里，互相依存，而均与生命密切相关，区别在于：陆地生态中枢，乃是自然状态下的表述；人类文化中枢，则具社会性，由森林与人类的关系发生，包括生活、生产、精神心灵所需。森林文化当然不是人类文化的全部，可是在有关文化的种种解释中，我们总能或隐或现地发现森林的影影绰绰（徐刚，《中国森林文化简史》，十月文艺出版社）。

第二节　关于我国拥有雄厚的木本粮油资源

学术界和实际部门在研究发展我国木本粮油产业中，注重我国木本粮油资源的特点：包括自然资源的丰富性，栽培历史的悠久性，地区分布的广阔性，发展潜力的巨大性。

1. 主要品种木本粮油发展已初具规模

迄今，全国现有油茶林 300 多万公顷、核桃 252 万公顷。过去，油茶亩产仅为 5 千克左右，经过多年的研究和生产实践，新品种油茶林亩产茶油可以达到 50 千克，高的可达到 100 千克。如果将油茶林面积扩大 1 倍，将现有油茶改造成高产油茶林，茶油年产量可达 450 万吨，将超过全球橄榄油的年产量。再加上大力发展核桃、仁用杏、油橄榄、花椒、扁桃、油用牡丹、榛子、沙棘等高档木本油料，年生产木本食用植物油可达到 600 万吨以上。按照目前世界人均消费 10 千克的水平，可解决 6 亿人口的食油问题，使我国食用植物油进口量减少 60％以上。发展木本油料不与粮争地，按照油菜亩均产油 40 千克计算，可置换出上亿亩的耕地来种植粮食和其他农作物。此外，我国种植的枣、板栗、柿子等主要木本粮食植物，总面积接近 0.067 亿公顷，年产量达 51 亿千克。我国山地面积占国土面积的 69%，还有 0.13 亿公顷宜林荒山荒地和大量的沙荒地适宜栽植木本粮油，有木本油料树种 200 多种、木本粮食树种 100 多种。到 2010 年年底，全国主要木本粮油种植面积约 0.095 亿公顷，总产值约 165 亿元。大力发展木本粮油对于维护国家粮食安全具有十分重要的战略意义（赵树丛，2011）。据最新资料，在国家多项政策支持下，“以木代草”趋势利高，茶油、核桃油、棕榈油、牡丹籽油等快速发展。特别是油茶种植发展迅猛。预计到 2020 年全国油茶面积将扩大到 466.67 万公顷，年产茶油 50 万吨，比重占全国食用油消费总量的 1%～2%；占国产食用油总量的 20%左右。

2. 我国木本粮食资源开发的潜力巨大

我国木本粮食资源丰富，但尚未得到充分合理的开发，无论是在产量、品种、品质，还是在深加工方面都存在着巨大的潜力：一是木本粮食栽培效益显著，农民生产积极性高。现在新建的木本粮食丰产林，一般都能做到 1 年栽植、2 年试果、3 年保本、4～5 年能收回投资。一些山区县都有几户木本粮食年收入超万元的户，几个超过 20 万元的村。各地依靠栽植木本粮食生产脱贫致富的例子更多，“早种早脱贫，早种早致富”。农民的生产积极性日益高涨，发展木本粮食也成了发展高效林业和山区开发的象征。二是增产潜力巨大。与日、美等先进国家相比，我国单位面积木本粮食产量还很低，仅相当于发达国家的 1/5～1/3。只要加强管理，我国现有林产量提高 1 倍以上是完全可以做到的。虽然我国拥有木本粮油品种 500 多个，但至今栽培的仅 20 多种，野生资源十分丰富。三是适宜栽植木本粮油的荒山、半荒山很广阔。据统计，我国山区面积占国土面积的 70%，其中很大部分适宜栽植木本粮油。四是科技贡献的潜力大。迄今我国木本粮油生产的科技含量很低，许多科技成果所能带来的产量、产值和经济效益都要比现在的生产水平高出 1～3 倍以上。随着木本粮油科技研究发展和生物工程技术的导入，新技术在新品种培育、良种快速繁殖、优质丰产栽培、贮藏保鲜和新产品开发等方面的作用将越来越大（邓坤林，2000）。

第三节　关于经济林产业的重要作用和地位

1. 发展木本粮油能够起到一石多鸟的作用

进入新世纪以来，国家对发展以油茶、核桃、油橄榄、以及板栗、大枣等为代表的木本粮油非常重视。尤其是油橄榄、油茶和核桃是我国最重要的三种食用油树种，它们所产的油深受老百姓的喜爱，很有市场。发展木本粮油能够起到一石多鸟的作用：第一，木本食用油料品质优良，能够改善老百姓的饮食结构，满足老百姓养生健康长寿的需要。第二，能够大大增加我国食用油料的供应，缓解我国食用油料进口依赖度比较高的问题。第三，木本粮油是重要的“铁杆庄稼”。我国一直高度重视木本粮油的发展，特别是在“十二五”期间，我们把发展包括油橄榄在内的木本粮油作为一个很重要的方向来对待。从2001年起，中央政府，特别是财政部，就整合了相关涉农资金来支持和鼓励木本粮油的发展。并且还对木本粮油的发展做出专门的规划，出台专门的政策，加快包括油橄榄在内的木本粮油的发展（程红，2012）。

2. 林业产业在经济、社会、生态建设中的作用和地位日益凸显

经济的繁荣发展、社会的进步变迁、科技的突飞猛进，以及民众对绿色保健食品需求的快速持续增长，促使林业产业和木本粮油产业在经济社会生态建设、在保障国家粮油安全中的作用和地位日益凸显。人们的认识也不断刷新，在改善生态环境和“建设美丽中国”中具有首要地位；在贯彻可持续发展战略中具有重要地位；在实施西部大开发战略中具有基础地位；在应对气候变化中具有特殊地位；在解决“三农”问题和保障国家粮食安全中具有显著的地位。加快包括木本粮油在内的林业产业的发展，是保障国家资源安全和粮油安全的根本途径。总之，发展木本粮油产业可有效地缓解粮油供需矛盾，维护国家粮油安全；有效利用国土资源，有利于缓解国家耕地刚性短缺问题。同时可以显著增加农民收入，促进山区经济发展；并加速国土绿化，改善生态环境（杨加猛，张智先，2011）。

3. 林业的巨大生产和社会经济功能

森林资源的生产功能体现在依赖森林生存的当地民众的经济社会效用。据资料估计，世界约有10亿人口的食物直接源自森林和农场上的树木。此外，20亿人口依靠生物燃料烹饪和取暖。树木和森林对粮食安全和营养还有更多的间接作用，包括创收和生态环境保护作用：通过天然更新、植树保护农业用地上的树木即农田防护带，以稳定和增加粮食产量。另外，一些非木质林产品对粮食安全和营养有重大作用，如水果、坚果、菌类、蜂蜜等经济林木产品。然而，森林对粮食安全的贡献远被低估，而且在许多国家的发展和粮食安全战略中未得到体现，需要进一步探索林业、粮食安全、营养与可持续农业和农村生计之间的关联（何昌垂，2013）。

4. 林下经济实现了农林牧复合经营、资源立体开发

中国林学会秘书长陈幸良研究员对林下经济提出如下定义：以林地资源和森林生态环境为依托，开展农林立体复合经营的新型经济模式。陈幸良认为，我国林业建设要逐步实现以木材生产为主向以生态建设为主的战略转变，要求发展新型林业产业，尤其是发展非木质资源林业产业。林下经济充分利用林木资源、生物资源，挖掘林地潜力，开发多种生物资源，促进了农民致富，就业增收，丰富了果品蔬菜生产内容，实现了农林牧复合经营，资源立体开发，系统良性循环，具有经济、生态、社会多重效益，是生态经济、循环经济、绿色经济的具体形式。林下经济的发展，对于促进农民脱贫致富，搞好山区综合开发，推进生态建设和可持续发展具有重要意义（陈幸良，2014）。

第四节　关于林业产业的现代转型升级

人类正面临新的产业革命，实现经济效益、社会效益和生态效益的辩证统一，以解决目前面临的环境、能源、粮食和气候问题。当今，我国正处于经济、社会、科技等全面转型的时代。其中，林业产业转型升级也是重要方面。

1. 创新和引领林业转型升级

国家林业局提出要全面提升生态林业、民生林业发展水平。我国的森林面积要从单纯数量扩张转变到扩大森林面积与提高森林质量并重，必须加快森林培育技术的创新。同时必须依托林业资源优势，大力发展林业富民产业，着力提升林业传统产业，积极培育林业战略性新兴产业。因此，加快森林培育技术创新与特色资源产业发展，是发展生态林业和民生林业、建设生态文明和美丽中国的必然选择。

2. 通过转型升级实现林业的高端生态化、立体化

生态效益是一个新的命题，必须把握生态生产力的客观规律。以科技支撑的高端生态农业，尤其是农业产业革命的展开，不仅限于种植业，而且要扩大外延，深化内涵，形成一个巨大的生态农业系统。包括大农业的现代化、生态化。所谓大农业，包括种植业、饲养业、林业、海洋种养业等。其根本特征是生态性、可再生性、可持续性和对人类生活的基础性，是人类生活和发展所不可缺少的。包括经济林木在内的林业是大农业的重要组成部分，被称为“地球之肺”。要通过转型升级实现林业的高端生态化、立体化，参与或构建循环经济，发展植物油料经济林。目前，林下经济已成为林农的一大经济支柱。今后，还将进一步扩大（杨承训，2013）。

3. 绿色经济是经济再生产和社会再生产相统一的可持续发展的经济

经济学是社会科学中最活跃和最具有革命性的学科。它在发展过程中不断创新和分化出许多新兴的学科，循环经济、绿色经济、低碳经济，以及林区绿色经济都是如此。所谓绿色经济，是经济再生产和社会再生产相统一的可持续经济，也是在经济全球化条件下市场经济和生态经济相统一的可持续经济。林区绿色经济与循环经济相互交融、相互补充，具有相同的新系统观、新经济观、新生产观、新消费观。面对新兴的绿色消费的国际环保潮流，产业界的生产与经营形态亦须配合改变。在不超过生态承载能力下，应用知识把环境保护和经济发展有机结合起来，以实现永续发展和改善生活品质的绿色经济发展模式（王志山，2006）。

面对资源、能源和环境危机，国际社会相继探索和提出了一些不同类型的经济发展模式的概念和实践的范例。绿色经济已经纳入我国的发展战略，要创新发展模式，加快经济方式转变，大力发展绿色经济，积极发展循环经济和低碳经济。

4. 绿色生产力是既能保障发展、又不损害环境和资源的增长方式

在人们的“绿色需求”普遍升级的前提下，更需要生产力的持续成长来保障绿色经济得以实现。自1994年开始，亚洲生产力组织（APO）在亚太地区推动绿色生产力，期望在环境诉求与生产力提供的两大推动力中，求得平衡点。APO在1996年举行的首届世界绿色生产力大会的共同宣言呼吁：所有的利益相关者，大家集思广益、通力合作、交流思路、传播信息、互通有无，使绿色生产力落实在我们的社会中，协助大家改进生活品质。

国内专家学者也对绿色生产力提出各种见解。黑龙江大学经济研究所所长孟庆琳教授把绿色生产力理解为“生产力发展的绿色道路”，是既能保障“发展硬道理”，又不损害环境和资源的生产力演进方式。中国农业科学院农业经济研究所厉为民研究员提出：“绿色生产力”是一种环境友好的可持续的生产力。在经济发展的马拉松竞赛中，是决定谁有希望胜出、跻身世界前列的关键因素之一。上述对于“绿色生产力”的表述不同，但在实质上内涵是一致的：绿色生产力是一种强化生产力与环境绩效的根本策略（王志山，2006）。

第五节　关于木本粮油产业发展的对策

一、目前我国木本粮油产业发展中存在的问题

我国学术界和实际工作部门在研究木本粮油产业的发展中，对其经历的阶段做出了客观评估：我国木本粮油产业虽然有了明显进展，但是要清醒看到，整个产业还处在初创阶段，存在种种必须解决的问题。

一是，思想认识不到位，未把木本粮油产业置于战略地位。迄今，人们对发展木本粮油的巨大潜力、对经济、社会、生态效益方面的重要价值还认知不足，对保障国家粮油安全方面的重要作用认识不够。

二是，缺乏科学规划，布局结构不尽合理。我们目前虽然有宏观的政策，但是在树种的选择和引种上存在一定的盲目性，老百姓就是市场什么卖得好就种什么，不问当地环境，有一定的盲目的跟风性。再就是结构性矛盾突出，产品单一，特色不鲜明；品质趋同，有的地方产品过剩，出现卖难，还有因为交通不便等出现季节性、区域性产品过剩现象。

三是，科学技术研究基础薄弱，科技支撑力不强。研究力量不足，尤其是专业高级人才缺乏；良种认定、良种繁育、丰产栽培技术、资源综合利用、深加工技术薄弱；木本粮油标准化急待加强，尤其需要建立粮油产品加工及其产品标准化体系。

四是，生产经营方式落后，集约化经营程度低下。从总体看，我国木本粮油生产管理粗放，各类企业规模小、数量少，技术落后，经营不善，加工手段落后，资源综合利用率低。多是以农户分散经营为主，农民家庭林场、林业专业合作组织等新型经营主体发展滞后，产业组织化经营程度低。

五是，市场体系不健全，市场配置资源的作用不充分。木本粮油产品批发市场、营销渠道、经营方式，以及市场主体发育、市场制度建设等，都还是薄弱环节。同时，市场制度和市场法律法规建设滞后，市场缺乏有效监管，市场秩序混乱，苗木市场鱼目混珠，种质资源保护不力。

六是，生产技术装备落后，机械化水平很低。迄今，木本粮油产业多是以人工操作为主，劳动繁重。一些主要生产环节，如机械化采收、坚果破壳、储藏保鲜，以及加工和资源综合利用等，技术装备陈旧落后，生产率低下。大量青壮年劳动力外出打工，农村劳力紧缺，工价上涨，成本昂贵。

七是，资金投入不足，基础设施薄弱。木本粮油种植、基地建设、加工项目等一次性投入成本较高，一般农民财力不支，国家扶持的力度不足，致使发展速度缓慢，基础设施薄弱。目前除了油茶、核桃有专项资金之外，其他的都没有专项资金。资金“瓶颈”问题普遍存在。

八是，社会化服务体系不健全，中介服务力量薄弱。木本粮油经济林种植、精深加工等技术性较强，产品销售距离消费市场较远。这些特点决定了发展木本粮油产业更需要社会化、专业化服务。然而，至今在木本粮油产业领域的中介服务体系薄弱，包括市场信息、技术咨询、产品销售、融资渠道等农民盼望的专业化服务等都比较缺乏。

二、关于发展木本粮油产业的对策

1. 科学规划、优化布局，确立政策目标

发展经济林木和木本粮油产业，必须科学规划、优化布局。要按照“因地制宜、适地适树”的原则，综合考虑土地、资金、品种、市场等因素，突出资源优势和区域特色，科学确定产业种类、规模和布局。对于木本油料，南方重点发展油茶、油橄榄；北方重点发展核桃、文冠果，积极发展长柄扁桃、油用牡丹、沙棘等。对于木本粮食，重点以板栗、红枣和柿子三大类为主，增加种植面积，提高产量与产品品质，形成具有一定规模效益的木本粮油生产基地和产业带。

现阶段利用好木本粮油产业的主要政策目标是：全面落实科学发展观，实施以生态建设为主的林业发展战略，发挥市场配置资源的决定性作用和国家的宏观调控作用，逐步建立起门类齐全、优质高效的现代林业产业体系，充分发挥林业的多种功能，大力提升林产品的供给能力，最大限度地满足经济社会发展对林产品与服务的多样化需求。为实现林业产业主要政策目标，切实采取必要的技术措施，主要包括：经济林产品的储运、保鲜、分选、包装、精深加工、综合利用技术，花卉和林木种苗产业；林业生物质能源林的定向培育及产业化；生物农药和植物生长剂生产技术及产业化；制药技术开发和产业化；竹藤基地的建设及竹藤新产品生产技术研发，野生动植物驯养、繁育利用，以及现代物流业。

2. 把发展木本粮油产业纳入国家粮油安全的发展轨道

鉴于我国粮食安全、油料安全、能源安全和人口众多、耕地面积刚性短

缺、粮油争地的现实，完全利用农业用地继续大规模发展粮食生产、油料生产和开发矿物质能源，以满足我国长期发展的需要是不现实的。向山地要粮、向山地要油、向山地要生物质能源便成为我国重大的战略选择和紧迫的历史任务。要把发展木本粮油产业放在和粮食、油菜、大豆等草本粮油产业生产同等重要的地位，列入国家经济和社会发展规划之中，当作一项构建绿色现代产业的大事来抓（谭晓风等，2012）。

3. 加大资金投入，加强科技支撑

木本粮油是保障我国粮油安全的重要组成部分，加快发展木本粮油产业，对于保障我国粮油安全、缓解能源危机、促进山区开发、增加农民收入、开展精准扶贫、改善生态环境等，都可以发挥重大作用。发展木本粮油产业，资金投入是保障，要形成多渠道的投融资体系，用好用足现有扶持政策，争取国家提高补贴标准，增加资金规模，加大对基础设施的投入。我国发展木本粮油产业拥有巨大的市场、资源和产业发展的潜力。为把这一特色产业提高到一个新水平，加强组织领导，出台相关政策，加大资金投入、加强科技支撑、搞好种苗保障、加大宣传力度，以加快木本粮油产业的发展，是必不可少的措施（杨开良，2013）。

4. 扩大适度规模经营，建立名特优商品生产基地

发展木本粮油经济林生产，要建立名特优商品生产基地。多年来实践证明，经济林生产没有组织、没有统一规划、单家独户分散生产，决然形成不了批量的商品生产，只有建立商品基地，形成规模生产，才会有优质的面向市场的商品生产。此外，包括木本粮油在内的经济林商品基地的建设，是农业和农村建设的组成部分，也是促进农业现代化的重要方面和引导农民走小康之路的重要措施。在经营形式上要多种多样，可以根据群众意愿和条件，实行统一规划、分户或联户管理；拟或建立集体林场，组成股份制企业，实行林、工、商一体化组织经营（何方，2006）。

5. 依靠科技进步，强化自主创新

依靠科技进步是提高木本粮油产业核心竞争力的必要步骤。要采取科技创新驱动战略，大力开展自主集成创新，转变发展方式，依靠科学技术提高质量、提高效益。

（1）科学编制木本粮油产业发展规划。全国范围内开展木本粮油资源普查，合理区划，明确重点。一是建设木本粮油产业基地，安排专项资金支持木本粮油产业发展；二是建设木本粮油良种繁育基地，保障优质种苗的供应；三是建立木本粮油科技示范基地，发挥示范带动作用，推进木本粮油产业向标准化、规模化、集约化方向发展。

（2）完善扶持政策，培育龙头企业。在积极落实现有国家相关政策的同时，制定财政扶持、税费减免、融资贴息等鼓励木本粮油产业发展的专项政策，对积极发展木本粮油产业的地区和企业进行引导，培育一批竞争力强、带动面广的龙头企业，引导企业和农民按照“公司＋农户＋基地”的经营模式，积极参与木本粮油产业基地建设。

（3）加强科技支持，加强科技攻关。一是联合各类科研机构，加大对木本粮油生长、加工过程中技术难题的攻关；二是加大农户科技知识培训，积极推广先进育苗技术，提高木本粮油产量；三是开展综合利用研究和开发，提高木本粮油生产的综合效益。

（4）标准化栽培、集约化经营。木本粮油经济林能否实现优质、丰产、高效，与栽培技术和管理措施密切相关。根据不同品种的生态、生物学特性，采取相应的栽培技术和管理措施。在整个栽培经营过程中，都必须实行标准化栽培、集约化经营，以最小的投入获得最大化的效益。加快木本粮油相关标准的制定工作。尽快形成配套的适用产业化发展的技术规程和产品质量标准，规范产前、产中、产后的标准化建设。

（5）探索新形式、研发新技术。鼓励林业科技人员深入生产一线，通过技术承包、挂钩联系等形式，推广丰产实用技术，推进科技成果转化，促其实现产业化，切实提高科技含量。与此同时，要强化产品加工技术和工艺创新，发展深加工，开发新产品，创建新品牌，延长产业链，提高木本粮油加工附加值。

（6）狠抓良种、培育壮苗。专业科研机构要组织科技人员加强新品种、新技术、新产品研发，加快标准体系建设。发展木本粮油，优良品种、优质苗木是关键。加强良种选育，不断更新品种。要按照发展规划，科学制定培育优质种苗生产计划。要大力推广应用先进育苗技术，确保苗木品种与质量，从源头上杜绝用非良种苗木营造木本粮油经济林。

（7）面向林农、加强培训。广大农民是发展木本粮油的主力和动力，只有让他们掌握丰产栽培技术，才能做大做强木本粮油产业。通过建立高产示范林、扶持科技示范户、发放实用技术手册、组织专家指导、举办培训班等办法，广泛开展对农民的实用技术培训，既提高农民科技素质，使其了解掌握木本粮油林的丰产栽培技术，提高生产技术水平和优良品种普及率；又提高其市场意识和营销意识，使其熟悉木本粮油产品市场行情。

6. 在财政、金融、税收等方面采取扶持政策

学术界和实际工作部门在深入挖掘发展木本粮油产业和其他经济林木重要意义的基础上，提出必须在财政、金融、税收等方面采取扶持政策。

（1）严格执行国家已出台的各类林业税费减免优惠政策。根据国家有关税收法律法规的规定，对企业从事农业、林业项目的所得免征、减征企业所得税。对以“三剩物”及次小薪材为原料生产加工的产品，实行增值税即征即退；对进口种子（苗）和种用野生动植物种源免征进口环节增值税；免征天然林资源保护工程实施企业和单位房产税和城镇土地使用税等。

（2）完善并实施国家林业重点龙头企业扶持政策。要进一步完善并认真落实扶持龙头企业的政策措施，培植一批带动面广、竞争力强、产业关联度大、技术水平高的木本粮油加工龙头企业。鼓励龙头企业建基地，鼓励龙头企业和农户及专业合作社建立紧密关联的经营共同体，大力提升木本粮油产业素质。引导龙头企业加强新产品研发，打造名牌产品，提高产品的市场占有率和竞争力。同时鼓励林业企业和木本粮油企业开拓国际市场，凡符合国家中小企业国际市场开拓资金使用方向和使用条件的企业，都应予以积极支持。鼓励国家重点龙头企业利用资本市场筹集扩大再生产资金。

（3）国家对木本粮油基地建设，建设速生丰产用材林、珍稀树种用材林等基地建设及其森林防火、生物灾害防治和林木种质资源保存利用、林木良种选育、繁殖、推广、使用等，同样给予积极扶持。

（4）改革育林基金管理办法，将木本粮油也纳入管理办法的范围内。要合理制定育林基金的征收标准，逐步将其返还给林业生产经营者，用于发展林业和经济林木生产，基层林业管理单位因此出现的经费缺口纳入财政预算。

（5）政策性银行要积极提供符合林业和木本粮油产业特点的金融服务，为企业提供木本粮油产品收购资金和税率优惠。对经济林木基地建设、珍贵树种培育、经济林和木本粮油种植及其加工业项目等，贷款年限可根据实际情况适当延长，一般需要10～15年为宜。

研究篇

小重山

陶醉林之魂

千日探林恋山林，披霞穿彩云，满目锦。天山炎夏南岭春，闻林音，陶醉林之魂。

嘉木长山崖，任凭风摧打，绿天涯。谁夺天工作美画，绚似霞，福气临贫家。

丁声俊

2014年8月于新疆阿克苏

第三章　振兴木本粮油产业是重大“战略工程”

木本粮油（woody grain and oil），是以栽培利用木本淀粉类和木本油料类树种的经济门类。我国木本粮油树种资源丰厚，分布广泛，栽培历史悠久，发展前景锦绣。在我国以经济、政治、社会、文化和生态文明“五位一体”建设的新时代，采取积极措施，加快振兴我国木本粮油特色产业，具有重大经济、社会、生态意义。它既是“粮食安全工程”和“民生小康工程”；又是“国土绿化工程”和“生态文明工程”。概括为一句话就是，振兴我国木本粮油特色产业是具有多种重大经济、社会与生态功能的“战略工程”。

历届中央主要领导都高度重视木本粮油生产。1958 年，周恩来总理曾给贵州省玉屏县题词“油茶之乡”。2013 年李克强总理指出：“赞成研究在我国具有很大潜力的木本油料和米糠、玉米胚芽含油产品的开发利用”。国务院有关部门还决定：要研究木本油料种植规范、木本食用油质量标准和检测标准。国家规划总体目标：力争到 2020 年，油茶、核桃、油用牡丹等木本油料种植面积达到 0.13 亿公顷。木本油料基地稳产后，逐步实现年产木本食用油 500 万吨以上。

第一节　振兴木本粮油产业是有利粮油安全的“粮安工程”

占据我国国土总面积 2/3 的山地丘陵，适宜生长种类繁多的木本粮油树种。它们“全身是宝”，其果实和种仁富含淀粉或油脂，其中有些品种可以直接食用，有些品种可以加工成食用淀粉、工业用淀粉、食用油等。还有的木本粮油产品可以用作加工生物质能源的原料，生产生物燃料乙醇和生物柴油等清洁能源。在建设生态文明和强化国家粮油安全保障的大背景下，实施振兴我国木本粮油战略工程是时代的呼唤。

针对我国资源约束日益加重、粮油供求关系趋紧的形势，发展木本粮油产业，实施资源和粮油替代战略，可以建成大批“绿色粮仓”和“绿色油库”，增强粮油安全的物质基础。

一、资源替代，减轻土地约束压力

实施资源替代战略，可收减轻土地约束压力之效。空间经济学的理论和实践显示，发展木本粮油产业，把粮食可持续安全置于更广阔的资源配置基础上，具有重大战略意义。这里引入“土地当量”（LER）的新概念。所谓“土地当量”，迄今有不同的定义：一是定义为，在同一块土地上种植两种或两种以上作物间“混作”时的收益与各个作物“单作”时的收益之比率；二是定义为，在同一块土地单位面积上种植不同植物的收益之比率。一般说，“土地当量”是指在单位土地面积上种植不同植物收益比率的指标。例如，1 公顷山地或丘陵坡地种植核桃的产量或价值，与在同一块土地上种植玉米的产量或价值的比率，用“土地当量”比表示为：“土地当量”比（LER%）＝核桃的产量或价值÷玉米的产量或价值。由这一公式计算出的比率越高，表明种植核桃树的“土地当量”越高，也标志山地或丘陵坡地种植核桃的效益越高。假若 LER 为 1.5 时，表示种植一个单位面积的核桃树，相当于 1.5 个单位面积的玉米。“土地当量”的概念，提供了我国扩大土地资源替代的理论根据。

在我国土地利用中一直存在一个明显的矛盾：一方面，作为稀缺资源的耕地面积刚性短缺，且呈缩减趋势，粮食和食用植物油生产的资源约束性日益加剧；另一方面，适于种植木本粮油经济林的广袤山地、丘陵和荒地却长期处在沉睡中。显然，唤醒、开发、利用沉睡资源，实施土地、植物种植的替代资源战略，是有效克服土地、特别是耕地资源约束的有效方法。如今越来越多的学者认识到，我国需要把维护国家粮食安全置于更广阔的资源基础上，不能只局限于耕地资源，而要把视野扩大到森林、山地、丘陵、草地和海洋等国土面积。在这一巨大生态系统中潜藏着雄厚的优质“粮油”、优质食品生产能力。如前述，我国国土资源的显著特点是：幅员辽阔，地理位置优越；山地多，平原少；人均耕地数量少，土地禀赋较低；地形地貌复杂，类型多种多样。在全国国土总面积中，山地面积约占 33%；高原占 26%；丘陵占 10%；盆地占 19%；平原占 12%。其中，山地、高原和丘陵等前三项合计占国土总面积的比重高达 69%；平原和盆地合计占 31%。在我国国土面积结构中，现有林地面积 3.04 亿公顷，荒山荒地 0.53 亿公顷，其中适宜种植木本粮油树种的面积约 0.3 亿公顷，大体相当于我国现有总耕地面积的 25%。如果在加强优化耕地资源禀赋、提高其产出率的同时，又注重开发宜林荒山荒地，可以替代大量土地资源，是减轻我国土地资源约束力的新视角和新途径。即在广阔的山地、丘陵、荒原等国土上，因地制宜发展以油茶、板栗、核桃、红枣、柿子等为代表的木本粮油产业，建设成大批“绿色木本粮油乡”，建立起“绿色木本粮油仓”，就等于把我国粮油可持续安全置于更广阔的资源配置基础上。也就是说，解决粮食安全问题，要对食物系统进行全面开发，对农业生态系统进行全面改造。例如，包括木本粮油产业在内的林业系统是食物生产与生态建设兼顾的生态系统，对其 4 个生产层，即前植物生产层、植物生产层、加工生产层和后植物生产层进行全面开发建设，完全适应我国人民改善食物结构、提高营养水平、增加优质木本粮油食物的需要；也符合从多方面节约农业资源，提高农业综合生产能力的趋势。发展木本粮油产业，预期可以替代大量土地资源。

实施替代战略的作用，除替代大量农业生产要素土地之外，还可替代可观数量的粮油和食品。采用“粮食当量法”（也称“食物当量法”）进行换算的结果表明，以木本粮油产品替代禾本科粮油产品大有可为，有利于保持我国粮油供求的基本平衡和粮食安全。如前述，为了促进森林食品产业（包括木本粮油产业）的发展，学术界提出了“粮食当量法”，为实施替代战略提供了理论基础。为使“粮食当量”切合目前生产管理部门实际，学界还尝试建立动物、植物性“粮食当量”的计算和转换公式，并计算出部分木本粮油产品的“粮食当量”。洪燕真教授等在《基于食物当量计算的木本粮油生产能力研究》论文中，采用“粮食当量”的计算公式，对新造油茶林、更新油茶林、嫁接油茶林和抚育油茶林等四种油茶林替代稻谷种植的面积、产量及其所占比例进行了计算。其结果表明，发展油茶产业对替代稻谷种植面积和产量作用十分明显：总计油茶林面积 466.67 万公顷（约折合 7 000.05 万亩），油茶籽总产量可达 250.00 万吨；可替代的稻谷产量 920.00 万吨；可替代的稻谷收获面积 140.33 万公顷（约折合 2 104.95 万亩），可替代 2008 年稻谷收获面积比例达到 4.76%。各种油茶林替代稻谷面积、产量的数据如表 3-1。

表 3-1　油茶林替代稻谷面积、产量

	新造油茶林	更新油茶林	嫁接油茶林	抚育油茶林	合计
总面积（万公顷）	165.8	184.75	2.83	89.13	466.67
单位产量（千克/平方米）	40	40	40	25	—

（续）

	新造油茶林	更新油茶林	嫁接油茶林	抚育油茶林	合计
总产量（万吨）	99.48	110.85	1.43	33.43	250.00
可替代的稻谷产量（万吨）	366.09	407.93	5.3	123.02	920.00
可替代的稻谷收获面积（万公顷）	55.84	62.22	0.80	18.77	140.33
可替代2008年稻谷收获面积比例（%）	1.89	2.11	0.03	0.64	4.76

资料来源：规划数据来源于《全国油茶产业发展规划（2009—2020年）》；稻谷收获面积、稻谷单位面积产量来源于联合国粮食组织数据库（faostat.fao.org/DesktopDefault.aspx）和《中国林业统计年鉴》（2000—2009年）。

二、食物替代，增加优质绿色产品供给

利用“食物当量”概念，实施产品替代战略，可增产大量优质粮油食物。食物、食物链、食物网以及由此构成的营养级组成“食物系统”。在农业生态系统中，食物系统既是“能”的载体，也是“能”的流程。它将“能”异化为社会产品——粮食等食物产品。粮食等食物的生产和消费过程决定性地作用于农业生态系统的结构和功能。从一定意义上而言，在我国传统概念中，把食物局限于单一的粮食，又把粮食当作主食，进而形成畸形的食物结构；畸形的食物结构又导致畸形的农业生产结构，两者互为因果，酿成我国农业违背生态系统基本规律的负面结果。这种“系统相悖”问题，非若干措施所能解决，需要转变发展理念，以及探索和采取食物替代策略。

中国工程院院士任继周等研究者提出“食物当量”（FEU）概念，认为食物当量以热量与蛋白质含量为基础综合而成，是衡量食物的食用价值的向量，衡量一切可以作为食物的物质的食用价值。即用来计算和衡量农业、林业、畜牧业、水产业，以及食品业等各个行业各种产品总产量的一种尺度。它把各个农牧产品按照规定的折算比例换算为粮食单位。这里顺便提及，欧盟早在20世纪70年代，就运用了“粮食单位”的概念。这里，举出几个折算“粮食单位”的实例作为参考：1吨土豆＝20千克粮食单位；1吨菜籽＝170千克粮食单位；1吨活猪＝420千克粮食单位；100升全奶＝80千克粮食单位；100个鸡蛋＝25千克粮食单位（1个鸡蛋＝58克，平均重）。

以“粮食当量”作为尺度衡量，可把各种木本粮油产品按照一定的折算方法换算为粮食单位。这样，既可以替代大量土地，又可以替代大批粮油产品。例如，在不考虑其他因素变动的情况下，以2008年的稻谷总产量、单位面积

产量和收获面积为基期数据，到 2015 年木本粮油产品产量可替代的稻谷产量为 533.36 万吨，约为 2008 年稻谷产量的 2.76%，可替代稻谷收获面积约为 81.36 万公顷（约折合 1 220.4 万亩）。预计到 2020 年，木本粮油产品产量可替代的稻谷产量为 596.46 万吨，约为 2008 年稻谷产量的 3.08%，可替代稻谷收获面积约为 90.98 万公顷（约折合 1 364.7 万亩）。具体数据如表 3-2。

表 3-2 木本粮油作物可替代的谷物产量

年份	替代的稻谷产量（吨）	相当于 2008 年稻谷产量比重（%）	可替代稻谷收获面积（公顷）
2008	4 465 774.66	2.31	681 187.24
2015	5 333 611.85	2.76	813 562.84
2020	5 964 582.50	3.08	909 807.99

资料来源：洪燕真等，基于食物当量计算的木本粮油生产能力研究，《林业经济》，2010 年第 11 期。

三、种植"铁杆庄稼"，增产"森林食品"

在我国传统观念中，把农业生产侧重于开发平原和发展种植业，尤其是谷物，结果既大大加重了耕地负担，又为扩大耕地而"垦荒"，造成严重的生态问题；同时还造成畸形的国民食物结构，国民食物单一，居民营养不平衡。与此相对照，我国可用于替代禾本科粮油的潜藏森林食品资源（包括木本粮油）却基本上处于闲置中，或者说处在粗放经营中。全国有 300 多种栽培和野生的可直接食用、或通过简单的加工或贮藏处理就可食用的木本粮食树种；另有木本油料树种 200 多种，其中种仁含油量在 50%～60%的有 50 多种，作为食用油料栽培的有 10 多种。在众多木本粮食和木本油料树种中，板栗、红枣和柿子等，都是大宗品种。油茶和核桃为食用油料树种，油桐和乌桕为工业油料树种。其他木本油料树种如油棕、油橄榄、山核桃、文冠果、香榧、扁桃、仁用杏等都是含油率很高的树种。木本粮食和木本油料，被誉为"铁杆庄稼"。除上述外，我国野生木本粮食树种众多，特别是以麻栎、栓皮栎等为主要树种的栎类植物（俗称橡子），都是优良的淀粉资源，总面积高达 400 多万公顷，年产橡子 1 800 万吨。橡子种仁淀粉含量达 60%，通过适当的加工就可以食用，也是生产燃料乙醇的优质原料，市场前景广阔。

除了木本粮油产品之外，我国林业还生产大量"森林食品"。所谓"森林食品"，是指来自森林的，符合人类自然、环保、清洁生产技术要求的，生态、优质、健康、营养的可食用林产品。森林食品具有如下特征：在产品范围上，它是以森林环境为前提，对象是可食林产品，品种繁多；在产地环境上，它来自山野，产于森林，生态环境优良；在技术规程上，它以森林生态系统的能量和营养循环为理论，基本不使用化肥和农药，产品质量上乘，达到国外先进的质量安全标准。据统计，2011 年，我国森林食品总产量达 1.23 亿吨，其中，板栗、枣和柿子等木本粮食达 742.94 万吨，油茶和核桃等木本油料达 241.01 万吨，木本水果达 1.10 亿吨。

目前，我国森林食品总产量位居前列的省份有：辽宁、福建、四川、黑龙江、浙江、吉林、湖北、河南、湖南、安徽等。2012 年，中国林业产业联合会授予新疆阿克苏地区“中国森林食品生产示范基地”称号，这是我国第一个被授予森林食品生产示范基地的地区。阿克苏地区具有生产森林食品得天独厚的光、热、水、土资源，病虫害少，污染小，果品质量上乘。近年来，阿克苏地区特色林果产业发展迅速，全地区林果业面积达到 30.16 万公顷，挂果面积达到 20 万公顷，各类果品总产量达 141 万吨，培育林果保鲜加工企业 101 家，发展林果合作社 189 家，加工能力达到 55 万吨，林果总产值 58.9 亿元，农民林果业人均收入达到 1 816 元，森林食品业经济效益日臻突出。阿克苏地区森林食品业走在新疆乃至全国前列，无愧于“中国森林食品生产示范基地”的称号。

四、木本粮油连续增产，主要品种谱写新篇

改革开放以来，特别是进入 21 世纪以来，我国木本粮油产业迈入快速、持续发展的轨道。全国建设起一大批木本粮油生产基地、种植园、加工企业，被百姓誉为“绿色木本粮仓”和“绿色木本油库”，成为民众青睐的优质食品来源。近年来，我国主要木本粮油品种的产量连续增产，取得可喜的业绩。据国家统计局资料，2012 年与 2005 年相比，板栗、红枣、柿子等木本粮食的产量分别由 103.19 万吨、248.85 万吨和 218.50 万吨，增长到 197.96 万吨、588.71 万吨和 341.76 万吨，分别增长 91.84%、136.71%和 56.41%。同期，油茶籽、核桃、油桐籽和乌桕籽的产量分别由 87.50 万吨、49.91 万吨、36.87 万吨和 3.04 万吨，增长到 172.77 万吨、204.69 万吨、42.70 万吨和 3.95 万吨，分别增长 97.45%、310.12%、15.81%和 31.23%。我国历年来茶油、板栗、核桃、红枣、柿子、乌桕籽、油桐子的种植面积连续扩大，总产量相应连续增长（表 3-3）。

表 3-3　2005—2014 年主要替代粮食和油料产量

单位：吨

种类	2005 年	2006 年	2007 年	2008 年	2009 年
油桐籽	368 688	382 989	361 285	370 966	367 287
油茶籽	875 022	919 947	939 096	989 859	1 169 289
乌桕籽	30 466	27 122	26 218	31 861	33 171
核 桃	499 074	475 455	629 986	828 635	979 366
板 栗	1 031 857	1 139 661	1 266 510	1 450 452	1 627 656
红 枣	2 488 506	3 052 860	3 030 623	3 634 071	4 247 773
柿 子	2 185 041	2 320 346	2 574 143	2 710 998	2 834 165
种类	2010 年	2011 年	2012 年	2013 年	2014 年
油桐籽	433 624	437 702	427 048	418 924	416 065
油茶籽	1 092 243	1 480 044	1 727 708	1 776 506	2 023 445
乌桕籽	33 709	36 024	39 467	37 003	35 921
核 桃	1 284 351	1 655 508	2 046 904	2 331 760	2 688 896.1
板 栗	1 701 680	1 896 603	1 979 583	2 132 301	2 292 132.9
红 枣	4 468 335	5 426 762	5 887 121	6 339 973.2	7 345 266.4
柿 子	2 875 565	3 187 239	3 417 586	3 538 823	3 730 793.8

资料来源：国家统计局数据。

分析表 3-3 可知，木本粮油产品为丰富我国粮油市场做出了重大贡献。仅以 2012 年为例，我国板栗、红枣和柿子三大木本粮食总产量达到 1 128.43 万吨；油茶籽、核桃、油桐籽和乌桕籽四大木本油料总产量达到 424.11 万吨。其中，食用植物油料占 377.46 万吨，工业用植物油料占 46.65 万吨。尤其是油茶更是取得骄人的业绩。

从 2009—2013 年，全国及各省林木品种审定委员会先后审认定油茶良种 260 余个，共确定定点苗圃 289 处，定点采穗圃 319 处。2009—2011 年国家共批复建设油茶良种基地 90 处、0.29 万公顷，投资 2.76 亿元，其中中央投资 1.78 亿元，建设油茶良种采穗圃 0.12 万公顷，种子园 128 公顷，收集种质资源 6 831 份。种苗质量显著提升，2013 年全国繁育油茶良种苗木 7.9 亿株，其中新育 4.7 亿株，两年生留床苗 3.2 亿株，占育苗总量的 40%，容器育苗 3.7 亿株，占 46%。可出圃两年生大苗和容器育苗的数量达到近 4 亿株，满足了油茶造林对良种壮苗的需求。同期，累计完成新造油茶林 90.67 万公顷，改造低产林89.47万公顷，超额完成了全国油茶产业发展规划任务。目前，全国油茶林总面积已达383.33万公顷，茶油产量由2008年的20多万吨增加到2012年的45万吨，产值由110亿元增加到390亿元。油茶造林技术水平进一步提高，地膜覆盖、立体种植、整形修剪、生物防治等技术在造林生产中得到广泛应用，基地建设质量、管理水平明显提高。如果充分开发适宜于种植木本粮油树种的山地和荒地资源，并依靠林业科技提高其单产，那么，必将会对平衡国内粮油供求、减少财政负担做出更大贡献。尤其是在粮食安全、食油安全和能源安全问题日益凸显的今天，更加意义重大。

第二节　振兴木本粮油产业是建设生态文明的“绿色工程”

振兴木本粮油特色产业，是加快国土绿化，改善生态环境，建设“美丽中国”的“绿色工程”。在我国“五位一体”的建国方略中，已把实现“美丽中国”作为国家发展战略。那么，建设“美丽中国”，“美”是何意？“美”在何处？“美”与振兴木本粮油特色产业有何关系？建设“美丽中国”，是中华民族世代追求之“中国梦”，也是全国人民向往的美好愿景。这里的“美”，既有自然意义上的审美感受，也有超自然意义上的审美感受。“美丽中国”既含有国家自然环境之美，又含有国家精神及社会发展之美。就前者而言，建设生态文明、实现环境之美是建设“美丽中国”的有机内容和重要任务。从直观意义而言，“美”就是绿满山川原野，只有广袤国土披绿，美才有本色，生态文明才有根基。这中间，也包括振兴木本粮油特色产业谱写的“绿色篇章”——即建设生态文明的“绿色工程”，实现经济的绿色增长，发挥多种功能：

一、具有很高的绿化国土的功能

林业是个庞大的生态系统。它包括环境综合结构系统、水系统、空气系统，以及多介质系统等。在多达五六百种的主要木本粮油树种中，多数是我国的乡土树种，发展木本粮油经济林有利于保护和改善整个生态环境，具有多重价值和多重优势特征：一是具有绿化国土、防止水土流失的资源价值。木本粮油树种根系发达，可有效防止水土流失，耐干旱瘠薄土壤，适种范围广，是退耕还林和荒山荒地造林的优良经济林木，可有效替代和减轻土地资源约束的压力。二是具有很高的减缓温室效应、改良气候的生态价值。木本粮油树种枝叶繁茂，花果丰硕，通过光合作用可以有效减少温室气体，产生绿化美化环境、净化空气、调节气候、保持水土、涵养水源的效应。三是具有生产多种优质森林食品及其他林业产品的经济价值。

二、具有很高的“碳汇”功能

与“碳汇”相对照的是“碳源”（carbon source）——即指产生二氧化碳之源。它既来自自然界，也来自人类生产和生活过程。“碳源”与“碳汇”是两个相对的概念：前者是指自然界中向大气释放二氧化碳的母体；后者是指自然界中二氧化碳的寄存体。减少“碳源”的方式一般是通过二氧化碳减排来实现，增加“碳汇”则主要采用固碳技术。

“碳汇”，一般是指从空气中清除二氧化碳的过程、活动与机制。它主要包括森林碳汇、草地碳汇、耕地碳汇和海洋碳汇等，其中森林碳汇的作用最大。所谓森林碳汇，主要是指森林吸收并储存二氧化碳的多少，或者说是森林吸收并储存二氧化碳的能力。森林植物吸收大气中的二氧化碳并将其固定在植被或土壤中，从而减少大气中二氧化碳的浓度，减缓了温室效应。这就是通常所说的森林的“碳汇作用”。二氧化碳是林木生长的重要营养物质。林木把吸收的二氧化碳在光能作用下转变为糖、氧气和有机物，为生物界提供枝叶、茎根、果实、种子，提供最基本的物质和能量来源。这一转化过程，就形成了森林的“固碳效果”。森林是陆地生态系统中最大的碳库，对降低大气中温室气体浓度、减缓全球气候变暖，具有极重要的独特作用。资料表明，森林面积虽然只占陆地总面积的1/3，但森林植被区的碳储量几乎占到了陆地碳库总量的50%以上。因此，森林被称为二氧化碳的吸收器、贮存库和缓冲器。森林一旦遭到破坏，则变成了二氧化碳的排放源。所以，国际上大力提倡“碳汇造林”。所谓“碳汇造林”，是指在确定的土地面积上，以增加碳汇为主要目的，对造林及其林木（分）生长过程实施“碳汇”计量和监测而开展的有特殊要求的造林活动。与普通的造林相比，“碳汇”造林突出森林的“碳汇”功能，具有碳汇计量与监测等特殊技术要求，强调森林的多重效益。营造木本粮油林基地，像其他造林一样具有重要的“碳汇”造林功能。

联合国政府间气候变化专门委员会在其评估报告中指出，林业具有多种效益，兼具有减缓和适应气候变化的双重功能，是未来30年到50年增加碳汇、减少排放成本较低的经济可行的重要措施。相关资料表明，林木每生长 1 立方米蓄积量，大约可以吸收 1.83 吨二氧化碳，释放 1.62 吨氧气。我国政府曾在联合国气候大会上庄严承诺：大力增加森林碳汇，争取到 2020 年森林面积比 2005 年增加 4 000 万公顷，森林蓄积量比 2005 年增加 13 亿立方米。相比传统林业，碳汇林业具备“交易”的潜质，蕴藏着巨大商机。森林通过光合作用吸收二氧化碳，相对工业来说，“碳汇”成本较低，有“绿色黄金”之称。据预测，2020 年，全球“碳市场”交易额将达 3 000 亿美元，“林业碳汇”前景普遍看好。

三、具有扩大生物质能源原料基础的功能

自 20 世纪 70 年代以来，随着人口膨胀和经济的快速发展，大量消耗石化能源不仅导致生态环境恶化（例如全球气候变暖、生态环境污染和资源枯竭等），而且导致世界能源供需矛盾日益突出。能源危机、环境危机和粮食危机成为全球面临的严峻挑战。

迎接挑战的一个重大举措就是，发展可再生的、清洁的生物燃料，即以生物质为载体的能源。生物燃料是指通过植物光合作用，把太阳能转变成有机物而储存的能量。地球上每年植物光合作用形成的“碳量”及其含能量，即每年通过光合作用贮存在植物的枝、茎、叶中的太阳能，相当于全世界每年耗能量的 10 倍。生物质材料遍布世界各地，其蕴藏量极大，仅地球上的植物，每年的生产量就相当于现阶段人类消耗矿物能的 20 倍，或相当于世界现有人口食物能量的 160 倍。虽然不同国家单位面积生物质的产量差异很大，但地球上每个国家都有某种形式的生物质能，作为热能的来源为人类提供了基本燃料。

中国拥有丰富的生物质能资源，据专家计算，中国理论生物质能资源 50 亿吨左右。生物质能源的原材料包罗千种，包括各种能源植物，以及工业、农业、林业、一般家庭产生的可生物分解的废弃物等，经过无害化处理都可以用作生物质能的原料，是可再生能源开发利用的重要方向。生物燃料具有污染轻、可再生等优势，受到全球的普遍关注，成为缓解能源危机和生态危机、保护环境与促进能源产业可持续发展的重要途径。目前主要生物能源有燃料乙醇、生物柴油、生物制氢和沼气等种类。生物燃料是一种新型清洁运输燃料，具有无毒、可再生性、能生物降解等特点。此外，还具有优良的润滑性能、溶解性和环保性能，不含芳烃、闪点高（＞100℃）、冷滤点高，可以以一定比例

与石油、柴油“混兑”，为优质的石油、柴油代用品。目前，用于生产生物柴油的能源植物主要是一些乔木、灌木和草本植物。据不完全统计，已见报道的能源植物有40多种，其主要品种包括夹竹桃科、大戟科、萝摩科、菊科、桃金娘科及豆科植物，以及我国的光皮树、油楠、橡树、油桐、小桐子、油楠、乌桕等种。这里简要介绍一种人们还不很熟悉的木本油料——小桐子。

四、生物质能的典型树种——小桐子

小桐子又称麻疯树、臭油桐、芙蓉树、青桐木、假花生等。它原产美洲，现广泛分布于亚热带及干热河谷地，是人工造林的好树种。我国引种麻疯树已有300多年的历史，分布于两广、琼、云、贵、川等广大地区。

1. 麻疯树的生长特点

麻疯树为多年生耐旱型木本植物，天然更新能力强，可以在干旱、贫瘠、退化的土壤上生长，适宜在热带、亚热带以及雨量稀少、条件恶劣的干热河谷地区种植，保水固土、防沙化、改良土壤的能力很强，成为改良土壤的主要选择树种。麻疯树栽植简单、生长迅速，栽种3年可挂果投产，5年进入盛果期，产果长达50年。麻疯树抗病虫害，生长迅速，生命力强，在部分地方可以形成连片的森林群落。麻疯树的生育繁殖能力极强，枝叶浓密，组织松软，含水分、浆汁多，落叶易腐不易燃，生长在陡坡上的麻疯树林，还成为良好的生物防火隔离带。麻疯树繁殖成活率高，生长速度快，是国际上研究最多的能生产生物柴油的能源植物之一，也是世界公认的最有可能成为未来替代化石能源的具有巨大开发潜力的树种，被认为是极具炼柴油开发潜力的一种。

在我国实施“退耕还林”措施的过程中，麻疯树在各地大量扩种。仅四川一地的种植面积就达1.73万公顷以上，可产种子17万吨，可提炼麻疯树油6万吨，仅金沙江两岸每年的小桐子产量就可制作出700吨油。迄今，全国麻疯树种植面积至少达到200万公顷以上，按每公顷每年产干果9 750千克，每千克干果可榨取0.3千克柴油计，可产柴油580多万吨，具有良好的资源开发利用前景。现在，许多专家认为开发麻疯树是缓和能源危机、缓解全球气候变暖的一种生物能源植物。根据英国一家能源公司的考察，每公顷麻疯树可以产油2 700千克，生产能用于发电的残渣4 000千克。8 000公顷麻疯树足够供应一座1.5兆瓦的发电站，并可为2 500个家庭供电。大力开发麻疯树资源，不但可以形成生物能源产业，而且可以促进农民增加收入。

2. 麻疯树的经济价值

麻疯树原为药用栽培植物，其种子含油量很高。它每年挂果1～2次。果实采摘期长达50年，果实的含油率为60%～70%。采自四川宁南的种子千粒重492.6克，出仁率60.1%。种子含油量35.51%，粗蛋白15.49%，粗纤维21.59%，总糖率11.12%。种仁含油率59.31%，粗蛋白19.05%，粗纤维3.10%，总糖率16.77%。对一般含油率较低的品种经实验得出：3千克麻疯树种子可提炼1千克生物柴油；含油率较高的品种大体每2千克种子就可提炼1千克生物柴油。丰产期的麻疯树一亩可年产种子1 200千克以上，每亩可生产提取出0.3～0.5吨左右的生物柴油。由此可见，麻疯树经济价值是很高的。

3. 麻疯树油的三大优势

经改性后的麻疯树油可适用于各种柴油发动机，并在闪点、凝固点、硫含量、一氧化碳排放量、颗粒值等关键技术上均优于国内0号柴油。麻疯树油具有可再生、清洁和安全三大优势。燃烧麻疯树油或者由其制成的生物柴油，比燃烧化石燃料更清洁，因为燃烧前者产生的二氧化碳更少。作为生物柴油，它具有更加清洁和高效的优势，其性能明显优于普通的柴油。以尾气排放为例，麻疯树生物柴油燃料排放的尾气中，二氧化碳含量比一般柴油低5～8倍，而且由于生物柴油本身源自植物，排放的尾气更容易被植物吸收，有利于环保，被称为生物柴油树。

4. 国内开发麻疯树油源及科研状况

从1993年起，我国就已经成为石油和石油产品净进口国，到2005年进口原油量超过1亿吨。我国进口石油的一半以上来自中东地区，但这一地区长年处于动荡不安的局面，长期大量进口石油会对我国的能源供应和能源安全造成严重威胁。因此，专家认为，提高生物柴油产量对我国农业结构调整、能源安全和生态环境综合治理具有重大的战略意义和现实意义。目前，我国已采取措施推进生物质能源的发展。

据资料介绍，“十一五”期间我国规划生物柴油原料林基地建设规模达到83.91万公顷，在原料林全部进入结实期后，将形成年产生物柴油125万多吨的原料供应能力。目前，一些颇具实力的企业和国外大型能源企业，已进入麻疯树生物柴油领域，在相关地方建立起大规模的生物柴油生产企业，预计未来全国麻疯树种植面积至少可达200万公顷以上，具有良好的资源开发利用前景。

在我国，利用麻疯树提取生物柴油项目早已国家列入科技攻关项目。四川省攀枝花市、四川大学生命科学学院、四川省长江造林局和长江科技有限公司等单位加大合作力度，已掌握了加工麻疯树原油制取生物柴油的相关技术。同时，经四川省农机产品及车辆配件质量监督检测站、汽车产品试验站的试验检测，利用麻疯树油可以替代0号商用柴油，作为柴油机燃料用油。四川攀枝花独特的气候条件十分适宜麻疯树生长，从1985年起，先后完成野生麻疯树资源调查以及野生麻疯树驯化及人工种植试验、示范，完成了麻疯树油的工艺开发和应用试验。四川省长江造林局已经在攀枝花建起13.33公顷麻疯树种苗基地，266.67公顷麻疯树基因库。四川省建成了设计能力10万吨的麻疯树柴油加工厂，现年生产2万吨，并制定了企业标准。麻疯树果实购入每千克1.4元，每吨生物柴油需麻疯树果实3吨多。种植麻疯树亩产生物柴油接近200千克。种植麻疯树的比较收益较高，即便按较低的亩产量450千克计，每亩收益可达到630元。

5. 国外开展麻疯树油源的科研状况

在国外，许多国家开发麻疯树资源已有多年。1995年，在洛克菲勒基金和德国政府支持下，巴西、尼泊尔、津巴布韦开始开发麻疯树油燃料。印度计划委员会于2002年7月成立了生物燃料领导小组，起草了生物柴油国家发展规划，2011—2012年，实现生物柴油替代20%石油柴油的目标。届时，麻疯树的种植面积将达到500万公顷。2003—2007年是示范项目阶段，在此期间，政府作为首要推动者，负责所有环节的规划和运作。该阶段的主要工作是探讨种植、脱粒、提炼、转化、调和、市场开发、产品质量的技术问题，以及探讨制度安排等环节存在的问题和解决办法。2007—2012年是自主发展、扩大生产阶段，目标是实现麻疯树大规模种植，并把种植范围扩大到全国，从而能够生产出足够多的植物油来生产生物柴油。2007年，印度生产150万吨麻疯树种子，榨取48万吨麻疯树油，在种植环节创造1.244亿个人工，在脱粒环节每年创造3 680万个人工，使55万个农村家庭脱贫。

第三节　振兴木本粮油产业是建成全面小康的“民生工程”

没有农民的富，就没有国家的富；没有农业的强，就没有国家的强；没有农村的小康，就没有国家的小康。“十三五”时期是我国建成全面小康社会的关键阶段。建成农村全面小康，是艰巨的“民生工程”。

自改革开放以来，我国反贫困事业取得了举世公认的成就，为联合国制定的到2015年把世界贫困人口减半的“千年计划”做出了突出贡献。然而，到2015年年末，全国农村仍有贫困人口5 000多万，其中大多数贫困人口集中在“老、少、边、穷”地区。这些地区经济相对落后、生态脆弱、交通闭塞，粮食短缺，实现小康的难度很大。然而，正是在这些地区拥有种植木本粮油经济林的优越条件。我国各省区，特别是14个木本粮油主产省区拥有适合当地发展的优质木本油料树种，是丘陵山区重要的特色产业门类，具有良好的经济效益和广阔的产业化发展前景，是这些地区新的经济增长点，也是提高财政收入和增加农民收入的新途径。

在过去相当长的时期内，由于传统观念的支配，对山区采取了舍弃优势、利用劣势、违背自然规律和生态规律的发展方式，片面“向山区要粮”，导致山区经济陷入“恶性循环”，资源和环境代价极大，经济增长效益很低，发展难以持续。教训，使人聪明和理智，也使人视野开阔，开发山区必须扬长避短，创新山区经济发展思路，向现代生态型、民生型林业转型升级，包括大兴木本粮油产业。这是点燃山区新经济增长点的“民生工程”。

一、改善民生与振兴山区经济必须相辅相成

振兴山区经济，必须尽快为广大山区经济发展注入强大新动力，改变“老、少、边、山、穷”地区贫困面貌，体现经济建设的基本目标。发展山区经济要紧紧围绕改善民生，首要的是解决他们的温饱问题，进而提高他们的生活质量，实现全面小康，让贫困地区共享改革发展的成果。为此，要把普及教育、提高素质作为民生之基；把点燃新经济增长点、增强经济实力作为民生之源；把扩大农民就业、增加其收入作为民生之本；把建立社会保障、公平分享改革成果作为民生之盾。总之，实施山区“民生工程”，就是要把“荒山野岭”变为“绿色粮仓”，把全面发展山区经济的成果惠及最广大的民众。

二、保护生态环境与开发山区资源必须相得益彰

从建设“美丽中国”和经济社会创新、协调、绿色、开放、共享发展理念出发，实施山区“民生工程”，必须转变山区的发展方式，扬长避短，提高发

展质量和效益。在落后的山区，发展经济决不能走老路，要用一种全新的理念来指导发展，要以科学发展为依托，着力改善民生。特别要“打破传统增长路径依赖”，树立全新的发展理念。“既要金山银山、更要绿水青山”；要努力探索一条社会财富有效增加、生态环境保持优良、百姓福祉不断增进的科学发展新路径，实现经济、文化和生态的“三崛起”。为此，必须加快建设生态型、循环型特色的现代产业，尤其是要培育新兴生态产业，发展木本粮油产业。在发展方式上，要解“传统发展模式之危”，兴“科学发展模式之利”，开“科技创新驱动之力”，努力实现新农村美好图景的“六好”：即基础设施好、产业结构好、人口素质好、社会保障好、生态环境好、社会风尚好。

三、全面发展山区与缩小区域发展差距必须同步进行

广大山区实施“民生工程”，既要促进经济繁荣，又必须增进社会和谐。它体现了政治、经济、社会建设的本质要求。即妥善处理各方面的利益关系，化解社会矛盾，促进山区的全面科学发展。基于这一科学发展理念，必须把“缩小城乡差距、统筹城乡发展”作为贯穿“民生工程”的一条红线，把统筹城乡发展作为科学发展观的重要组成部分，建立与完善农村公共服务供给机制和实施“工业反哺农业、城市支持农村”的战略方针，形成城乡经济社会发展一体化的新格局，实现城乡基本公共服务均等化，增强山区农村发展活力，促进城乡共同繁荣，让山区民众分享改革和发展的成果。此外，山区实施“民生工程”，既包括物质层面，又包括人民群众的精神文化生活，必须大力弘扬社会主义核心价值体系，提升社会文明水平。

四、发展木本粮油产业结出改善民生的硕果

进入21世纪以来，我国广阔的山地、丘陵和荒地上，因地制宜发展木本粮油产业，兴起一大批板栗、油茶、核桃、大枣、柿子、油桐等种植基地，以及相应的加工企业，有力促进了山区经济的发展，结出了改善民生的硕果。山绿了，村新了，民富了，不少山区的农民走上和谐美好的小康之路。这里，举两个典型实例。

实例一　河南省境内山区和沙区多是贫困地区。该省抓住《中原经济区规划》中推进特色高效产业的发展机遇，实施集约化、标准化、产业化木本粮油发展战略，着力抓好“三大区域”的主要木本粮油产业：在太行山、伏牛山区

重点发展核桃、柿子、黄连木产业基地；在大别山、桐柏山区主要壮大油茶、板栗产业基地；在沙区丘陵地则着重建设大枣基地，已取得明显效益。在河南内黄沙区，农枣间作已使农户来自红枣的收入达 2 400 多元，占总收入的 60% 以上。如今，河南省木本粮油总产量已达 84.21 万吨，年产值 62.6 亿元。据专家预计，全省现有 500 多万公顷林业用地，若用其 1/4 发展木本粮油，即使经营水平粗放，年产量也可增加 260 万吨。许多红枣专业村，利用沙地种植大枣林，红红火变成“小康村”。

内黄县素有“枣乡”之称，栽培大枣的历史已有 1 500 多年，是历代帝王之贡品。1999 年，国家林业局和中国经济林协会命名内黄县为“中国名特优经济林——红枣之乡”“全国大枣标准化生产及系列加工示范县”“河南省红枣无公害标准化基地县”和“中国红枣产业龙头县”。迄今，全县现有枣林 3.07 万公顷，年产鲜枣 12 万吨，年总产值 2.4 亿元。内黄县先后建成加工企业群体，企业达 400 多家，从业人员 2 万多人，年加工能力到 5 万吨，产值 5 亿元。加工品种有枣茶、枣汁、枣醋、枣酒等几十个品种，产品畅销全国各地及泰国、俄罗斯、韩国、日本以及东南亚等国家和地区。全县红枣交易场所达 200 多处，拥有河南省最大的红枣批发交易市场，年交易中转红枣 15 万吨，还建有红枣冷库 50 座，保鲜贮藏能力 5 000 平方米，红枣产业的发展还带动和促进了加工、销售、包装、运输、贮藏等相关行业的发展。

实例二 由国家林业局命名的“中国柿乡”陕西省富平县，是靠发展柿子产业走上小康之路的一个典型。富平县地处关中平原北部，至今已有 2 400 余年的历史，其含意取“富庶太平”之意。富平县是闻名遐迩的柿子优生区。在日本吉野市全球唯一的柿子博物馆里就有“世界上柿子的主产国为中国，柿子的优生区在富平”的记载。2001 年，富平县被国家林业局命名为“中国名特优经济林之乡——中国柿乡”。富平县抓住加强生态建设的机遇，以项目带动，在全县开展“大造柿子林”工程，栽种柿子 0.71 万公顷，目前已挂果面积达到 0.33 万公顷。在富平县北部沿山一带，处处可见百龄以上柿子树，至今仍然健壮挺拔、枝繁叶茂、果实丰硕。每到仲秋，满山遍岭，柿林叶红，令人陶醉。每当农家柿子晾晒季节，家家户户、老少动员挂柿子，场景宏大壮观。

目前，富平县年产柿子 4 万吨，加工柿饼 8 000 吨，出口 4 000 吨，年产值 1.2 亿元。此外，富平县还开发出水果鲜柿子、柿子香醋、柿叶茶、柿饼酥等新产品，提高了柿子加工附加值，增加了农民收入。全县涌现一批靠种柿子和加工柿饼增收致富的农民，亩均柿子收入万元以上，最高者超过 2 万元。加工柿饼农民的人均收入达到 4 500 元，占全年人均收入的五分之四以上。许多地方的农民把种植木本粮油柿子林，称之为种“养老树”和“致富树”。

第四节　振兴木本粮油产业是优化食物结构的“健康工程”

我国营养学家在深入研究的基础上，提出国民的科学膳食模式，即应该采取以植物性食物为主、适量增加动物性食品消费、膳食结构多元化的食物消费模式。这是既继承和创新了中华饮食文化，又合理吸收西方国家膳食结构的优点，形成的具有我国特点的理性膳食模式。

一、我国居民应采取“健康膳食”模式

所谓“健康膳食”，完全不同于广泛流传的“保健食品”的概念。它不是指具体的食物，而是指一种科学的、文明的“膳食方式”——促进人体健康的科学餐饮方式。其基本内涵包括：以现代营养学原理为指导，以增强人体健康为目标，以促进人体营养平衡为核心，以对食物材料的文明消费为关键。

目前，我国民众的生活在总体上已经实现了小康，并向全面小康社会过渡。民众的食物消费向“优质化、多样化、营养化、方便化、保健化”转变的趋势日益加强。民众吃好、吃得营养、吃出健康的问题解决不好，就会造成消极结果，既浪费大量粮食等食物资源，又损害民众健康。事实上，我国在粮食等食物与营养发展过程中，现在已出现多种问题或挑战。主要表现在：粮食等食物生产还不能适应居民营养的诉求；居民营养不足与营养过剩并存，食源性疾病发病率迅速增高；居民营养与健康知识缺乏，食盐过量；部分中高收入水平人群肉类和脂肪（尤其是动物脂肪）消费量过高，诱发身体超重、肥胖、高血压、糖尿病、血脂异常等“富贵病”迅速增多，并向低龄化人群蔓延。这表明，我国建立健全理性粮食消费结构和实行健康膳食方式势在必行。即：以谷物为基础，合理增加肉蛋奶鱼等动物蛋白食品，配合适量植物油脂，辅以豆类、薯类等。采用这种健康膳食模式，一则能够充分满足人体多样化的、营养平衡的、保证人体健康的需求；二则能够控制脂肪摄入量，脂肪供能比不高于30%；三则基本满足人体对维生素和矿物质等微量营养素摄入量，达到人体健

康需求。

二、发展木本粮油产业有利于实现“健康膳食”

基于“健康膳食”和科学食物模式的理念，发展我国木本粮油产业是大有作为的“健康工程”。其原因在于：一是，木本粮油产品品质优良。各种木本粮油树种，都种植生长在环境未受到污染的、生态环境良好的边远山岭地区，而且很少使用化肥、农药、农膜等化学材料，所生产的产品都是“绿色食品”或“有机食品”，深受国内外消费者的青睐。二是，木本粮油产品营养丰富。各种木本粮油产品都含有丰富的营养成分。像蛋白质、能量、微量元素等多种重要营养素，能充分满足人体的生理需要（表 3-4）。据测定，1 千克核桃仁相当于 5 千克鸡蛋、9 千克牛奶或 3 千克猪肉的营养价值，而且核桃更易被人体吸收。每百克核桃肉中含有的抗氧化物质，比柑橘高 20 倍，比菠菜高 21 倍，比胡萝卜高 524 倍，比西红柿高 68 倍。这些物质对大脑神经的更新非常有益。三是，具有天然保健功能。各种木本粮油产品富含微量元素、食物纤维，具有极佳的天然保健功能，以及防癌、防辐射、防心脑血管疾病的作用。茶籽油是我国最主要的木本油品，为上等食用油，可与南欧的橄榄油媲美，故被称为“东方橄榄油”。它的不饱和脂肪酸含量高达 90%以上。其中又以油酸和亚油酸为主，还富含脂溶性维生素 A、维生素 E、维生素 K，胆固醇的含量只是动物油脂的 1/30。茶籽油呈浅黄色，澄清透明，气味清香，风味独特，耐储藏，易被人体吸收和消化，可预防动脉硬化。茶籽油除应用于烹饪、色拉调味油外，还是制造肥皂、甘油、化妆品的原料，用途广泛。四是，为食品工业提供优质原料。随着木本粮油产业化、工业化体系的建立和发展，为居民提供丰富多彩的优质食品，像茶籽油、核桃油及其精美食品、板栗及其系列制品、大枣及其制品等，既丰富了市场，又为民众提供大批量营养价值高、保健功能强、安全放心的食品，对增强民众健康、促进民族昌盛意义深远。

表 3-4　主要木本粮油产品成分表（以每 100 克可食部计）

名称	可食部（%）	水分（克）	能量（千卡）	蛋白质（克）	脂肪（克）	碳水化合物（克）	膳食纤维（克）
板栗	80.0	53.6	178.0	3.8	0.9	40.7	2.1（可溶性）
小枣	81.0	28.3	266.0	2.7	0.7	66.8	4.5（总量）
核桃（干）	43.0	5.2	627.0	14.0	58.8	19.1	9.5（不溶性）

（续）

名称	可食部（%）	水分（克）	能量（千卡）	蛋白质（克）	脂肪（克）	碳水化合物（克）	膳食纤维（克）
茶籽油	100.0	0.2	898.0	0.0	99.8	0.0	0.0
核桃油	100.0	0.1	895.0	0.0	99.1	0.8	0.0
椰子油	100.0		899.0		99.9		
棕榈油	100.0		900.0		100.0		
橄榄油	100.0		899.0		99.9		

注：1卡=4.18焦耳

资料来源：杨月欣、王光亚、潘兴昌，《中国食物成分表》北京大学医学出版社，2005年。

环顾当今中国，清醒面对现实，保障粮食安全必须警钟长鸣，不可放松：我国粮食和食物刚性需求持续增长；部分农产品进口依存度明显加大；耕地和淡水等资源约束性越来越加重，构成了我国粮油安全的潜在风险。但如前述，在我国960万平方千米的国土面积中，丘陵和山地约占2/3。其中，耕地面积占12.68%，森林面积占18.21%，内陆水域面积占1.82%，可利用草地面积占32.64%。由于地貌多样与气候复杂，适宜种植许多种类的木本粮油树种。总体计算，目前全国拥有近0.67亿公顷的宜林荒山、荒岭、荒地，而种植木本粮油的面积大约仅有0.13亿公顷（至今仍然处于粗放经营状态），其余大部分还是未开垦的沉睡中的资源，唤醒和开发这些宝贵资源，已是时候了。

综上所述，我国发展木本粮油产业具有重大而深远的战略意义。其主要标志是：发展木本粮油产业是改善我国粮油多样化供给结构、维护国家粮油安全的必然选择；是发展绿色经济，促进农民增收的重要途径；是优化食物结构，提高人民生活水平的现实需要；是加快国土绿化，改善生态环境的有效方式。我国发展木本粮油产业具备多种有利条件——我国有非常丰富的木本粮油树种资源，有适宜发展木本粮油的大面积丘陵山地，有广阔的国内外消费市场；提出了我国发展木本粮油产业的对策和建议——应该把发展木本粮油产业纳入国家粮食安全、食用油安全和能源安全的全新发展轨道中。由此出发，要加大政府扶持力度，加大科技支撑力度；实施木本粮油产业化、集约化发展，延长产业链条，提高综合效益；提高木本粮油产业技术水平，加强人才培养，造就专业化的队伍，保障产业发展的技术力量。

站在保障国家粮油安全的高度，通过发展木本粮油特色产业广辟食物资源，可直接增产和增加优质、特色“粮油”品种供应，有效改善食物结构，有益居民身体健康。另外，通过发展木本粮油特色产业，一方面，可以开发广袤的山地丘陵和荒野，替代和弥补我国耕地资源的不足，缓解我国土地资源的约束性；另一方面，对于巩固和扩大集体林权制度改革成果具有重要作用。对广大农民来讲，获得林木所有权和林地使用权只是第一步，更重要的是能获得改革的红利，获得实惠和实益。只有把包括木本粮油特色产业在内的林业产业发展起来，农民才有经营山林的积极性和主动性，集体林权制度改革的成果才能长久巩固。从这个意义上讲，振兴木本粮油产业对于巩固集体林权制度改革成果也具有重要作用。

第四章　我国具有发展木本粮油产业的优势条件

我国国土总面积达960万平方公里，既是世界农业大国，也是林业大国，拥有发展木本粮油产业的优势条件。可以概括为“面积大、光热足、品种多、历史久、市场广”：一是丘陵和山地占总面积的2/3，适宜种植木本经济林的面积广大；二是光热资源丰富，气候条件多样，适宜不同品种经济林木的生长；三是木本粮油品种繁多，主要木本粮食和木本油料品种都有几百种之多，其中有许多为我国所独有的乡土品种；四是我国具有种植木本粮油的悠久传统，积累了丰富的经验；五是我国的木本粮油产品，拥有日益广阔的国内外市场，有些产品在世界上独占鳌头。

第一节　我国拥有广阔的宜种木本粮油经济林的国土资源

一、广阔的宜种木本粮油经济林的国土资源

耕地是种植业的基础资源，山地是木本粮油产业的基础资源。在我国国土面积结构中，荒山荒地达0.53亿公顷，其中适宜种植木本粮油树种的面积约0.3亿公顷，约相当于现有总耕地面积的25%。迄今，在宜种木本粮油树种的面积中只种植了0.17亿公顷（含野生橡子林），占总面积的比重不足55.56%。在现有的木本粮油经济林中，大部分经营管理粗放。如果进一步规划改造和发展，那么可获得巨大的经济、生态和社会效益。例如，通过实施良种化集约栽培和加强科学管理，使木本粮食经济林的平均亩产（干果）量达到中等产量150千克，木本油料经济林的平均亩产油量达到40千克，我国每年木本粮食产量可达到3 750万吨，是我国目前每年从国外进口谷物的3倍以上。如果按照人均年需求量400千克计，那么可以满足9 375万人口1年的谷物需求。与此同时，我国木本油料年产量可达到800万吨，占我国年食用植物

油消费的1/3，等于解决了我国4.2亿人口的食用油问题。根据研究者的大体计算，我国木本粮食年产值可达9 000亿元，木本油料年产值可达6 400亿元，合计年总产值可达15 400亿元。

二、丰富的具悠久栽培史的木本粮油树种资源

树种资源是发展木本粮油特色产业的最基本要素之一。我国广袤的土地上具有生物多样性，它既体现了生物之间及环境之间的复杂关系，又体现了生物资源的丰富性。

（一）木本粮食树种繁多，主要品种广布全国

我国木本粮食树种繁多，分布极广，在文献资料的记载中就有300多种，包括已栽培的和野生的，基本上都是乡土品种。其中，板栗、大枣和柿子等都是大宗的木本粮食树种。

1. 板栗——“千果之王”

板栗原产我国，品种资源丰富，分布地域辽阔，栽培历史悠久，迄今已有2 000～3 000年的栽培历史，被誉为“千果之王”。板栗是坚果，耐贮运，种仁肥厚甘美，营养丰富。据分析，栗仁含淀粉40%左右，全糖10%～20%，蛋白质7%左右，脂肪3%～6%，并含有维生素A、维生素B_1、维生素B_2、维生素C以及矿物质钙、磷、铁等。生吃清脆可口，熟食细糯香甜，既能代粮，又可佐餐，还可制作风味香美的加工食品。板栗树性健壮，容易管理，适应性广，抗逆性强，适于大面积荒山造林。北方品种群喜冷凉干燥气候，树冠高大，果形较小，肉质细腻，偏糯性，适于炒食。南方品种群的板栗喜温暖湿润，树冠较矮小，果形较大，肉质偏粳性，适于菜用。丹东栗品种属日本栗系统，主要分布在辽宁省的凤城，在丹东一带种植面积较大。世界主要四种食用栗中，欧洲栗、美洲栗、日本栗和中国板栗相比，欧洲栗产量最多，约占世界总产量的50%。我国板栗的产量为欧洲栗产量的1/5。然而，以国别相比，我国板栗的产量与质量均居世界食用栗首位。我国栗果形状玲珑秀美，风味香甜可口，为世界各国一致称道。尤其板栗呈坚果形状，壳皮涩，易剥离，适宜加工，在国际市场上被誉为“东方珍珠”。由于板栗在国际市场畅销，售价较高。近年来我国板栗发展迅速，总产量跃居世界各板栗生产国的首位。

我国板栗产区分布几乎遍布全国。其年产量超过1万吨的省区有山东、湖

北、河北、河南、辽宁、广西和湖南；年产量在 8 000～10 000 吨的省份有浙江、云南和陕西。在我国板栗主产区中，有许多重点主产县、市，年产量在 100 万千克以上的县、市有河北省的迁西、遵化、兴隆、青龙、宽城、邢台、迁安；山东省的泰安、王莲、莒南、郯城、费县；辽宁的宽甸、东沟、丹东；河南省的新县、信阳；北京市的怀柔、密云；以及陕西省的镇安县。其中，河北迁西县位居首位。根据《中国林业统计年鉴 2011》的统计数据，2011 年我国板栗 189.66 万吨，比上年增加了 11.5%。板栗主产省区湖北、山东、河南、河北、安徽、辽宁六省的产量分别为 28.89 万吨、27.95 万吨、25 万吨、20.62 万吨、14.87 万吨、11.83 万吨，六省产量占我国总产量的 68.1%。2011 年我国各省区板栗产量具体分布如图 4-1 所示。另据国家统计局最新统计资料，2014 年，我国板栗总产量提高到 202.345 万吨，比 2011 年增长 6.69%。

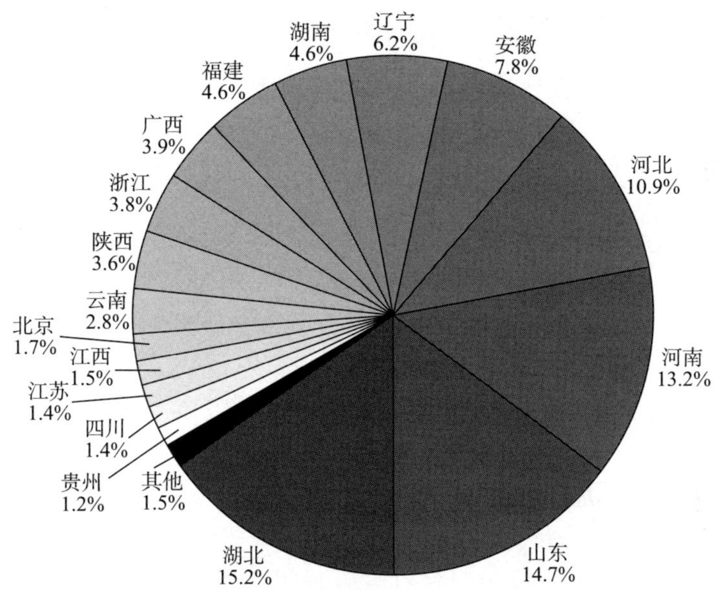

图 4-1　2011 年我国各省区板栗产量所占比重

注：其他表示广东、重庆、甘肃、山西、吉林、天津六个地区。

2. 大枣——“维生素王”

早在远古时代，枣就与桃、李、杏、栗并称为“五果”。大枣富含蛋白质、脂肪、糖类、胡萝卜素、B 族维生素、维生素 C、维生素 P 以及钙、磷、铁和环磷酸腺苷等营养成分。其中维生素 C 的含量在果品中名列前茅，有“维生素王”之美称。大枣具有多种功效：提高人体免疫力，并可抑制癌细胞；经常食用鲜枣的人很少患胆结石；枣中富含钙和铁，对防治骨质疏松、产妇贫血有重要作用，对病后体虚的人也有良好的滋补作用；枣所含的芦丁，是一种软化血管、降低血压的物质，对高血压病有防治功效。枣还具有抗过敏、除腥臭怪味、宁心安神、益智健脑、增强食欲的功效。民谚说：五谷加红枣，胜似灵芝草。一日吃三枣，终生不显老，是宝贵的“维生素丸”。

从供给上看，我国枣产量占世界的90%以上。从国内红枣种植面积的分布上看，山东、河北、陕西、河南、山西五大传统产枣大省占据全国约85%的枣树种植面积和产量，而且种植面积普遍增势强劲。近些年，新疆产区异军突起，凭借其得天独厚的自然条件优势，致力打造中国和世界上最大的优质干枣生产基地。近年来，新疆是我国大枣种植面积上升的最大贡献者。新疆大枣种植面积从2009年的9.33万公顷扩大到2014年的40万公顷。据《中国林业统计年鉴2011》的统计数据，2011年我国枣产量达346.78万吨，比上年增加了34%。我国大枣产区有25个，主产省区主要有新疆、陕西、山西、河北、山东、河南六省，产量分别为91.86万吨、70.3万吨、48.64万吨、45.45万吨、34.13万吨、22.47万吨，这六个省区大枣产量占我国总产量的90.2%。2011年我国各省区枣产量如图4-2所示。

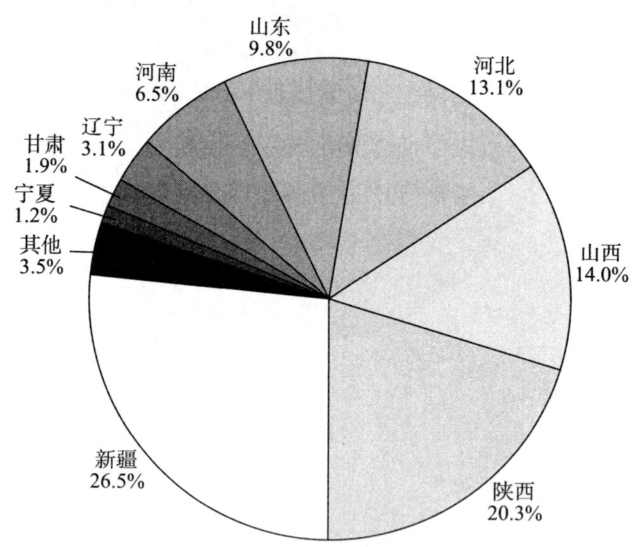

图4-2　2011年我国各省区枣产量所占比重

注：其他表示北京、天津、内蒙古、江苏、浙江、安徽、福建、江西、湖北、湖南、广东、广西、重庆、四川、贵州、云南等16个省市。

3. 柿子——绿色保健果品

柿子又叫朱果，原产于我国。柿果营养丰富，富含维生素C，有较高的药用价值。柿子除供鲜食外，还可以加工成柿饼、柿干，且含糖量高，耐贮藏，可以代粮充饥，所以柿子又被称为一种木本粮食。迄今，全世界仅有9个国家栽培柿子。根据柿子产量的高低依次是中国、日本、韩国、意大利、巴西、以色列、新西兰、伊朗和澳大利亚。柿子营养丰富，具有保健功效。传统中医认为，柿子的果实、蒂、叶均可入药。柿果因其性寒、味甘涩，入心、肺、大肠，具清热、润肺、止渴之功效，可以用来治疗热渴、咳嗽、吐血、口疮等病症。现代保健医学研究表明，柿子可以补虚健脾、生津止渴、抗菌消炎、降低血压、增加心脏冠状动脉的流量。柿果中的丹宁被广泛应用于工业、医药及化妆品行业。在医药方面，柿果有解酒降血压、解蛇毒、抗癌和抗病毒等功用。由于柿涩能使人的皮肤光滑细腻，现已被用来制成多种天然的美容护肤品。柿叶中维生素C的含量是柿果的好几倍，柿叶含有丰富的维生素C、芦丁、胆碱、黄酮甙、胡萝卜素、多种氨基酸及铁、锌、钙等对人体健康有益的非药性营养成分，有多种保健功能。柿叶茶是新兴的保健饮料。柿树木材细腻坚硬，心材黑色，也称为“乌木”，可制作家具等器具。

中国有22个省市栽培柿树。2000年，中国柿子产量164.4万吨，占世界柿子产量的71.5%，以绝对优势居世界的首位。其中，年产量在10万吨以上的省区依次是：广西（504 897吨），河北（394 325吨），河南（326 799吨），陕西（230 396吨），福建（177 025吨），江苏（156 977吨），山东（136 311吨），安徽（123 196吨），广东（122 394吨）。小柿子已做成大产业，创造出巨大的经济、生态和社会效益。例如，国家林业局2001年8月授予陕西省富平县“中国柿乡”称号。此后，富平县利用广袤的丘陵地、以年均0.13万公顷的速度扩展，至今总面积已经发展到0.67万公顷以上，其中挂果面积0.2万多公顷，年产鲜柿3万余吨，加工柿饼5 000余吨，产品远销韩国、日本、新加坡等地，年产值1.2亿元。昔日的小柿子，如今焕发出新生机，成为富平人民引以为豪的富民大产业。

（二）木本油料树种资源丰富，具有广阔发展前途

同木本粮食树种一样，我国拥有丰富多彩的木本油料树种，多达200多个，种仁含油量在50%～60%的有50多种，作为食用油料树栽培的有10多

种。目前，最主要的木本油料树种有油茶、核桃、橄榄、油棕、椰子、油桐、乌桕、文冠果、牡丹籽等。其中，茶油、橄榄油、棕榈油和椰子油被誉为“四大木本食用油”，油桐和乌桕为工业油料树种。在我国，目前以南方的油茶为最大木本食用油品，现有油茶栽培面积近 333.33 万公顷，年产茶油 30 万吨。其中，湖南、江西和广西依次居前三位。其次是核桃，近年来种植面积迅猛扩大，目前全国栽植总面积已经突破 240 万公顷，核桃坚果总产量达到 98.0 万吨，如果全部用于榨油，年产量可达 30 万吨。其他木本油料树种如油棕、油橄榄、山核桃、文冠果、香榧、扁桃、仁用杏等都是含油率很高的树种，均有相当大的栽培面积。

1. 茶籽油——世界东方“橄榄油”

相传舜帝南巡崩于苍梧，娥皇女英泪洒三湘，天地爱心，山水感应，结出油果累累——这就是油茶果。茶油是一种特有的珍贵食用油。据《山海经》记载，我国食用茶油已有 2 300 多年的历史。公元 1742 年，乾隆帝微服私访到南岳衡山一带，见家家户户、男女老幼劳作榨油，又闻衡山茶油“诸病不忌、百病不生”。回京后降旨，在御贡坡一带建皇家榨油坊，后来此地成为我国名副其实的茶油之乡。茶籽油是我国最主要的木本油品，为上等食用油，可与南欧的橄榄油媲美，故被称为“东方橄榄油”。它的不饱和脂肪酸含量高达 90% 以上。其中又以油酸和亚油酸为主（表 4-1），还富含脂溶性维生素 A、维生素 E、维生素 K。

表 4-1　油茶脂肪酸成分表

单位：%

脂肪酸成分	棕榈酸	硬脂酸	油　酸	亚油酸	亚麻酸
最高含量	18.25	6.43	82.50	14.89	1.77
最低含量	7.17	1.64	59.40	5.24	0.36
差　　值	11.08	4.79	23.10	9.65	1.41

资料来源：《中国油茶》，中国林业出版社，2008 年。

2. 核桃油——优质天然“脑黄金”

核桃油是另一主要木本油品，被誉为优质天然“脑黄金”。制取核桃油的原料的核桃仁，营养成分极为丰富，而且品质优良。据专业科技人员化验，每百克核桃仁含优质脂肪 63～70 克，蛋白质 14.6～25 克，另外还含有 17 种氨基酸和丰富的维生素。每百克核桃肉中含有的抗氧化物质，比柑橘高出 20 倍，比菠菜高 21 倍，比胡萝卜高出 524 倍，比西红柿高出 68 倍。这些物质对大脑神经的更新极为有益。以核桃仁为原料加工出的核桃油，其主要成分是不饱和脂肪酸，约占总量的 90%。其中，棕榈酸约 8%，硬脂酸 2%，油酸 18%，亚油酸 63%，α-亚麻酸 9%，具有核桃特有的香味，味道佳美。核桃油中的油酸为单不饱和脂肪酸，具有通润血脉、预防心血管疾病的作用。亚麻酸是人体必需的脂肪酸，具有降低血清胆固醇的作用，是一种高营养价值的上乘食用油。在国外，核桃被称为“大力士食品”“营养丰富的坚果”“益智果”。在国内，核桃享有“长寿果”“养人之宝”的美称。

3. 橄榄油——飘香的“液体黄金”

橄榄油在地中海沿岸国家有几千年的历史，在西方被誉为“液体黄金”“植物油皇后”“地中海甘露”。它原产于小亚细亚（西亚），目前世界橄榄油主产国主要集中在地中海沿岸国家，主要包括西班牙、意大利、希腊、突尼斯、土耳其、叙利亚、摩洛哥。这 7 个国家的橄榄油产量占世界橄榄油总产量的 90%。西班牙、意大利、希腊为世界最大的三大橄榄油生产国和出口国。西班牙橄榄油产量居世界之首，但出口量排在世界第二位，居意大利之后。意大利橄榄油产量居世界第二位，但却是最大消费国、最大的出口国，同时也是最大的进口国。全世界橄榄油的年产量目前只有 250 万吨左右，橄榄油因其产量和上佳的营养成分成为世界稀缺资源。

橄榄油的不饱和脂肪酸含量接近 90%。其中，油酸含量 55%～83%，亚油酸含量 3.5%～21%，亚麻酸含量 0.3%～1.5%。尤其是，橄榄油中脂肪酸平衡模式接近人体需要，饱和脂肪酸含量 15%，单不饱和脂肪酸含量高达 75%，多不饱和脂肪酸含量 10%。这一构成接近营养学家推荐的理想模式，即：1∶6∶1。此外，橄榄油中还含有人体必需的维生素 A、维生素 D、维生素 E、维生素 K 等脂溶性维生素和其他营养成分，尤其是橄榄油含有大量天然抗氧化剂——角鲨烯。由于橄榄油含有丰富的营养成分，故具有极高的营养价值和功能：一是促进血液循环功能。橄榄油具有防止动脉硬化以及动脉硬化并发症、高血压、心脏病、心力衰竭、肾衰竭、脑出血等慢性病。二是改善消化系统功能。橄榄油不饱和脂肪酸含量高，还含有丰富的维生素和胡萝卜素等脂溶性维生素及抗氧化物等多种成分，并且不含胆固醇，因而人体消化吸收率极高。三是提高内分泌系统功能。橄榄油还具有提高生物体新陈代谢的功能，以及防癌、防辐射、防心脑血管疾病的作用。

4. 棕榈油和棕榈仁油——广泛应用的替代油

棕榈油原产地在西非，约有5 000年的利用历史。它是继大豆色拉油之后的又一大食用油，也被用作生物柴油，并具有其他工业用途。1870年，棕榈树传入马来西亚，当时只是作为一种装饰植物，直到1917年才进行第一次商业种植。在20世纪60年代，马来西亚为了减少对橡胶和咖啡的贸易依赖，开始大规模提高棕榈油的产量。目前世界上主产国为马来西亚和印度尼西亚。

以油棕果外层的果肉制取的油，称为棕榈油，也称棕油、棕皮油；用棕榈仁制取的油，称为棕榈仁油，亦称棕仁油。棕榈油含饱和脂肪酸40%～50%。其中，棕榈酸约占80%，油酸占38%～53%，亚油酸占6%～11%。在常温下，棕榈油呈半固体，氧化稳定性好。其固态脂肪可以用作起酥油（制作方便面、某些烘焙食品的用油）、代可可脂等；液体油可用作凉拌油、烹饪油、煎炸油等。大量未经提炼的棕榈油可用于制肥皂。棕仁油富含脂肪酸，其中：月桂酸41%～55%，豆蔻酸14%～20%，软脂酸6.5%～11%，硬脂酸1.3%～3.5%，油酸10%～23%，亚油酸0.7%～5.4%。新鲜棕仁油可以食用，液体油可以用于烘焙食品。总之，由棕榈果的果肉和果仁分别制取的棕榈油和棕榈仁油，是世界重要木本油脂产品，用途广泛。

棕榈油为非干性油，是植物油的一种，可部分替代其他油脂。例如，可代替大豆油、花生油、向日葵油、椰子油、猪油和牛油等。棕榈油略带甜味，具有令人愉快的紫罗兰香味。棕榈油液体呈棕红色，常温下为白色半固体状态，可塑性好，用途广泛：一是可当作食油、松脆脂油和人造奶油来使用；二是可作为糕点和面包厂产品的良好辅料；三是可进行分提，把固体脂与液体油分开，其中的固体脂可用来代替昂贵的可可脂作巧克力；四适于煎炸食品，油脂不外渗，不发黏，可广泛用于快餐食品，是油炸方便面的主要用油；五可用作凉拌、烹饪或煎炸用油，其味清淡爽口。

5. 椰子油——优良的食用油脂

它是由椰子仁干制取的油。椰子为棕榈科热带木本油料之一。椰子油也是一种木本食用油佳品。椰子树原产于巴西、马来群岛和非洲。全世界有80多个热带国家都种植椰子树。我国椰子树主要分布在福建、广东、云南和台湾等地区。椰子油中类脂物的含量很低，是良好的食用油脂。椰子果为核果，椭圆形或卵状椭圆形而略呈三棱，长20～35厘米，直径21～24厘米。成熟后呈暗褐棕色。一个成熟的中等大小的椰子果实的重量为1 500～2 000克。椰子肉中富含脂肪，先干燥成椰子干，再从中提取脂肪。椰子干的脂肪含量达 57%～75%，制油后的压榨饼中含有 20%左右的蛋白质，可作饲料。椰肉也可用于糖果及食品工业，椰汁是良好的饮料。近年来研究用湿法加工新鲜椰肉，同时还可获得油和食用蛋白质。

第二节　我国拥有种植经营木本粮油的悠久传统资源

有学者认为，人类以森林为实体、为依托，首先创造出了物质文明。人类农业的发展契机，可能就是在森林边缘的杂草中发生的。更多的农学家认为，禾本科农作物与野草有更多的亲缘性。森林包罗万象，包括树、种、花、果、草等。所谓“树”，就包括各种木本粮油经济林。

我国是多种木本粮油的原产地，具有悠久的栽培史和利用史。像油茶、核桃、文冠果、板栗、红枣、柿子等主要木本粮油树种，都原产于我国。我们的先人在长期的栽培木本粮油的过程中，积累了丰富的种植和经营经验。在我国大量的典籍、诗歌、散文等文学作品中，对木本粮油树种都有许多动人的描述和记载。

（一）油茶在我国已有 2 300 多年的栽培和利用历史

古往今来，我国关于油茶的各类著作丰富多彩、不胜枚举。早在秦期，油茶被赞为“甘醪膏汤”；到汉末，它又被赞为“膏汤枳壳茶”；到了唐代，它被称为“油茶”，一直沿用至今。根据公元前 3 世纪的典籍《山海经》记载：“员木，南方油食也”。这里所说的“员木”即油茶，我国民间当时已经利用油茶籽榨油以供食用。在历代的许多典籍和地理志中，对油茶都有明确的记载，甚至受到歌咏。唐代诗人李商隐曾写油茶赋，留下“芳香滋补味津津，一瓯冲出安昌春”的诗句。清代雍正皇帝到武陟视察黄河险工，知县吴世碌以油茶进奉，食之大喜，称赞“怀庆油茶润如酥，山珍海味难媲美”，并传旨广开“油茶馆”，油茶由此盛名远扬。明朝徐光启的《农政全书》，对油茶选种、种子储藏、育苗、整地和造林等均有详细记载，全面总结了油茶生产、储存技术。

（二）板栗已有 2 000 多年栽培历史

板栗是我国栽培最早的果树之一，已约有 2 000 多年栽培历史。据史家考证。我国最早的诗歌总集《诗经》中已有“树之榛栗”的记载。汉代《史记·货殖列传》中写有“燕秦千树栗”。民国《迁安县志》对板栗这样记载：“邑境产量最富，行销最远，为邑产大宗。”这里的“邑境”主要是指今天的迁西一带。笔者曾深入迁西山区考察，境内峰密起伏，层层叠叠，满眼栗树，枝繁叶茂，境内100～200年生的大栗树到处可见；300～500年生的老栗树仍生机盎然，真是一个“板栗王国”。

追溯历史，我国黄河流域的华北和西北地区已大面积栽培板栗，以后相继传至华中和华南各地。板栗树寿命长，在板栗主产区，百龄古树随处可见。河北迁西县的“明朝遗老”，河南汝南的“千龄古株”，至今仍然枝繁叶茂，硕果累累。在山东郯城镇的5个村庄，占地面积2 000多公顷的土地上，生长着2万多棵百年以上的古板栗树，每棵都挂牌、登记，取名“神州板栗园”，足见板栗生命力之强大和栽培史之悠久。

（三）红枣已有8 000多年的种植历史

我国枣树最早的栽培中心在黄河中下游一带，且以河南、陕西、山西栽培较早，随后传至河北、山东等地，那时红枣已成为人们食物的组成部分。河南内黄县地处豫北黄河故道，红枣栽培历史已超过2 000年的历史。据《内黄县志》记载：“唐宋时期已有大面积种植，达万余亩，并纳入银税”。如今，在内黄县仍保存有2 000余株1 000年以上树龄的古枣树，有万余株500年以上树龄的老枣树，有几十万株100年以上树龄的大枣树。同样，在陕西、山西、河北、山东等省，也都存有千年以上的古老枣树。新疆若羌行政面积达20多万平方公里，有“华夏第一县”之称。目前，全县红枣种植面积已达0.67万公顷，红枣株数高达1 200多万株，农民人均占有枣树1 000余株，成为收入的重要来源。

（四）柿子在周代作为供品，在汉代已广泛栽种

我国是柿子的原产地，适应性强，分布广泛。柿树，耐干旱瘠薄，在山地、丘陵、平原、沙滩；肥土、薄地、黏土都能生长。根据《礼记》记载，早在周代，我们的祖先就已栽培柿树，并在重大祭祀礼仪上用柿果作为供品。秦汉以来，广袤的黄河流域种植柿树已很普遍，柿子已成为人们重要的栽培果树和木本粮食树种。汉代，在陕西省就有广泛栽种。唐人段成式在《酉阳杂俎》

中赞美“柿有七绝”：一是树多寿；二是叶多荫；三是无鸟巢；四是无虫蠹；五是霜叶可玩；六是佳果可啖；七是落叶肥大，可以临书。相传明朝朱元璋早年在饥饿时以柿子充饥，后来坐上皇位后封柿子为“凌霜侯”。柿子承载深厚的中华文化。我国柿品种有800多个，主品种有数千个。目前，我国为世界第一柿生产大国，种植面积和总产量分别占世界的89%和70%以上，云南保山甜柿居全国之首。

（五）核桃在7 000多年前就有种植

我国是核桃属植物的起源地和分布中心之一。我国核桃的栽培历史至少有2 000多年。关于核桃的起源，最权威的当数西晋张华《博物志》中“张骞使西域还，乃得胡桃种”的结论。但是，云南省林科院漾濞核桃研究站和漾濞县林业局（站）的林业工作者对漾濞核桃的研究成果动摇了传统的权威结论。中科院考古研究所于1995年4月用C14同位素对树龄测定，确定漾濞的古核桃木即公元前1615年的树木。这意味着，漾濞的核桃种植远早于公元前112年张骞从西域带回胡桃的年份。也就是说，当公元前112年张骞历尽千辛万苦从西域带回胡桃的时候，漾濞江流域已有大片核桃林生长了。依据这一考古发现，再联系漾濞核桃品种繁多、有大片原始野生铁核桃林及与核桃同科的三个属五个种的植物大量分布等实际，漾濞林业科技工作者推断，漾濞是核桃原产地。又据《南诏野史》等地方史料记载，史前，苍山半坡就有人类繁衍生息，新石器时代大理地区就有人类活动。自史前以来，野生铁核桃就一直是人类的天然食物。唐代《南诏通记》《酉阳杂俎》等记载，早在唐宋，南诏大理地区的核桃就已经成为大宗商品和贡品。清代《游滇记》说：“太和（大理、漾濞一带）核桃，皮薄如纸。”《滇海虞衡志》则说得更加明白：“核桃以漾濞江为上，壳薄可捏而破之。”所以，漾濞人工栽培核桃的历史已逾千年。在漾濞，一株老核桃树就是一个动人的传说，一片老核桃林就是一部关于核桃发展的简史。在漾濞这片热土上，栉风沐雨三四百年而依旧枝繁叶茂年产万果的核桃“老寿星”并不鲜见。平坡镇高发村罗家村民小组有一株核桃树，堪称“核桃树王”，主干粗壮，横空出世，气势磅礴，冠幅占地近1亩，已有400多年树龄。历史事实表明，漾濞作为“中国核桃之乡”当之无愧。这些历经沧桑的古树展示着漾濞，也标志着我国核桃历史文化的深厚积淀，不失为一道亮丽而独特的风景。

（六）文冠果在多种典籍中都有记载

文冠果是我国特有的木本油料树种。它是被子植物繁茂时期的第三纪（约6 500万年前）遗留下来的古老物种，系无患子科文冠果属落叶乔木或灌木，具有较强的适应性和抗寒、抗旱和抗盐碱的能力，是北方水土保持及进行生态环境改造的优良树种，寿命达千年。在《本草纲目》中，文冠果名为文光果、天仙果。在《救荒本草》中，文冠果名为文冠花。在《广群芳谱》中，文冠果名为文光果。文冠果是我国北方的珍稀树种，分布在秦岭、淮河以北，内蒙古以南，东起辽宁，西至青海，南至河南及江苏北部。生长于海拔52～2 260米处的荒山坡、沟谷间和丘陵地带。文冠果栽种后5～7年进入盛果期，其寿命长达100年以上，而且产量逐年增加。在内蒙古赤峰市翁牛特旗乌丹镇有一株树龄已达270多年的文冠果树，仍生长良好，年结实量达15千克以上。

第三节　我国拥有木本粮油产品的广阔市场资源

国内和国外两种市场资源，是稳定持续发展我国木本粮油产业的关键要素。市场营销的目标是满足需求和欲望，其核心是交换。交换过程是一个主动、积极寻找机会，满足双方需求和欲望的社会过程和管理过程，取决于不断巩固老市场和开拓新市场。

总体看，我国主要木本粮油产品在国际市场上具有较强的竞争力。从国内外资源条件和市场需求分析，我国木本粮油产品具有占据广大市场的优越条件：一是，我国的木本粮油产品品种多、质量优，具有保健功效，大多都是“绿色食品”和“有机食品”，享誉全球各大洲。二是，我国有多种木本粮油产品是本国的乡土品种，是在特有的自然地理环境下生产出来的，在世界上独占鳌头。三是，符合国内外食物消费发展趋势，即适应减少动物蛋白食品、增加植物蛋白食品的消耗量，并呈“优质、营养、安全、保健、方便”的发展态势。四是，我国在历史上就拥有广阔的传统的国际市场，几乎遍及世界各地，包括亚洲、欧洲、美洲和非洲。然而，我们必须清醒看到，随着劳动力价格和生产资料价格的提升，我国木本粮油产品的生产与经营成本明显提高，致使其市场竞争力出现减弱态势，需要采取必要应对措施。下面，对我国主要木本粮油产品的国际市场前景进行简要分析。

（一）板栗畅销国际大市场

一直以来，我国板栗产业具有较强的市场竞争优势。其主要原因是：产品品质优良，质量过硬；产品呈多样化和系列化，也就是通过深加工开发出多种新产品，劳动力成本比较低廉，国内和国外市场需求巨大等。由于我国板栗产业具有较强的市场竞争力，致使其销售量呈逐年上升趋势。目前，全球板栗需求量在 200 万吨以上，国际市场长期处于供不应求的态势。市场需求的增长，使我国板栗的海外销售量不断创造佳绩。河北省迁西县的板栗，品质上乘，香糯甘甜，营养丰富，有“东方珍珠”的美誉，年出口板栗 1 000 万千克，占河北省的 1/2、全国的 1/4，是著名的中国板栗之乡。迁西板栗成为世界市场青睐的干果品和我国出口换汇的重要外贸商品，外销日本、新加坡、菲律宾、韩国、泰国等国家和地区。其中，日本购买迁西板栗的数量最大，占全县板栗外销总量的 80%以上。迁西县远洋食品有限公司具有国际领先水平的加工车间和高低温仓储库房 6 700 平方米，生产的“栗之花”牌板栗深受广大消费者喜爱。公司在日本东京、横滨设有办事处，形成了国际、国内立体化销售网络。遵化市栗源食品股份有限公司，着力发展板栗深加工业，针对传统板栗吃法进行改良，生产出干净、卫生、方便携带的小包装板栗。该企业引入 5 条国际先进生产线，开发出 10 大系列 30 多个品种的板栗产品。目前栗源公司的板栗产品已经遍销全国，还出口到韩国、美国、马来西亚等几十个国家和地区。从世界干果消费预测看，在国际市场上进一步拓展板栗贸易的前景十分广阔。

（二）柿子远销韩国、日本及东南亚各国

柿子通过加工处理后，才能开辟国际销售市场，其中柿饼是主要出口制品。我国柿饼产地主要有陕西、河南、山东、山西、广西等省区。柿子经过加工，即在进行脱涩、去皮、速冻、装盒后就成了香饽饽，产品不愁销路。例如，在东南亚市场上受人追捧的磨盘红柿冰淇淋，在当地的零售价每个能达到人民币 10 元左右。再如，鲜柿进行脱涩处理，放入真空包装，能保持柿子的硬度，便于储存，在冰箱里可以存放 3 个月以上，完全克服了鲜柿不易保存的问题，价格自然水涨船高。在马来西亚、新加坡市场上每个售价达到 5 元。

经过加工后的柿饼，开辟出口的大市场。陕西富平县的柿饼被誉为“制饼珍品”，具有个大、霜白、底亮、质润、味甜五大特色，成为省优、国优品牌产品，获得国家地理标志保护产品认证，不仅畅销国内市场，而且远销韩国、日本、新加坡、越南、俄罗斯等国家和地区。富平县生产的“尖柿”是做柿饼的上乘材料，当地做柿饼的传统已经延续了千年。富平县柿饼加工户在种植、选果、去皮、烘干的各个环节都进行了规范化处理，2 千克鲜柿做成 0.5 千克柿饼。如今，富平县的柿树种植总面积达 0.71 万公顷，年产鲜柿 3.15 万吨，加工柿饼 8 000 余吨，在国内零售及礼品市场上十分畅销。

富平县“洋阳柿子合作社”通过网络订购打开市场，一年售出柿饼量高达 2 000 吨。如今，富平县的柿饼销售已经形成三分天下的格局：大宗批量出口；国内零售市场；国内直销及网络销售。目前富平柿饼已远销到韩国、日本、东南亚各国及地中海沿岸各国消费者的喜爱。尤其是韩国是稳定的国外市场，因为韩国本土柿子种植面积有限，但国民喜爱食用柿饼。韩国每年都从我国进口柿饼 4 000 吨以上。目前，富平县柿饼总产量中有 60%销往国际市场，每个柿饼出口价最高达到 7.5 元，市场占有率也遥遥领先。小小柿饼，为富平农民带来每年 1.2 亿元的收入。在柿饼加工农户最多的曹村镇，农民仅此一项每年就能增收 4 500 多元，柿子真的成为农民的“致富果”。

（三）红枣远销五大洲

我国是世界上最大的红枣生产国，同时也是最大的红枣及其加工品出口国，全球 90%以上的红枣都由我国供应，但出口贸易量占国内总产量的比例一直不大。1995—2001 年，我国红枣出口贸易增长乏力，甚至陷入停滞、下滑趋势。与 1995 年相比，我国 2001 年红枣出口量下降了 9.74%。但接下来的 2002—2003 年，红枣出口量迅猛增长，扭转了前几年的颓势。2003 年，红枣出口量达到峰点，是 2001 年的 1.94 倍。2003 年以后，红枣出口贸易量逐年下滑——这与红枣当时受气候影响导致红枣品质下降有关。直到 2009 年，红枣出口量略有增长，总出口量达到 8 667.56 吨。与我国红枣出口量变化相对照，红枣贸易金额的变动不尽相同：1995—2001 年，我国红枣出口贸易额逐年下降；2001—2009 年贸易金额呈现波动性上升趋势。2003 年之后在出口量下滑的形势下，贸易额不断上升，2009 年的出口贸易额 1 739.9 万美元，是 2001 年的 2.77 倍。目前，我国红枣及其加工品的出口量，占到国际红枣产品贸易额的98%以上。在国际市场上，1吨红枣相当于30吨苹果的价值。自2010年以来，红枣的需求量年均增长率超过8%，其国内外销售市场越来越扩大，红枣的出口市场还有很大潜力。

随着我国农产品国际贸易程度不断提高，红枣也逐渐为国外消费者所认同，红枣的国际市场逐步扩大。1995年我国红枣出口国家24个，其中亚洲国家及地区有13个，占到一半以上。2009年红枣出口国家增加到33个，亚洲国家及地区所占比例降至39%，说明亚洲以外的国家和地区增多了。目前，我国红枣出口区域遍及亚洲、欧洲、非洲、南北美洲和大洋洲等的30多个国家与地区，主要对象是当地华人，其消费量占到进口量的90%以上。台湾是大陆红枣最大的出口对象，其出口量呈波动增加趋势。香港是大陆的第二大红枣出口地区，但波动幅度较大。2009年与1995年相比，中国台湾在大陆红枣出口总量中所占的比例增长了20.88个百分点。随着对其他国家出口量的逐渐增长，香港在大陆红枣出口总量中所占的比例波动减小，由1995年的21.76%下降到2009年的11.44%。

虽然，我国红枣出口量总体呈增长趋势，但我国红枣的出口量占国内总产量的比例一直很小。1995年红枣出口量占全国总产量的比例为近15年来的最高，但也仅为1.28%，之后便呈波动下降趋势。2009年，全国红枣总产量达到424.8万吨，但出口量只有0.87万吨，仅占0.2%。目前，我国大枣及枣加工品的年出口量约万吨以上，约占红枣总产量的2%左右，其中大枣和加工品各占一半。这种情况和国外消费者与我国消费者饮食习惯不同、尚不了解红枣的营养及药用保健价值有一定关系，我们缺乏适合其他国家消费需求的枣产品。这说明我国红枣的出口市场存在很大的潜力。从我国红枣出口的地区看，主要包括广东、河北、山东、河南和天津等省市。当然，从广东和天津出口的红枣，相当大数量来自红枣主产区，只是地理位置优越使然。在2002—2005年期间，广东红枣出口量位列全国第一，依次占全国红枣总出口量的59.92%、53.27%、56.19%和38.35%。2005年与2004年相比，广东红枣出口量所占比例下降17.84%，出口量减少3 859吨。这是由于河北省红枣出口贸易实力增强所致。在2006—2009年，河北省超越广东省，成为全国红枣出口第一大省，出口量逐年上升。2009年，河北省红枣出口量为3 702吨，占全国总出口量的42.7%；与2002年相比，增加了2.63倍。山东和河南，作为红枣主产区，出口量却呈波动下降趋势。

（四）其他木本粮油资源拥有的潜在市场

除上述外，茶油、核桃、橄榄油等都具有巨大的潜在市场。当然，潜在的优势要素并不等于现实的优势要素，只有把潜在的优势转化为现实的、经济的优势，才能促使我国木本粮油特色产业如虎添翼，真正成为全国林业经济发展的重要增长极之一。我国要以改革开放为动力，加快发展包括木本粮油在内的现代林业，持续稳步提升木本粮油经济林木资源总量；不断改善和提高生态环境承载量；大力倡导和繁荣林业文化，加强生态文化载体建设，推进生态文化创新，强化生态文化传播，弘扬林业的核心机制体系；推动林业生态、经济、社会三大功能的最佳组合和生态、经济、社会三大效益最大化。

然而，必须看到，受劳动力成本上升和科技创新能力低的影响，我国木本粮油所具有的传统低价竞争优势正在逐渐丧失。因此，我国木本粮油产业必须转变发展方式，增强技术创新能力，发展精深加工业和实施品牌战略，提升我国木本粮油产品的国际竞争力，以巩固老市场，开拓新市场。

第五章　我国木本粮油产业发展的历程及绩效

路漫漫，其修远；路漫漫，其修难。

我国木本粮油产业的发展历程，经历了挫折和曲折的发展道路：成就和经验使人鼓舞；曲折和教训发人深省。其经验和教训，都值得研究总结和认真吸取，以利于在新环境条件下推进木本粮油产业发展。

第一节　回顾历史：我国木本粮油产业“三起三落”

在20世纪50年代以前，我国富饶的木本粮油资源处于沉睡的原始状态。农民自发种植，自发采摘，自产自销；大多数为半野生，缺乏管理，自生自灭，产量极低。从新中国诞生的20世纪50年代，当时的中央政务院发布指示，要求大力发展油茶、核桃、油桐、花椒、乌桕等木本油料。20世纪70年代，中央多次发出明确要求：大力发展木本油料核桃、油茶、花椒等。20世纪80年代，国家实行粮油挂钩、提高奖售标准等政策措施，以促进木本油料生产，对促进生产、满足市场起到一定作用。然而，由于体制、机制及社会环境等原因，我国木本粮油经历了“三起三落”的历史过程。

一、第一次开发木本粮油行动（20世纪50年代）

1953年12月政务院发布《关于增产油料作物的指示》。这个重要文件要求促进生产，广开油源，平衡供求。文件特别明确提出：茶油树、花椒树、核桃树等木本经济林，不与粮争地，能保持水土，可大大发展。与此相配合，人民日报发表社论，号召广大山区，因地制宜发展油茶、核桃、油桐、乌桕等木本油料作物。1954年，政府有关部门共同组织成立了油脂增产委员会。同年，政务院发布《关于发动农民增加油料作物生产的指示》，要求各地积极在山区发展食用的和工业用的木本油料生产，并大力组织山区群众因地制宜大量种植核桃、油茶、花椒、乌桕、油桐等作物；在亚热带地区发展油棕、椰子生产。为开发山茶油等木本粮油，政府采取了多项措施：一是对超额完成油料统购任务者给予奖励，按照交售油品的数量奖售粮食、化肥和布匹等。二是国务院1957年批转林业部等单位的《工业垦复和发展油茶等木本油料问题联合报告》，提出六项要求。其中包括：由国家贷款垦复40万公顷，贷款3 200万元；坚决贯彻国务院关于调高茶油等价格的规定，以及收购茶油时“多产多得、增产多留”的政策；除油茶外，还要重视油桐、乌桕等木本粮油的开发；林业部要加强对木本粮油生产的技术指导；为加强领导，由林业部建立专管机构，负责对全国木本粮油进行全面规划和管理。三是提高油脂收购价。从1957年1月起，政府对收购茶油提价幅度为24.8%。这些措施对扩展油脂增产门路、提高油脂产量、平衡市场供应发挥了重要作用。从1953—1959年，我国油茶面积增加了160万公顷，油茶产量从5万吨增长到13万吨。然而，20世纪60年代后，农业生产的指导思想上出现“左”的错误，导致我国国民经济发生了严重困难，开发木本粮油落入了低潮，食用油产量也大幅度萎缩。

二、第二次发展木本粮油行动（20世纪70年代）

“文化大革命”十年浩劫，给我国油料生产和市场带来严重摧残，食油供给极端困难。全国城市居民的食油配给都不同程度降低。例如，京、津、沪三大市每人每月配给“三大两”；成都压低到1.5两；河南压低到2两，油脂形势十分严峻。为克难攻坚，扭转我国油脂供求的紧张形势，周恩来总理发出号召：要向油茶、油桐等木本粮油进军。国务院也有针对性的制定和发出多项重要文件。1971年4月，中共中央批转国务院《关于全国棉花、油料、糖料会议的报告》，针对解决油脂问题提出六项措施，其中第五项是专门针对发展木本粮油问题。该报告明确提出：要“大力发展木本油料。木本油料种类很多，不占耕地，大有可为。南方丘陵山区应当注意发展核桃、油茶、花椒的木本油料。”1976年，财政部、农林部、商业部联合下达《关于木本油料生产补助费的办法》：选择自然条件适宜、宜林地面积大、管理力量较强的县作为重点县。一般要求在今后五年内按规格标准，发展油茶面积在0.67万公顷以上；油橄榄和文冠果面积在0.2万公顷以上。国家的补助费应重点分配给这些县，解决采种、育苗、造林、抚育及工具购置的资金不足的困难。财政部从1977年起，每年拨发扶持木本油料生产资金300万元。1977年，国务院批转《农林部、商业部关于大力发展油料生产尽快改善食油供应的意见》，要求“广开油源，增产油脂”，还特别强调：要结合绿化祖国，大力发展油茶、核桃、油橄榄等木本油料，向山坡荒地要油。1979年，国务院发出《批转全国粮食会议纪要的通知》，再次要求建立油料生产基地，发展油茶、油桐、乌桕等各种木本油料，提供单位面积产量，提高商品率。这一时期，尽管木本油料生产有所恢复，但茶油年均产量只达到11万吨，还未恢复到历史最高水平。

三、第三次发展木本粮油行动（20世纪80年代以来）

20世纪80年代以后，以改革开放为统领，我国采取了“狠抓粮食生产不放松，积极发展多种经营”总方针。1980年，政府根据放宽政策的精神，调整油脂政策，改变收购办法。主要包括：调减定购基数；放宽“购留比例”；实行粮油挂钩；提高奖售标准，以及实行省、地、县分成。例如，广西壮族自治区规定，油茶基地县按上调自治区的茶油总量提成1%归县使用。再如，湖南省每收购50千克茶油补助粮食指标由25千克提高到50千克。其他省也有不同程度的增加。1981年，政府制定了油脂产业的“十六字”方针：“支持生产，积极收购，扩大销售，组织出口”。这一方针的指导思想是发挥流通的关键作用，一头促进生产，一头引导消费，对当时解决“卖油难”问题发挥了作用。从1983年夏收购开始，对包括油菜籽在内的油料实行按比例计价法。即：对油菜籽收购40%按统购价、60%按超购加价付款。1985年，政府确定油料收购价调整办法。湖南、江西、广西和浙江等省区的油菜籽按“倒四六”比例计价（即四成按原统购价、六成按原超购价），以增加农民收入。经过20世纪80年代的一系列努力，使“文化大革命”中遭到严重破坏的木本油料、主要是茶油生产得到一定的恢复，产量稳定在11万吨到13万吨。

四、对我国木本粮油“三起三落”的反思

从20世纪50年代到21世纪之初的数十年间，我国木本粮油产业（当时主要是茶籽油）经历了“三起三落”。反思或审视历史，我国木本粮油虽然取得一定成果，但更多的是教训。

一是，思想认识薄弱。只是把发展木本粮油生产单纯视为弥补油脂供应严重短缺的应急措施和补充措施，没有把开发我国丰富的木本粮油资源放在与草本油料同等重要的位置，更没有把它当作一个重要产业来抓，以发挥其重大经

济、社会和生态价值。

二是，体制机制约束。传统的“一大二公”的计划经济体制和机制，严重束缚了广大农民的手脚，农民的一些种植与生产活动被当做所谓的“资本主义尾巴”割掉，基本上不具备发展木本粮油的环境条件。

三是，政策措施不力。长时期内，国家政策的重点是尽量从农民手里多收购产品，而对农民提供的物质支持少，甚至牺牲农民的物质利益，严重挫伤了广大木本粮油种植者的生产积极性。特别是，一般号召和要求多，实际措施少，资金和物质支持少；凭传统经验多，现代科技支持少。

四是，社会服务缺乏。木本粮油作物多分布在经济欠发达的“老、少、边、穷”地区，资金缺乏，交通闭塞，加工落后，远离市场。克服这些不利条件的重要途径在于提供服务，包括资金信贷、科技咨询、加工技术、市场购销等多项实效服务。特别是资金和科技服务，当年更是可望而不可即。

由于思想认识、必要措施、基本要素等不到位，体制机制严重束缚农民的手脚，资金和科技严重缺乏，再加上必要的社会服务缺乏。在这些历史的、思想的、体制的条件下，我国木本粮油产业遭遇“三起三落”的命运，就是在所难免的了。

第二节　开拓创业：我国木本粮油产业取得新发展

我国改革开放30多年来，特别是进入21世纪以来，党中央、国务院高度重视木本粮油产业的发展，多次做出重要指示和批示，要求采取必要措施，积极开拓发展这一具有战略意义的特色产业。2009年、2010年两个中央1号文件都明确指出，要以落实科学发展观为动力，把油茶等木本粮油产业纳入经济社会发展的规划中，充分合理开发资源，积极发展木本粮油产业。以此为契机，我国木本粮油产业开启了一个发展新阶段。

按照中央关于“五位一体”建国方略和一系列战略部署，我国林业面貌发生巨变，木本粮油产业也取得了长足发展。木本粮油产业蓬勃兴起，谱写出壮丽新篇章。试看今日神州，沉睡的崇山被唤醒，裸露的峻岭披绿装，山乡巨变，建设起绿色“木本油库粮仓”，农民靠绿色经济奔小康。

一、刷新思路，提高了对发展木本粮油产业战略意义的认识

科学发展观开阔了人们的思路，打开了人们的视野，刷新了资源观。如今，过去长期被忽视的、所谓的“秃岭穷山”，转变为宝贵资源。放眼全部国土面积，除了作为精华的1.22亿公顷耕地（占国土总面积的12.68%）之外，全国还拥有森林面积1.75亿公顷（占国土总面积的18.21%），内陆水域面积1 747万公顷（占国土总面积的1.82%），可利用草场面积0.21亿公顷（占国土总面积的32.64%）。尤其是，在宜林国土面积中，有0.3亿公顷山地丘陵适合种植木本粮油经济林木。

全国林业系统、特别是木本粮油主产省的林业部门，深入贯彻落实科学发展观，坚持“绿色发展理念”，探索和开拓绿色富国、绿色惠民、为民众生产和供给更多优质生态产品的可持续发展道路，变“绿水青山”为“金山银山”。各地相关部门抓住全面谋划粮油持续安全的长远发展新思路、新举措和新机遇，把发展木本粮油产业视作战略工程抓紧实施。人们站在保障国家粮油安全的高度，树立全新的思想认识：通过发展木本粮油特色产业广辟食物资源，可直接增产和增加优质食物供应，有效改善食物结构，有益居民身体健康；通过发展木本粮油产业，既可以开发广袤的山地丘陵和荒野，替代和弥补我国耕地资源的不足，缓解我国土地资源的约束性，又对于巩固和扩大集体林权制度改革成果具有重要作用。因为把包括木本粮油产业在内的林业产业发展起来，农民才能获得改革的红利，集体林权制度改革的成果才能长久巩固。

思路刷新，出路广阔。为了促进和支持木本粮油产业的发展，《国家粮食安全中长期规划纲要（2008—2020年）》明确提出：要大力发展木本粮油产业，合理利用山区资源，建设一批名、特、优、新木本粮油生产基地。积极培育和引进优良品种，加快提高油茶、油橄榄、核桃、板栗、红枣等木本粮油品种的品质和单产水平，增加木本粮油供给。同时要创新发展方式，积极引导和推进木本粮油产业化，促进木本粮油产品的精深加工，提高效率和效益。此外，在2009年11月经国务院批准颁发了国家林业局制定的《全国油茶产业发展规划》。该规划全面提出了我国油茶产业的10年发展目标、任务和政策措施。为贯彻落实这个规划，全国油茶重点产区的省、市、县政府相继出台了具体的政策和规划，还召开了全国及地方（县级）性的会议、论坛、研讨会等。我国的油茶产业呈现空前的发展热潮。

二、狠抓种植，普遍兴起木本粮油基地建设热潮

振兴我国木本粮油产业之本，在于稳步快速扩大主要品种的木本粮油林木种植园。进入21世纪以来，不断深化改革开放的我国林业，狠抓种植，建立起一大批集中连片化、规模化、园林化种植的生产基地。

（一）油茶生产基地异军突起

位列四大木本油料之首的油茶，在全国已形成湖南、江西、广西、浙江、福建、广东等14个油茶主产省区，种植总面积达到383.33万公顷，茶油总产量由2008年的20多万吨增加到2013年的45万吨，产值由110亿元增加到390亿元。油茶造林技术水平进一步提高，立体种植、整形修剪、生物防治等技术在造林生产中得到广泛应用，种植连片集中，形成一大批油茶生产基地。尤其，湖南、江西、广西三省区，成为我国最大的油茶主产基地。2012年，三省区种植面积依次为118.53万公顷、74.67万公顷和36.83万公顷；三省区油茶林面积占全国总面积的76.2%，占有举足轻重的地位。湖南成为我国第一油茶产业大省，初具“三化”特点。一是油茶基地化。目前，全省油茶林面积达到118.53万公顷，占全省有林地面积的比重达10%，占全国366.67万公顷油茶林总面积的32.33%；油茶籽产量为38.6万吨，年产茶油10万吨。无论面积还是产量，均居全国首位。全省124个县（市、区）中，除安乡、南县两个纯湖区（洞庭湖）县外，其余县（市、区）都集中连片，形成基地。其中0.67万～1.33万公顷的县有23个；2万公顷以上的县21个。山茶资源集中度高的耒阳市，油茶林面积达8万公顷，高居全国首位。二是油茶良种化。湖南省油茶科研攻关走在全国前列。多年来依托科研和资源优势，开发出了一系列深受市场和消费者欢迎的新产品，获得国家和部省级科研成果13项、国家发明专利1项。先后选育出“湘林”系列油茶优良无性系和优良家系等新品种163个。攻克了油茶嫁接技术难关，嫁接苗木成活率由原来不到40%提高到90%以上。三是油茶资源利用趋向综合化。湖南省大力研究开发茶油精深加工技术，精制茶油的能力大大提高，涌现出了如“金浩”“苏仙”“中富”“山茶王”等多种精制茶油品牌。除此之外，茶油还被广泛应用于食品、医药、日用化工、纤维、纺织、制革等领域，大大提高综合经济效益。

（二）板栗生产基地方兴未艾

从20世纪90年代开始，全国范围内板栗栽培面积不断扩大，每年以10%的速度递增，栗树种植面积和产量迅速发展，均跃居世界第一。根据联合国粮农组织数据库2010年的统计数据，我国板栗收获面积达到29.5万公顷，是1995年的4.66倍，年均增长率达10.81%，占世界板栗面积的56.11%；板栗总产量高达162.00万吨，是1995年的5.40倍，年均增长率达11.90%，占世界板栗年总产量的82.71%。

我国板栗生产区域分布广泛，主要集中在河北、湖北、山东、河南和安徽等省份，成为我国最大的板栗生产基地。2010年五省的板栗产量分别为27.67万吨、27.35万吨、20.65万吨、17.46万吨和13.72万吨，合计为106.85万吨，产量之和占全国总产量162万吨的65.96%。到21世纪之初，由国家林业局经济林协会命名的“中国板栗之乡”已达20个，其中有80%的产区板栗年产量达到5 000吨。尤其是湖北罗田、山东莒南、安徽金寨等板栗基地的年产量都超过2万吨。在2008年前后，全国板栗生产达到一个高峰期，产量增加到100万吨。例如，我国著名的板栗基地迁西、遵化、迁安三个县（市）都达到新水平：迁西县板栗年产量达1.6万吨；遵化市8 000余吨；迁安市1 000余吨。迁西县依托丰富的板栗资源，先后出台了《板栗示范园标准》《出口板栗质量安全标准化示范县实施方案》，指导全县板栗管理，有力提升了板栗园现代化水平。迄今，全县已建成3个万亩板栗标准示范园和20个千亩标准示范园。与此同时，全县还培育和建立板栗龙头企业，走“公司＋合作社＋基地＋农户”和“合作社＋基地＋农户”的组织经营模式，推进板栗产业化发展。迄今，全县已建立年储藏加工板栗在1 500吨以上的企业23个，发展板栗专业合作社21家，有力促进了迁西县板栗产业的壮大。

（三）红枣生产基地蓬勃兴旺

近年来，我国红枣种植面积扩张迅猛，其中河北、山东、河南、山西、陕西和新疆的红枣种植面积占全国红枣总面积的比例高达90%以上。其种植面积结构如下：山东27%，河北26%，山西20%，陕西5%，河南5%，新疆5%，天津3%，甘肃3%，辽宁2%，宁夏1%，其他地区占3%。目前，在我国起主导作用的、制干和兼用品种红枣品种，主要包括：河北和山东及天津环渤海湾地区的金丝小枣；太行山旱薄山区的婆枣和赞皇大枣；山西和陕西黄河沿岸黄土高原上的木枣；河南豫中平原黄河故道区的灰枣和扁核枣，以及山东的圆铃枣和长红枣等，这些品种的产量占全国红枣总产量的90%以上。

与大枣种植面积迅猛扩张相对照，在各地兴起一批红枣基地。河南新郑孟庄镇是著名新郑红枣的主产区，是国家命名的“优质大枣基地”，现有枣林4 800公顷，枣树190多万株，年产红枣1 500万千克，拥有全国最大的红枣集散中心——中国红枣商贸城，形成红枣产业化体系。享有“中华枣园”之称的新疆阿克苏，红枣亩产量相当于内地平均亩产量的2.5～4倍，种植规模达到10万公顷，鲜枣年产量已高达300万吨，相当于全国总产量的50%，成为全国最大的红枣生产加工基地。被誉为“金丝小枣之乡”的沧州市，枣树种植面积达6.67万公顷，形成了以红枣为主要原料的枣蜜饯加工业。现有枣蜜饯生产加工获证企业170多家，“金丝小枣”及制品的市场占有率达到90%以上，远销韩国、日本、俄罗斯、新加坡等10多个国家和地区。目前，我国大枣及枣加工品的年出口量约万吨以上，约占红枣总产量的2%左右，其中大枣和加工品各占一半。河南新郑大枣和灵宝大枣，山东宁阳大枣，陕西佳县红枣，河北沧州金丝小枣，新疆和田玉枣，山西板枣等，都是著名品种。各地发挥这些树种的优势，打造一批名优生产基地。

（四）核桃生产基地持续蓬勃扩张

核桃是“干果之王”，在国际市场上位列扁桃、腰果、榛子四大干果之首。目前，全世界核桃结果面积228.36万公顷，坚果总产量256.87万吨。其中，中国核桃结果树面积66.7万公顷，有2亿多株实生树，品种（系）200余个，实生农家品种160余个，年产量164.91万吨，居世界首位。我国核桃面积在全国主要坚果类果树中居第一位，而产量在板栗之后居第二位。我国核桃种植分布广泛，年产量较高的有云南（主要为铁核桃）、陕西、山西、河北、甘肃、河南、四川、新疆和山东等省区。其中，前五位是核桃主产区，产量占全国总产量的70%以上，是我国生产出口核桃的主要基地。

随着近年来核桃油成为国内外市场需求量较高的三大木本植物油之一，核桃及其系列加工制品呈现出广阔的市场前景。我国核桃种植基地迅猛扩张。陕西省商洛市就是一个重要典型。商洛核桃产业先后经历了农户个体种植、优势产业开发、退耕还林造林、规模化良种基地建设等几个重要发展阶段，初步走上了集约化经营、基地化种植、良种化改造、科学化管理、产业化开发的轨道。全市坚持每年新发展良种核桃基地 1.67 万公顷，到“十二五”末，商洛核桃良种基地总面积扩大到 20.33 万公顷。其中：改造低产核桃林 5.33 万公顷，新造良种基地面积 18 万公顷，占总面积的 88%。与面积增加相适应，核桃产量由原有的 3 万吨增加到 6 万吨，年均增长 12%以上；核桃龙头企业年加工能力达到 2 万吨，核桃及其产品总产值达到 20 亿元。伴随核桃种植基地的扩大，绿了山岭，富了农户。全市农民人均核桃收入达到 850 元，户均核桃收入达到 3 400 元；在核桃基地乡镇，农民人均核桃收入 5 000 元。如今，核桃产业已成为商洛农民最广泛和最喜爱的家庭经营项目，成为商洛最具特色和发展潜力的优势产业之一。早在 2010 年 9 月，商洛市就被中国经济林协会命名为“中国核桃之都”称号。

（五）柿子生产基地合作发展

柿子是我国快速兴起的新产业。短短几年间，全国 21 个柿子种植大省中，年产 10 万吨以上的省份就增加到 11 个，促使我国成为世界最大的柿子生产国，鲜柿总产量达到 232 万吨。目前我国柿子种植面积和产量分别占世界总量的 90%和 70%。位于陕西省中部关中平原与陕北黄土高原的过渡地带的富平县，自然条件得天独厚是闻名的柿子优生区。

进入 21 世纪以来，陕西省富平县实施项目带动战略，确定“统筹规划，科技先导，创新机制，市场引导，政策扶持，精深加工，综合利用”的发展思路，调动起广大农民加快柿子基地建设的主动性和积极性。他们利用柿树根系发达，树冠高大，具有较强的水土保持功能的特点，把发展柿子产业与林业生态建设结合起来。在全县 8 000 公顷退耕还林的土地上，柿子栽植面积达到了 3 200公顷，建成 10 多个柿子千亩村，以及“三北”工程项目区柿子栽植面积近万亩，促进柿子成为全县的支柱产业，日益显现出“八大优势”：一是，富平县是国家林业局命名的“中国柿乡”，年产鲜柿 4 000 万千克，制作柿饼 800 万千克，鲜柿和柿饼产量每年递增 20%以上。二是，富平是闻名遐迩的柿子优生区，在日本吉野市博物馆里有文献记载：“世界上柿子的主产国为中国，柿饼的集散地为青州，柿子的优生区在富平。”三是，富平的大尖柿子属名优品种，含 14 种营养物质和微量元素，其中每百克含钙量 163 毫克，居国内同类产品之冠，被专家誉为“制饼珍品”。四是，富平传统的“合儿柿饼”经过

10 多道工序精细制作，具有个大、霜白、底亮、质润、香甜“五大特色”，是地道的名优特产。五是，富平柿饼含糖量高、肉质黏软、营养丰富、纤维少而短、柿霜厚、味极甜、口感好，食之热量大，壮筋骨，且具有多种保健功能，是冬春时令食品和馈赠上佳礼品。六是，富平柿饼连年出口韩国、日本、朝鲜、俄罗斯、越南、加拿大等国家，深受消费者青睐，市场前景广阔。七是，富平是国家食品安全示范县。富平多家企业已取得国家食品质量安全 QS 认证资格。八是，经国家质量监督检验检疫总局认定，从 2008 年 8 月 27 日起，对“富平柿饼”实施地理标志产品保护。

在我国柿子产业发展过程中，引人注目的一个特点是，在柿子生产基地涌现大批农民专业合作社。富平县注重倡导和发展集柿子种、加、销于一体的农民专业合作经济组织。富平县“洋阳”柿饼专业合作社，建立百亩柿子示范生态园，1.33 公顷“富平尖柿”改良培育苗圃，促使富平尖柿树向矮化、密植、高质、高产、抗病力强的方向发展。早在 2005 年，“洋阳”柿饼合作社注册了“洋阳”柿饼商标。2007 年，合作社投资 20 多万元新建了无污染标准化示范柿饼加工区，年加工优质柿饼 100 余吨，厂区内有先进灭蝇设施，全方位的杀菌设备。2008 年 1 月，通过 QS 质量安全认证，被评为“市级示范专业合作社”“柿产业发展先进营销单位”。迄今，“洋阳”柿饼专业合作社现有成员 857 人，出资总额 120 万元，带动辐射周边乡镇农户 3 000 户，成员栽植柿树 0.11 万公顷，年产鲜柿 1.0 万余吨，加工柿饼 2 000 余吨。合作社成员仅柿饼加工一项，人均纯收入就可达到 3 500 余元，人均增收 1 500 元，柿子已成为全县新的经济增长点。

三、壮大龙头，带动木本粮油产业化发展

探索和发展木本粮油产业化经营，既是生产方式的革新，又是资源配置方式的创新。在我国木本粮油蓬勃发展的过程中，产业化经营道路越走越宽广。一般具有以下特点：以具有实力的龙头企业为带动；以农户种植木本粮油经济林为基础；以专业化服务为宗旨；以市场化经营为机制；以“产、加、销”一体化为组织经营形式。采取产业化组织经营形式，有力带动了油茶、板栗、红枣、柿子等主要木本粮油产业的发展，使其内生的后劲不断增强。

河北省遵化是一个木本粮油大市。截至 2013 年 4 月，全市果树栽培面积达 4.11 万公顷，其中以板栗最多，达 2.67 万公顷，总产量 3 000 多万千克。

遵化市按照基地化建设、规模化种植、产业化经营的思路推进板栗特色产业。迄今，遵化市北部宜林山区已全部绿化，形成了跨 10 个乡镇、总面积达 2.67 万公顷的板栗经济林带，沿长城涌现 213 个板栗专业村。在发展板栗种植基地的同时，积极培育龙头企业，推进板栗产业化进程。目前，全市建立板栗加工企业 36 家，加工能力 1 亿千克，销售收入 8 亿元，创汇 8 000 多万美元。其中，“栗源”食品有限公司是目前全国最大的板栗深加工龙头企业，拥有基地 3.33 万公顷，创造就业岗位 2 000 多个，生产加工精选鲜板栗、速冻栗仁、小包装栗仁、栗酱、栗子饮料、栗子糕点等系列化产品。总体计算，全市板栗加工能力达到 5 000 万千克，销售收入 4.3 亿元。在林业产业化组织经营的带动下，遵化市板栗呈现“产业有格局、基地有规模、龙头有实力、产品有市场、增产又增收”的持续发展势头。

湖北省大力实施油茶产业“大园区、大基地、大龙头、大品牌”战略，通过园区建设培育油茶龙头企业，带动林农合作社和广大林农建设一批油茶基地。这些企业已高标准地建设自有油茶原料林基地近 0.67 万公顷。实施油茶产业战略的途径有二：一是培育龙头企业。通过强化服务职能，实施“银企对接”、协调贴息贷款、优化企业发展环境等措施，扶持龙头企业的发展，形成了包括通城县黄袍山食品有限公司、五峰县长乐科技有限公司、阳新富川油脂有限公司、武汉黄陂中排粮油有限公司等为代表的一批龙头企业。这些企业按照“公司＋基地＋农户”和“统一供苗、统一标准、统一价格、统一管理、统一收购”的服务方式带动了油茶基地建设，也获得了稳定的原料供应基地。二是兴建油茶产业园区。在建设林业科技产业园的过程中，将油茶产业纳入到现代林业产业园中统一规划，通过产业园区产业链带动企业的发展，在已挂牌的 10 个现代林业科技产业园中，已吸引国内外数十家油茶加工企业进驻。

四、兴新主体，推动木本粮油走新型合作制道路

我国农业和农村经济已经发展到了一个重要的转折点上，农业经营体制面临联产承包责任制之后的第二次飞跃与转变。值此新时代的关键时刻，中央及时提出积极发展农民专业合作和股份合作、培育新型经营主体的决定。培育和发展新型农民专业合作社，既是加快农业现代化的新型经营主体，也是农民最乐意接受的形式。

遵照客观经济发展规律和实际需要，各地在发展茶油、板栗、红枣、核

桃、柿子等木本粮油种植和经营中，都普遍注重培育新型经营主体，倡导联户经营、专业大户、家庭农场，以及发展多种形式的农民专业合作组织和多元服务主体等。许多地方都积极探索“公司＋合作社＋基地＋农户”和“合作社＋基地＋农户”的经营模式。例如，迁西县以“尚禾谷”板栗发展有限公司为龙头，采取新型合作制模式，推进板栗产业发展的新途径。迄今，该公司已建年储藏加工板栗在 1 500 吨以上的企业 23 个，发展板栗专业合作社 21 家，开创全县板栗产业蓬勃发展的新局面。再如，江西为有效解决“有山无力造，有力无山造，有山有力不会造”这一“瓶颈”问题，积极创新经营模式。依托林改，引导林农对荒山荒地有偿流转。他们结合实际采取“企业＋基地＋农户”的新模式，以农民分户经营为基础，以企业规模开发为动力，以专业合作组织经营为途径，建成高产油茶林基地近千个，开辟了木本粮油产业发展的广阔道路。

五、文化兴业，促进木本粮油产业持续化发展

伴随着人类文明昌盛的脚步，物质文明和精神文明犹如孪生兄弟，形影不离，双轮滚动。从原始文化到农耕文化，再到近代和现代文化，创造了叹为观止的精神文明。在这个漫长的历史进程中，产生和发育了森林绿色文化。这种文化，对于木本粮油企业而言，对内是凝聚力，对外是竞争力，对发展是软实力。每一个产业有每一个产业的文化。木本粮油产业包含丰富的企业文化、森林文化、饮食文化、医药文化、区域文化、乡土文化等。要持续推进木本粮油产业发展，也必须借助文化的软实力。若离开文化，木本粮油产业的发展就会缺少推动力、创新力和后续力。

（一）木本粮油文化内涵渊博深厚

在我国促进文化大建设、大繁荣的当代，经济与文化相互结合和交融已成为必然趋势。各木本粮油产业主产区，普遍注重挖掘油茶、核桃、板栗、红枣、柿子等主要木本粮油品种的文化内涵，树立和发扬文化的核心价值观、以人为本的发展观、诚信为上的经营观。同时许多主产区在开拓和发展木本粮油产业的过程中，还注重发现和挖掘其丰富的文化价值，像悠久的栽培历史，优良的营养品质，有效的保健功能，美丽的传说故事等；注重以现代科技附加木本粮油产品丰富的文化价值，包括创新产品、创造品牌、注册商标，并举办各

种形式的具有文化特色的活动等，以文兴业，凝聚人脉，振兴产业。例如，各地以群众喜闻乐见的生动活泼的形式，宣传、推广、普及木本粮油产品。例如，举办“板栗节”“红枣节”“柿子节”和“油茶节”等，通过发挥木本粮油文化的力量，产业兼具经济效益、社会效益、生态效益、文化效益，促发展，惠民生，保生态，护环境，优化质量和提高效益，达到彰显木本粮油价值和使用价值的目的。

（二）一个充盈文化因素的大会——世界核桃大会

山西省汾阳市是“核桃之乡”。汾阳核桃产业发展的成功实践，诠释了一个全新的理念：一方文化哺育一方人文，一方水土养育一方产业，人文和产业带动一方崛起和富裕一方百姓。“汾阳核桃”充盈着文化的因素。正因此，“第七届世界核桃大会”选择在汾阳市举行。

2013 年 7 月 20—23 日，汾阳市举办了为期四天的“第七届世界核桃大会”。通过举办“世界核桃大会”，有力促进了汾阳核桃产业的发展。这届大会接待国内外参会参展人员 6.17 万人次，除了商品交易、“三优”评选活动之外，还举办了由来自全世界 30 多个国家和地区的 100 多位国内外专家学者参加的学术论坛，对汾州核桃的种植历史、生长环境、核桃产业的发展前景进行了研讨。这次重大活动，成为汾阳核桃产业发展史上的里程碑和推动力。

如今，汾阳核桃经济林面积达到 3.67 万公顷，种植核桃树 1 200 万株，年产核桃 2 万吨，核桃产业化初具雏形，形成了“345 格局”，即：“3 个全国最多”“4 个全国最大”“5 个示范园区”。

“3 个全国最多”是指，核桃优质品种最多，多达上百种；经济收入最多，年种植收入 2 亿元，加工收入 2 亿元，苗木销售收入 2 亿元；所获荣誉最多，获有中国汾州核桃之乡，中国干果经济林核桃之乡，中国名优经济林核桃之乡，国家地理标志性保护产品等荣誉。

“4 个全国最大”是指，拥有全国最大的核桃生产基地，种植面积 3.67 万公顷；全国最大的核桃加工和出口基地，年加工核桃 3.5 万吨；全国最大的核桃苗木繁育基地，核桃苗木繁育面积 1 200 公顷，年产优质核桃苗 3 000 万株；全国最大的核桃技术基地，核桃生产技术人员达 3 000 多名。这些表明，汾阳核桃已成为一个支柱产业。

“5 大示范园区”是指，汾州核桃老树保护基地示范园区，对汾州核桃

"树龄王"进行了重点保护；核桃标准化种植示范园区，面积达 133.33 公顷；核桃良种基地示范园区；有机核桃种植示范园区；优质核桃苗木繁育示范园区。这些示范园区各有侧重和探索，显示出汾阳核桃产业的多样化特色。

为提高核桃产业加工附加值，汾阳市坚持探索和发展核桃产业化经营，积极发展核桃加工业。迄今，汾阳市已建立核桃加工企业 160 余家，每年加工核桃 12.0 万吨，加工核桃仁 8.0 万吨，收入 1.12 亿元，出口创汇 1 000 万美元。

从上述可见，21 世纪我国进入了开辟木本粮油发展的新时代。10 多年来，积累了丰富的经验：刷新思路，提高认识，转变资源观，是首要前提；狠抓基础建设，突出重点树种，开展基地化种植；培育龙头企业，创新体制机制，开拓产业化经营；兴新主体，创新形式，开辟合作化途径；提高文化品位，挖掘人文内涵，弘扬文化价值。思路变，道路宽，发展木本粮油实体产业之路越长越宽广，迎来了一个崭新的时代。

第三节　我国木本粮油产业发展中面临的主要挑战

进入新世纪以来，我国木本粮油产业开创方兴未艾、蓬勃发展的大好局面。然而，我们还必须清醒正视：迄今，我国开发和发展木本粮油产业还处在初创阶段，面临着必须解决的新问题、新挑战。概括起来，我国木本粮油产业在发展中普遍存在"五弱"问题，不适应木本粮油发展战略目标的需要。

（一）思想认识薄弱，还未真正把发展木本粮油置于战略地位

长期以来，我国木本粮油的基础理论研究几乎处于空白。理论的空白导致人们思想认识薄弱。迄今，我国注重依靠传统粮油来满足国家和市场对粮油的需求，千方百计促进其发展和提高，而对木本粮油产业则重视和支持不力。追溯根源，主要是人们囿于"小资源观"的束缚，产生"三重三轻"的思想观念：重平原耕地，轻山地丘陵；重禾本作物品种，轻木本粮油品种；重现有资源利用，轻潜在资源开发。毫无疑问，"三重"是必要的，但"三轻"的思想观念是有害的，必须尽快转变，加强对发展木本粮油产业的政策支持。

受"小资源观"束缚，国人对开发和发展木本粮油产业还停留在不认识、或认识粗浅的地步。没有认识到，开发和发展木本粮油是保障国家粮油安全的

重要战略措施；更没有认识到，开发和发展木本粮油是改善生态环境、建设“美丽中国”的重要步骤。木本粮油产业倍受冷落，致使广袤的、适宜种植木本粮食和木本油料经济林木的国土资源，没有纳入国家开发的规划中。长期处于缺乏基础设施建设；缺乏产业投资；缺乏政策措施扶持；缺乏科技支撑；缺乏市场销售体系的状况，使我国丰富的木本粮油资源没有得到开发利用，或者说只有部分资源被粗放利用。

（二）产业基础薄弱，我国木本粮油还处在初创阶段

诚然，进入新世纪以来我国木本粮油产业取得长足的发展，但必须清醒地认识到，这一新兴产业还处在初创阶段，整体产业基础还很薄弱。整个木本油料只占全国油料总量的1%～3%。

所谓产业，就是由于社会分工，不同人员从事不同的职业活动。随着人类历史的变迁演进和生产力水平的不断提升，分工的程度也越来越高越细，新产业相伴应运而生。一般而言，新产业的形成是市场需求和供给两方面相互作用的结果。据此原理，木本粮油新兴产业也是社会分工、市场需求和供给扩大相互作用的产物。由于是新兴产业，一般产业基础都比较薄弱。即产业发展的基础环境、市场环境、科技支撑、消费水平、消费人群等主要因素还处于初期、低端的发展阶段。种植基地是木本粮油产业发展的根基。然而，迄今我国各种经济树木种植基地的基础设施落后，经营管理粗放。其主要表现是：道路不便，水利空白，电力缺乏，树种良种化率很低，单产极低。例如，我国大部分油茶林还处于野生或半野生状态，油茶的良种化率不到10%，亩产茶油仅5千克，而最高产量可以达到75千克/亩。其他许多木本粮油树种也与油茶类似，栽培面积广大，单位面积产量低下：核桃坚果只有20千克/亩，仅为美国的1/10；板栗坚果只有25千克/亩，仅为日本、法国的1/5；榛不到10千克/亩，而国内集约栽培的榛可达300千克/亩以上。总之，我国多数木本粮油种植基地还处在粗放经营、广种薄收的状态。

（三）现代加工业薄弱，产品附加值需要大幅提高

现代加工是木本粮油经济林种植业的延伸，是带动整个产业链的“龙头”，是取得木本粮油附加值的必由途径。然而，目前我国现代木本粮油加工业还相当薄弱。

从总体上看，全国木本粮油加工企业数量少，规模小，分布散，技术装备落后；缺少龙头企业带动，组织化程度不高，产业化经营水平低下；深加工企业为数很少，资源开发利用粗放，产品结构单一，缺乏独特品牌；缺少龙头企业带动，产业化程度低；发展方式粗放，加工附加值微薄，加工销售能力远远跟不上种植基地扩大、生产的发展的需要。特别是，木本粮油资源综合化开发利用几乎是空白，加工副产物大多被当做“垃圾”抛撒，既浪费宝贵资源，又污染环境，甚至成为污染源。事实上，许多木本粮油产品“全身是宝”，除含有丰富的淀粉和油脂外，还可以开发系列食用、工业用产品。以油茶籽为例，除榨取优质食用油脂外，其油脂还可以开发高级化妆品、生物茶油等，茶饼可提取皂素等化工原料、开发生产优质环保生物农药和洗涤剂，茶壳可以制取活性炭、糠醛等。如果采用循环经济发展模式，把加工副产物资源化，进一步开发系列化产品，包括高级化妆品、生物农药和洗涤剂，以及活性炭、糠醛等，那么就可以形成一条完整的产业链，提高经济效益、社会效益和生态效益。

（四）科技创新薄弱，产品竞争力不强

科技支撑是木本粮油产业持续发展的动力，自主创新是木本粮油产品竞争力的源泉。然而，迄今我国木本粮油科技落后，自主创新力薄弱。主要表现在：专业科研机构和科研力量严重不足；包括木本粮油在内的林业粮食科技贡献率较低，估算目前不到50%，与发达国家80%的农业粮食科技贡献率相比，还存在很大差距。这表明，我国木本粮油产业潜在着巨大的发展潜力。

1997年以前，我国在林学一级学科下设置了经济林二级学科，多数林业院校设置了经济林专业，为全国林业行业培养了大批木本粮油产业发展的专业技术人才。但1997年国家进行学科专业目录调整时，取消了经济林的二级学科和经济林专业，导致我国经济林专业技术人员锐减，经济林专业人才严重缺乏。尤其是最近几年，许多木本粮油经济林种植基地、大型加工企业和行政事业单位，对专业技术人才是“一员难求”。由于专业技术人才严重缺乏，导致优良品种培育，繁殖，推广体系不健全，良种化程度很低。

我国木本粮油科技落后，与科研经费缺乏关系密切。在“八五”“九五”“十五”期间，我国木本粮油科技支撑项目中，只保留板栗、红枣、核桃3个树种，其他许多主要木本粮油品种都未列入。就是列入科技支撑项目的，全部科技支撑科研经费很少，不及一种草本粮油作物的几十分之一。自“十一五”

以来，我国把油茶重新列入科技支撑项目，支持力度增大。但总体而言，我国对木本粮油树种的科研支持力度远远不能适应形势发展的需要。

（五）现代服务薄弱，专业化服务短缺

建立和发展完善的农村现代服务业，是振兴现代木本粮油产业的必要条件。现代服务业是伴随信息技术和知识经济的发展而产生，用现代化的新技术、新业态和新服务方式改造传统服务业，创造需求，引导消费，向社会提供高附加值、高层次、知识型的生产服务和生活服务的服务业，主要包括市场、科技、信息、物流、金融、会计、咨询、法律服务等。现代服务业对木本粮油产业提供具有智力要素密集度高、产出附加值高、资源消耗少、环境污染少等特点的服务，包括基础服务、生产服务、市场服务、个人消费服务和公共服务等，涵盖产前、产中、产后等全程服务，是其实现现代化的必要条件。

然而，我国木本粮油现代服务薄弱，从服务组织、服务范围，到服务内容、服务方式，都处在“短板”的状态。一方面，专业化服务短缺。包括技术咨询、市场行情、信息传递、产品加工等在内的专业化、社会化服务都比较缺乏。另一方面，市场流通网络服务残缺。从市场体系、储存仓库、产品推介，到扩大消费、扩大出口等，都是薄弱环节。致使市场开发滞后，大多数地方都是等人上门收购，农民卖难问题普遍存在。

第六章 谱写木本粮油和林下经济新篇章

发展木本粮油产业，必须采取创新驱动战略，以新理念为引导，变“平面化”利用资源为“立体化”利用资源。前者是传统发展方式，采用“单层化”利用木本粮油林的“林上果实”；后者是现代发展方式，“多层化”利用“林上”和“林下”的空间和林荫资源。本研究提出，要创新观念，扩展和充实木本粮油产业的外延和内涵，既包括收获果实的“林上产业”，又包括林下种植、养殖、采集等“林下产业”。所谓林下产业就是指林下经济。这是本章的主要阐述对象：谱写开拓木本粮油林下经济的新篇章。

第一节 林下经济是一种新林业经济形态

发展林下经济的理论根据就是空间经济学（spatial economics）。即利用林业生产要素的空间布局，促其规模收益递增。所谓空间经济学是根据时间、层次、传统三维空间相互转化原理研究经济发展规律、预测经济发展趋向、进行经济空间布局、调整产业空间结构、取得经济规模效益、实现经济可持续发展的经济学，是结构经济学向发展经济学转化的中间环节。空间经济学与结构经济学使发展经济学成为科学。空间经济学是当代经济学对人类最伟大的贡献之一，也是当代经济学中最引人关注的领域。空间经济学是在区位论的基础上发展起来的多门学科的总称。它研究的是空间的经济现象和规律，研究生产要素的空间布局和经济活动的空间区位。

林下经济，是指以林地资源和森林生态环境为依托，发展起来的林下种植业、养殖业、采集业和森林旅游业等新的经济门类。发展林下经济，意义重大。它不仅是充分利用林下土地等各种资源优势，从事林下种植、养殖等实现立体复合生产经营，从而使农林牧各业实现资源共享、优势互补、循环相生、协调发展的生态农业模式；而且更是巩固集体林权制度改革成果、促进绿色增长、提高林地产出、增加农民收入的有效途径。林下经济的发展实践表明，它是一种有别于传统林业生产的参与式林业与农业经营方式，它强调不同产业的融入及人的主动参与，主要目的是协调产业和谐发展，进而保护和利用林业资源，提高林业发展的经济、社会和生态效益。

一、林下经济是一种“立体型”产业

林下经济是一种“立体型”林业经济新形态，也可以说是一种“立体型”林业产业。它是近年来林业、林下种植业和养殖业相结合，开拓发展的新模式。

它以创新发展为动力，以科学技术为支撑，以林地资源和森林生态环境为依托，充分利用林下土地资源和林荫空间，因地制宜在林冠下开展相关项目的复合经营。这样，包括木本粮油林在内的广阔林地，既充当生态保护带，又成为综合经济带，把林地资源优势转变为经济优势，将林地的长期、中期和短期效益有机结合，使经济、生态和社会效益融为一体；培育保护林木资源，增加林地生物多样性，显著提高林地的产出率和森林环境的附加价值。林下经济是绿色经济、特色经济、立体经济。发展林下经济，既符合绿色发展的方向和社会消费的取向，又避免了产品趋同，具有广阔的市场空间。

自 21 世纪初开始，林下经济在我国逐步兴起，并日益得到社会的普遍重视。在各地政府、主管部门、科研人员和农林业从业者等多方面力量地推动下，林下经济在全国范围内得以迅速发展，成为与传统林业和现代农业并存的林业发展形式。随着研究和实践的深度、广度和力度的加大，林下经济的内涵也不断的丰富和延伸，由最初的农林业结合开展的生产活动，逐步发展成为开发土地资源、保护生态多样性和实现人类可持续发展而开展的林业与农业活动。林下经济的研究与实践范围涵盖广，涉及林学、农学、畜牧学、生态学、社会学、经济学等多门学科。迄今，我国包括木本粮油在内的林业主产区的林下经济，在不同地区各呈特色、各有侧重，方兴未艾。可以说，林下经济已经成为我国当代林业发展的主流形式之一。

二、发展林下经济就是振兴绿色产业

发展林下经济对促进林业经济、乃至促进国民经济转型升级、低碳发展和建设生态文明都具有深远的意义。进入 21 世纪以来，集体林权制度改革将集体林地承包给农户，确立承包经营权 70 年不变，并且引入资本使林地林木可以抵押变现，为我国农村改革树立了样板，具有重大而深远的意义。尤其是对当前我国正在进行的收入分配制度改革具有重大启示意义。集体林权改革的实质揭示，要更加重视初次分配改革，在兼顾效率与公平的同时，强调公平第一，确保农民等弱势群体在初次分配中获得公平的待遇和机会，农民对林地拥有所有权、经营权、受益权。这为开拓发展木本粮油产业和林下经济打下了产权基础。

长期以来，林业存在着所有传统产业的痼疾，增长方式更多是把生态保护与经济增长对立起来，普遍的问题是以生态破坏与高碳排放的方式实现增长——高消耗、重污染、低效益的粗放型增长。这种增长具有极大的浪费性、破坏性，是不可持续的，必须彻底摒弃。在我国实施“五位一体”的建国方略和“工业化、城镇化、信息化、农业现代化和绿色化”的大时代背景下，林业产业必须变“高碳”增长为“低碳”发展。在低碳经济发展形势下，更加强调的是绿色增长、绿色就业、绿色外贸、绿色致富、绿色民生，以及绿色城镇化等。以此为契机，我国进入以生态文明引领经济社会发展、振兴绿色产业的新时代，既保护好“绿水青山”，又收获到“金山银山”。近年来，在全国方兴未艾的林下经济的发展，对包括木本粮油产业在内的林业转型升级、实现低碳可持续发展具有真正的创新意义。

（一）产生“土地替代”效应

即通过充分开发利用林地资源，提高木本粮油产业“立体效益”。发展林下经济，促进“林上”和“林下”资源立体使用。林下经济发展的前提就是护林造林，搞好“林上”经营，为林下种植、养殖、采集提供合理的空间、适宜的小气候及养分原料，只有以大面积的森林资源作为依托，林下种养才能得到更丰富的供给。这不但调动了农民管护林区的积极性，农民补树种树的自觉性也大大加强。在不争农地、不占耕地，又保护森林生态的条件下，充分开发包括木本粮油林地在内的林间各种资源潜力，促进立体发展、绿色发展、循环发展，创造立体经济效益。也就是说，在同一块、等数量的林地上，采用“立体化”发展方式，可生产出更多更优的产品，创造出更高的综合经济效益。这种“立体化”发展途径，已经成为许多地方提升木本粮油产业的新模式。

进一步简要分析就是，一方面，利用边际山地种植木本粮油经济林，既可生产大量优质木本粮油产品，又有保护生态的“碳汇”作用。另一方面，振兴林下经济不占用优质耕地，只利用林下空间（包括林间土地和林荫）种植油料作物、中草药，或养殖畜禽等，生产出市场需求的产品。以上两个方面，不管是种植木本粮油经济林，还是发展林下各种产业，都不占用耕地，可减轻土地约束压力。这种“土地替代”效应，对于人均土地面积很小的我国来说，具有实质性意义。

（二）产生“食物替代”效应

实施“食物替代”战略，通过发展木本粮油产业和振兴林下经济，可增产大量优质木本粮油及林下经济生产的食物。特别要指出的是，木本粮油及在林下种植、养殖、采集的产品，都是在良好生态环境下生产出来的，无化学物残留、无污染的绿色产品。像茶油、核桃油、牡丹籽油等木本油品，以及板栗、红枣、柿子等木本粮食，还具有禾本科谷物所不具备的特性。以木本食用油品为例，亚油酸含量高、微量元素含量高、保健功能强，越来越受消费者青睐。这种“食物替代”效应，对于粮食供求“紧平衡”呈常态的我国来说，具有丰富市场供应、保障国家粮油安全的现实和久远的意义。

（三）促进农民脱贫致富

发展木本粮油产业和林下经济，开辟多种增收新途径。我国大部分山区和丘陵区，林地和宜林地广阔。农民在发展林下经济的实践中开辟出多种形态的新产业形式。例如，探索出林药、林菜、林菌、林畜、林草、林粮等多种模式，发展起林下种植业、养殖业、采集业，以及森林旅游业等产业形态。笔者在各地考察中看到，农民专业合作社或农户发展“林下饲养”，利用林果、林虫、树叶、饲草等养鸡、养羊、养猪，既生产出优质优价的生态食品，又得到大量有机肥料（畜禽粪便），用于林地施肥。此外，还有多种利用方式：利用林木的天然环境种植中药材、种食用菌；利用林中的土地种花生、种豆类作物，等等。各种林下经济的发展形式，为林业增收提效、农民脱贫致富开辟了新选择和新门路。广大返乡农民工、退役士兵、农村能工巧匠等，到主林区从事木本粮油产业、林下种植、养殖业，发展林业一、二、三产业。他们带来的资本、技术、信息及新理念，与本地的绿色资源相结合，在广阔山林大有创业、创新的用武之地。

（四）促进林业低碳发展

所谓低碳发展，就是采用低投入、低消耗、低污染，高产出、高质量、高效益的可持续发展路子。例如，发展林下经济，不使用化学肥料、农药、农膜等化学材料，而利用落叶、秸秆、枝条等有机肥料，提高林下土地的肥沃度。特别是，通过对林业生态经济系统的优化和管理，能够实现林业系统自然资源和可再生资源的循环利用，既可以直接增加碳汇，又大幅度地减少污染物排放，实现低碳发展。所谓碳汇，是指从空气中吸收二氧化碳的过程、活动、机制。而“森林碳汇”是指森林植物通过光合作用将大气中的二氧化碳以生物量的形式储存在森林中的过程。它在减少温室气体排放、稳定大气二氧化碳浓度的措施中，扮演着重要角色。此外，森林及林业活动对于保护生物多样性，及防风、防沙尘的都具有重要作用。从长期发展视角看，社会对优质生态产品的需求量必然不断增加，以及为应对全球气候变化，世界各国必将继续大幅度减少碳排放量，给林下经济提供越来越广阔的发展新空间。

三、打造集体林权改革“红利”的“升级版”

我国集体林权制度改革，是农村经济体制改革的又一次突破。它是林业体制机制的创新，也可以说是推进我国林业现代化和加强现代化治理能力的创新。这一创新，必将为进一步解放农村社会生产力注入强大动力；必将为转变林业产业发展方式做出重要贡献；必将为现代林业和农业实现可持续发展提供有力的保障。然而，如何打造集体林权改革“红利”的“升级版”，让广大农民得实惠，还是需要进一步探索和创新的课题。

（一）新课题：农民林子里发展什么、怎么发展?

随着我国集体林权制度全面大规模推开，林权归农户所有。然而，如何巩固保护生态环境的各项成果，同时如何能真正将林业资源转化为经济发展的动力，更大释放“集体林权改革”的“红利”，并让农民分享改革成果。这的确是目前林区面临的一个重要课题。无疑，林业是生态环境的主体，其主要作用之一，是实施以生态为主的发展战略。但是，如果仅仅停滞在生态保护的意义上，那么既不能充分发挥林业资源的价值，又不能“跳出”传统理念的束缚，开拓林区经济发展的新前景。

实际上，随着林权改革的深化和山林权属的明晰，农民有了林地的支配权，生产热情空前高涨。但是，在林子里发展什么、怎么发展？农民群众感到茫然，有的沿袭传统习惯、粗放利用；有的闲置不用、任其荒芜；甚至有的砍树、毁林破坏生态，造成水土流失。总之，林权改革后，农民拥有产权的林地资源，还未得到充分利用，还未挖掘出林地的最佳效益。这意味着如果仅仅停滞在生态环境保护的意义上，那么既不能充分发挥林业资源的价值，又不能“跳出”传统理念的束缚，开拓林区经济发展的新前景。我们必须看到，林业产业的特点是投资较大、周期较长、收效较慢。就农民角度而言，如果获得林权后只是负责种树管护，而得不到种树管树带来的好处，那么就很难调动他们的积极性。一个现实的问题是，农民靠“砍树”的收入维持生产与生活，既不利于保护生态环境，也不利于林业持续发展，还不利于农民稳定增收，更难说巩固和扩大林权改革的成果。鉴于此，需要探索一条能够确保发展经济与保护生态“两条底线”的万全之策。这是一个新课题。

（二）新途径：在兴林中富民，在富民中兴林

集体林权制度改革是农村生产关系的重大调整，经过 5 年努力，明晰产权、承包到户的任务基本完成。然而，如何巩固林权制度改革成果，是一个必须解决的新问题。各地积极探索既有利于充分调动农民保护森林、发展林业，又有利于开辟林业资源、提高农民收入的发展林下经济的新路径。

1. “长短结合、以短补长”是良法

迄今，全国许多主林区引领新常态，进行新开拓，以深化改革为动力，制定规划，采取措施，走出一条保护生态与发展木本粮油产业与林下经济相结合的新路径。林业产业投资较大、周期较长、见效较慢，是一种长线产业。与这个特点相对照，各地探索发展的林下经济，具有投资少、周期短、见效快的短线产业的优点。开拓林下经济的实质意义就在于，实行“长短结合，以短补长”。这样，就找到一条巩固和扩大集体林权改革“红利”的良法。广大林农越来越深刻认识到保护森林资源和生态环境的重要性，提高农民造林、育林、护林的积极性，从而扩大森林生态系统的生物多样性，增强水土保持和涵养水源的能力。同时，还要使广大林农认识到发展林下经济是为了保护生态、合理利用生态资源、致富增收。大量事实证明，发展林下经济，既可以生产丰富多

样的再生资源和产品，又能够延伸林业产业链，实现远期得林、近期得利，将林地丰富的资源优势转化为“金山银山”，促进广大农民“在兴林中富民，在富民中兴林”。人们形象地说，“既要金山银山，又要绿水青山；金山银山不一定是绿水青山，绿水青山一定是金山银山”。吉林省通化市在有序停止天然林商品性采伐的背景下，引导农民在林下种参、食用菌和养蛙等，年经营收入达5 360万元。农民形象地说，手里有两张“绿色存折”，一张是种树成材的“定期存折”，一张是发展林下经济的“活期存折”。再如，陕西宁陕县，过去是一个人均收入很低的山区，农民收入主要来自砍伐树木，生态环境越来越恶化。自实行林地家庭承包责任制后，通过种植板栗、核桃等木本粮油经济林，以及中药材，当地农民收入提高，使林权改革具备了坚实的社会基础。上述实例证明，各地探索和发展的林下经济，有效地把保护生态的政策制约变为经济发展的优势，找到一条现代林业发展的新路径。

2.“依托绿水青山，做足山水文章”

理念一旦转变，在人们的眼里，绿水青山就是“绿色资源”和“绿色资本”。如今，许多地方制定了加快林下经济发展规划，“依托绿水青山，做足山水文章”。概括起来，包括以下主要内容：一是，努力建成规模大、效益好、带动力强的林下经济示范生产基地；二是，促进林下各种绿色资源、技术、资本、市场有机结合，打造特色品牌产品；三是，培育扶持具有规模较大、辐射带动能力强的林下经济龙头企业，以及农民林业专业合作社，构建生产、加工、销售、经营配套完善的产业链；四是，逐步建立不同区域的主导产业，形成“一区一业、一村一品”的发展布局；五是，普遍推广林下产业发展新技术，提高资源利用率和农民的收益；六是，广开思路，提高附加环境效益，创造更多财富和经济价值。许多林区利用天然的优美风景、良好的生态环境及清新的空气（人称“天然氧吧”），发展起农家乐、森林公园等休闲旅游业，点燃起新的经济增长点。

3.“创新经营主体，转变发展方式”

在岭高林密、交通闭塞的山区，山村分散，一家一户单独经营，许多事情做不了、也做不好，更难于扩大适度规模经营。鉴于此，需要采取三大措施：一是，通过建立农民专业合作社，发展适度规模经营；二是，通过“龙头企业＋基地＋农户”形式发展产业化经营道路；三是，通过农民大户示范，带动更多农民主动从事林下种植、养殖的经营，努力营造大户带散户、振兴木本粮油产业和林下经济的局面。

近年来，各地的成功实践证明，发展木本粮油产业和林下经济，充分体现了我国林业立体经营、绿色发展的大趋势。既不争农地，又不占耕地，在保护森林生态的同时，开发林地和林间各种资源潜力，发展绿色产业，既提高了经济效益，又扩大了社会效益，还获得了生态效益。"三种效益"有机结合起来的新模式，是资源配置方式的创新，也是发展方式的转变。它不仅大大增强了林业振兴、可持续发展的新动力，也大大增强了山区经济发展、农民增收的新动力。这种动力，不是从外部注入的，而是林业内生的。在林区发展木本粮油产业和林下经济的过程中，科学地利用生物生长过程中相互依存、相互促进的林业生态循环系统，探索出相辅相成、相得益彰的可持续发展的持久动力。这一新模式，从内在的物质利益上增强了广大林农发展木本粮油产业的积极性，对于巩固林权制度改革成果，以及扩大改革"红利"都具有实质性促进作用。"全国林改第一县"福建武平县，从"靠山吃山"中摸索出一条"种养结合、综合利用"的林下经济模式，充分利用荒山荒地，鼓励和引导农民发展林下经济，2014 年产值达 15.5 亿元，已成为该县的支柱产业。

第二节　发展木本粮油和林下经济的主要模式

发展木本粮油产业和林下经济，与千乡万村的民生、千山万岭的生态、千种万种的产品息息相关。客观而言，它是在广阔的、千差万别的自然条件下进行的生产活动，具有民本性、生态性、复杂性、弱质性等特点。由这些特点决定，发展木本粮油产业和林下经济必须坚持适宜、适用、适度原则。即：必须因时、因地、因事制宜，选择产业项目、产业规模、产业形式等。适度扩大规模经营，采取多样形式，生产适销对路产品，方能取得多种效益，实现提质增效的目的。

一、木本粮油产业和林下经济的主要发展模式

林下经济就是充分利用林下土地资源和林荫优势、因地制宜从事种植、养殖等立体生产经营活动，实现资源共享、优势互补、循环相生、协调发展的现代高端生态林业模式。采取这种新模式，不仅使林业产业从单纯利用林产资源

向林产资源和林地资源结合利用转变，而且对促进生态和谐、林农增收具有重要的现实意义。迄今，在各地探索和推广的林下经济发展模式有多种多样，其中最有代表性模式有五种：林菌模式、林牧模式、林药模式、林菜模式、林粮模式等。

（一）“基地＋农户＋企业”的经营模式

采取这种模式的基本特点是，在木本粮油产区，以种植为基础，建设好规模化的基地。根据基地的资源条件选择林下经营项目，如经营人工驯化与栽培经济作物、林下饲养畜禽、林下养殖食用菌、林下种植蔬菜等。栽培作物种类应注重营养丰富、单位产量高、市场需求量大等特点。具体到某一个地区的栽培种类宜少而精、少而专，形成适度规模和集约经营的商品基地，提高产量和质量，开发利用新型林下产品。此外，在规划发展林下经济时，要注意做到：与退耕还林等林业生态工程相结合；与调整农村农业产业结构相结合；与新农村建设和农民致富相结合。

（二）提高科技含量，增加经济效益

不管选择何种林下经济项目，都必须转变发展方式，提高科技含量和加工附加值，提升经济效益和生态效益。一般说，要提高育苗、整地、栽植等主要环节的科技种植和管理水平。尤其是对林下产品进行深度加工和循环利用。把加工副产物资源化，进一步利用生产系列化产品。以世界第四大食品来源的森林食品为例，根据某一销售地区的饮食习惯加工成不同风味的、有特色的产品，或按照科学膳食配方，制作成营养、保健、优质、安全、方便的生态食品，就能够大幅度提升科技附加值，又能够实现产品多样化、品牌化、系列化，扩大市场占有率。

（三）实行产学研结合，提高产品品质和档次

开拓和发展林下经济，本身就是一种新经济形态。林下经济中，森林食品和生物药品占有很大比例，这两个领域有许多基础理论和实用课题需要进行专业性研究。鉴于此，发展林下经济实行产学研结合，是一条企业与高等院校、科研机构相互结合、优势互补、提高产品品质和档次的广阔途径。依托和利用专业科研力量，对重大的、具共性的科技课题进行攻关。例如：机械化剥壳技

术；各种森林食品营养和药品药理作用的研究；解决产品保鲜、贮存和深加工等技术工艺课题，并促进科研成果向生产转化，转变为经济优势。

（四）建立林下经济示范区，发挥示范带动作用

在实行产学研结合的过程中，要建立林下经济示范区。迄今，在全国已建立包括林下蓝莓、花卉、药材、药膳等多种类的示范区。例如，杭州蓝海生态农业园，近年来依托专业科技研究所的技术优势，因地制宜大力发展林下经济，在蓝莓、花卉、药材等方面取得了不菲的经济和社会效益，显示了良好的发展前景，完全符合当前国家鼓励的低碳经济、生态农业的可持续发展方向。此外，国家林业局林产工业规划设计院科技研究所在赤城县大海陀乡建立的林下经济示范区，开展林菌模式、林药模式和林菜模式的实验。在示范园区的带动下，解决了树木养管问题，增加了当地农民的收入，为发展农村经济开辟了新路。林下经济示范区，具有显著的辐射作用，一方面，可直接带动周边地区的经济发展；另一方面，又可在类似区域进行推广。

二、木本粮油产业和林下经济发展的特点

虽然我国林下经济起步较晚，但发展速度之快、发展规模之大、发展效益之佳是令人鼓舞的。迄今以林下种植、林下养殖、林下产品加工为主要内容的林下经济，在我国各地掀起发展的热潮。特别是在国务院《关于加快木本油料产业发展的实施意见》发布后，极大调动了广大农民的创业热情、主动性和创造性，向林业经济的广度、深度进军，林下经济方兴未艾。在全国包括木本粮油在内的主要林区，涌现一批发展林下经济的典型。截至目前，全国的林下经济总产值已达 7 000 多亿元，成为林区农民增收的一个新支柱产业，呈现群众性、规模性、多样性、优质性和效益性的特点。

（一）千军万马创新业，呈现群众性

振兴木本粮油产业和发展林下经济，是广大农民、返乡农民工、转业军人、下乡大中专毕业生等创业、创新的大平台。可以说，“大众创业、万众创新”的热潮在林下经济领域蓬勃发展，出现了新局面，以广大农民为主力发展林下经济，显示出群众性的特点。以贵州省为例，全省油茶产业呈现快速发展的态势，油茶种植实现了面积、产量都翻番。截至 2014 年年末，全省油茶种

植面积和年产茶籽量分别达到 14.53 万公顷和 3.5 万吨，总产值 5 亿元以上，较 2010 年均增长 50%以上。预计到 2020 年，全省油茶种植总面积将突破 26.67 万公顷，实现年产油茶 4 万吨，年产值 20 亿元以上。与此同时，贵州广大林区积极发展林下种植业、养殖业和森林休闲旅游业。2014 年，贵州省林下经济惠及农户 90.25 万户、360 多万人。全省已初步形成具有较强带动作用的六种林下经济产业化发展模式。2014 年，全省共有林业专业合作组织 2 601个，其中，林业专业合作社 1 691 个，入社农户 25.3 万户，林下经济产品年交易额约达 32 亿元。迄今，在贵州省已培育和涌现大批林下种植、养殖、休闲旅游的专业村、专业户，人均年收入一般都增加 400～500 元，既解决了部分农村劳动力就业问题，有效带动了农业增效和农民增收，又改善了村容村貌，为有效解决“三农”问题，推进新农村建设做出了积极贡献。

（二）创新主体促新业，壮大规模性

扩大适度规模经营，既是优化资源配置的必然，又是转变木本粮油产业和林下经济发展方式的必须。适应这种规律性，各地积极发展和创新经营主体，包括林业大户、家庭林场、林业专业合作社，以及农业企业等。随着新型经营主体的增多，各地木本粮油和林下经济的种植经营面积、总产值不断扩大。以贵州省为例，近年来贵州全省的林下经济的经营面积不断扩大，林业附加值大幅提升，林下经济总产值持续增长。截至 2014 年，全省发展林下经济利用的林地面积达到 76.73 万公顷，总产值达 661.59 亿元。其中：林下种植面积为 15.55 万公顷，参与农户 31.46 万户，实现产值 25.07 亿元；林下养殖面积为 158.52 万公顷，参与农户 38.35 万户，实现产值 14.43 亿元；森林景观利用面积为 24.24 万公顷（仅指集体林地），实现产值 13.97 亿元，参与农户 8.94 万户；林下产品采集加工面积为 26.37 万公顷，实现产值 8.12 亿元，参与农户 11.5 万户。

再以广西为例，油茶产业已成为全区 9 大农业产业和 5 大林业产业之一。按照广西的规划，将重点打造千万亩油茶基地、百万亩核桃基地、百万亩油桐基地等“9 个千百万亩基地”。截至 2014 年年底，全区经济林面积达到 220 万公顷，占全区森林面积的 15%，占商品林面积的 25%以上。经济林产品总量达到 1 250 万吨，其一、二、三产业的总产值超过 600 亿元。在广西经济林总面积中，油茶林面积占 42.67 万公顷，年产油茶籽 18 万吨，可榨油 4 万吨。

如果按照油茶的一、二、三产业的总产值计，2014 年超过 80 亿元。广西油茶产业再创佳绩，已攀升为全国第三位。同期，广西林下经济产值达到 614 亿元，比 2012 年增长 254 亿元，年均增长 45%；从事林下经济的农民多达 1 427 万人，人均增收 1 678 元。这充分表明，木本粮油产业和林下经济已达到相当可观的规模。

（三）因地制宜建基地，形式多样性

作为发展木本粮油产业和林下经济载体的山地和山林，自然条件千差万别。生产者必须因地、因时制宜建立基地或示范园，利用林下空间，发展林下食品、林下药材、林下养殖、苗木花卉、林下景观等新兴产业，采取了多样化的形式。迄今，在木本粮油的主产区，一般都因地制宜选择以林养农、以林济工、以农哺林、以工富林等模式，取得良好成效。概括各地的林下经济的生产经营方式，最有代表性的包括以下几种：

1. 林粮方式

这种方式被广泛采用，其特点是，在枣林、核桃林间，套种黑小麦、大豆、绿豆、甘薯等豆类和杂粮作物。这些作物耐干旱、耐贫瘠，而叶和茎都具有改良土壤、提高土壤肥沃度的作用。陕西省宜君县、佳县的核桃林、枣林下套种大豆、绿豆等豆类作物，既增加了农民收入，又改良了土壤，实现树木与豆类作物双丰收。

2. 林菜方式

这种方式也被广泛采用，在林间适合种植的蔬菜品种很多，不下几十种：既有普通品种蔬菜，像大葱、青椒、茄子、卷心菜、黄花菜、蒲公英、荆芥、紫苏、树番、茄酸、浆菊花、脑紫、背菜、刺菜蓟、苦荬菜、金丝瓜、香椿等；也有野生菜，像蕨菜、马齿苋、薇菜、酸模、苋菜、落葵、乌塌菜、荠菜、黄秋葵、山芹菜等。多种多样的林下蔬菜产品，都属于绿色蔬菜和生态蔬菜，既丰富市场，又受到广大消费者的青睐。

3. 林药方式

在林间种植药材，在我国具有悠久的历史，以野生药材种植为主，如猪苓、柴胡、刺五加等。适合林药方式种植的中草药品种极多。其中，包括多种贵重中草药品种，价值很高。如人参、西洋参、灵芝、天麻、田七、黄连、金银花、天门冬、水飞蓟、枸杞、百合、细辛、大黄、甘草、红景天、何首乌、

半夏、天南星、柴胡、元胡、五味子、板蓝根、砂仁、巴戟、草果、益智、石斛、青天葵、灵香草、苦草、千年健、黄姜、薄荷、白术、黄芪、桔梗、党参、芍药、刺五加、白芷、茯苓、山茱萸。

4. 林草方式

适合林草方式种植的主要林草品种有苜蓿草、黑麦草、红三叶草、白三叶草、无芒雀麦、狼尾草、鲁梅克斯等。在林间种植这些种类的草，既可以改良土壤，肥沃林地，又可以收获草产品作为饲料，发展养羊、养牛等草食动物，一举两得。

5. 林菌方式

适合林菌方式栽培的食用菌主要品种有平菇、鸡腿菇、香菇、黑木耳、毛木耳、草菇等。不同的品种，林下栽培的方法各不相同。例如，在油松下松蘑野生生长、柞木下木耳人工培育生长、榛林下榛蘑野生生长。笔者在河南西峡县考察时看到，食用菌专业合作社开展多项统一服务，在林间搭建大棚，提供给农民，以粉碎秸秆作为基料栽培食用菌，既解决了秸秆的有效利用问题，又生产出优质食用菌产品，效益很高。林菌结合的林下经济已成为这个山区县农民致富的支柱产业。

（四）着力打造品牌，提高产品优质性

品牌，是进入市场的通行证，是占据市场的竞争力。各地在发展林下种植、养殖过程中，根据自身的条件，确定当地的林下经济发展方向，配置和构成林下经济优势产业带，打造产品品牌。在贵州省许多地方，开展仿野生种植活动，创造品牌，优化品质。像大方、德江等地种植的天麻；施秉、黄平等地种植的太子参；剑河针叶林下种植的钩藤；贞丰、兴义、关岭灌木林下种植的金银花；沿河、黎平、凤冈等地马尾松林下种植的松茯苓；赤水等地种植金钗、石斛；以及遵义种植的杜仲、织金竹荪、剑河钩藤、大方天麻、威宁党参等产品，都已形成一定规模，在国内享有较高声誉。其中，“大方天麻”还荣获国家地理标志认证。

我国大西南地区，山多林密，环境各异，气候适宜，各地在发展林下经济中，已形成林下种植、林下养殖、林下采集加工，以及森林休闲旅游等四大领域，包括林禽、林畜、林菌、林药、林粮、林菜、林草、林茶、林蜂、竹藤编织、松脂采集、竹笋采集加工、野菜采集加工、城郊“农家乐”、生态家园休

闲游、森林公园游等10多种发展模式。特别要强调的是，各地在发展林下种植中，中药材成为一大特色产业。据不完全统计，至今西南地区林下种植的中药材品种多达60个，像太子参、天麻、半夏、石斛、金银花等中药材种植，都形成一批地区化、规模化生产基地，或现代示范园，生产出大批市场需求的优质产品，还创造出多个品牌产品，对全国中药材产业的发展做出了重要贡献。

（五）推动转型升级，提高效益性

在振兴木本粮油产业和林下经济热潮中，各地都积极探索转变组织经营形式，积极促进转型升级，提高了效益性。具有实质意义的创新是建立农民专业合作社，走产业化发展之路。笔者在贵州省的多个贫困县调查，看到通过新型经营主体、采取新方式明显提高了林下经济的效益。截至2014年全省共有林业专业合作组织2 601个，其中，林业专业合作社1 691个，入社（含组织）农户25.3万户，林下经济产品年交易额约达32亿元。在农民专业合作社带动下，贵州省已初步形成具有较强带动作用的六种林下经济产业化发展模式，即："公司＋基地＋农户""专业合作社＋农户""国有林场＋农户""专业协会＋农户"、联户或联组经营等。其中，"公司＋基地＋农户"的组织形式，在规模、产值、效益等方面占有较大的比例，部分大型企业已实现了订单化生产。

令人鼓舞的是，在许多林区，大力提高木本粮油产业和林下经济的现代化水平，建立现代化、规模化、集约化示范基地，涌现出一批典型，发挥出重要带动、示范作用，甚至成为大众休闲和进行农业林业知识科普的基地。地处祖国西南边陲的广西壮族自治区，在发展林下经济产业中走在全国的前列。广西制定了全面的油茶产业和林下经济发展规划，积极拓展绿色产业发展空间，加快实施"十百千万"富民增收计划。即：培育10个国家级林下经济示范基地；100个自治区级林下经济精品示范基地；1 000家林下经济龙头企业和林业专业合作社组织。

随着木本粮油产业和林下经济经营规模的快速扩大和发展方式的转变，其经济、社会、生态协调发展，既促使"山更青，水更绿"，又促进农民增收入，奔小康。笔者2015年6月到贵州省调研，先后深入锦屏、黎平和玉屏等林业大县的深山密林中考察，其生机之蓬勃、活力之高涨，效益之明显，令人鼓舞。据统计，近6年来，贵州省累计投入扶持资金6.25亿元，在全省33个县

（市、区）新造油茶林5.56万公顷，改造低产油茶林3.6万公顷。短短5年，油茶种植实现了面积、产量都翻番：油茶林面积从2009年的6.85万公顷增加到2013年的14万公顷，增长104.28%；油茶籽年产量从2009年的1.4万吨增加到2013年的3.8万吨，增长171.43%。进入21世纪以来，贵州省各地大力发展油茶特色产业，建设“绿色油库”，取得长足发展。截至2014年年末，全省油茶种植面积再扩大到14.53万公顷，年产茶籽约3.5万吨，总产值5亿元以上，较2010年均增长50%以上。到2020年，广西油茶种植面积力争突破26.67万公顷，实现年产油茶4万吨，年产值20亿元以上。在油茶发展过程中，农民得到实惠。据不完全统计，截至2014年，贵州省林下经济惠及农户90.25万户、360多万人。迄今，在省内已培育出大批林下种植、养殖、休闲旅游的专业村、专业户，经营林下经济林农的年人均收入一般都增加400～500元，既解决了部分农村劳动力就业问题，有效带动了林业增效和农民增收，又改善了村容村貌，为有效解决“三农”问题，推进社会主义新农村建设做出了积极贡献。

第三节　我国木本粮油和林下经济的发展愿景

以党的十八大为契机，开启进一步深化改革和确立的“五位一体”总体布局，以及工业化、市场化、城镇化、农业现代化、绿色化的总体构想，为发展木本粮油产业和林下经济指出了明确方向和根本途径。2012年7月，国务院办公厅发出《关于加快林下经济发展的意见》（国办发〔2012〕42号，以下简称《发展意见》）。这个重要文件是继《中共中央、国务院关于全面推进集体林权制度改革的意见》后，深入推进集体林权制度改革的又一重大决策，是在全国林业转型发展进入关键时期，加快我国现代林业建设的又一重大战略部署，必将对我国建设生态文明、促进绿色发展、实现绿色增长和推动新农村建设，产生重大作用。

一、木本粮油和林下经济发展的总体思路

国务院办公厅出台的《发展意见》，主要内容包括三部分：第一部分对我国现阶段发展林下经济提出总体要求，明确了指导思想、基本原则和总体目

标。第二部分，对我国现阶段发展林下经济提出了7项主要任务：科学规划林下经济发展；推进示范基地建设；提高科技支撑水平；加大科技扶持和投入力度，重点加强适宜林下经济发展的优势品种的研究与开发；支持农民林业专业合作组织建设，提高农民发展林下经济的组织化水平和抗风险能力；加强市场流通体系建设，积极培育林下经济产品的专业市场，加快市场需求信息公共服务平台建设，健全流通网络，引导产销衔接，降低流通成本，帮助农民规避市场风险；科学规划林下经济发展、推进示范基地建设、健全社会化服务体系；加强市场流通体系建设、强化日常监督管理；支持发展市场短缺品种，优化林下经济结构，切实帮助相关企业提高经营管理水平。第三部分特别强调，必须真抓实干，做到落实、再落实。为此，对现阶段发展木本粮油和林下经济提出了五大主要措施：加大投入力度；强化政策扶持；加大金融支持力度；加快基础设施建设；加强组织领导和协调配合等。

为配合国务院办公厅发布《发展意见》的贯彻实施，国家林业局于2012年发出关于贯彻落实国务院发展意见的《通知》，明确要求各地认真学习、切实提高对现阶段发展林下经济重要意义的认识。其中特别强调：国务院办公厅发布的《发展意见》，是指导全国加快林下经济发展的纲领性文件，是我国现代林业建设和集体林权制度改革的又一个新的里程碑，事关增加农民收入、加快林业结构调整、巩固集体林权制度改革成果和生态建设成就，具有十分重大的意义。各级林业主管部门要加强领导，认真落实《发展意见》提出的政策要求，层层落实领导责任制，把林下经济作为当前的一项重要任务抓紧抓好。要加强与有关部门联系，结合本地实际情况出台相应指导性、操作性文件，明确和细化扶持林下经济发展的具体措施，让《发展意见》提出的各项任务真正落地生根、开花结果。

概括上述两个文件的精神，构成了我国木本粮油产业和林下经济发展的总体思路：以现代市场为配置资源的决定性手段，同时以政府的支持加强保障作用；以采用现代生态经济和现代林业理论为指导，以振兴特色产业和富裕农民为宗旨，以建设和提升现代木本粮油产业体系，乃至整个林业生态工程可持续发展为途径，立足当地适宜的气候、土壤、树冠下的优势条件，以及群众发展林下经济的习惯和经验，紧跟国内外市场需求和充分利用国内外先进适用科学技术，走科技创新、绿色产业、循环经济、适度规模和集约经营的发展道路，把木本粮油产业和现代林下经济提升到新高度。

二、科学规划和绘制发展路线图

发展木本粮油产业和林下经济，是一个涉及面广、条件复杂、技术性强、关系亿万农民的绿色发展事业。因此，科学规划是先行，绘制蓝图是路径，必须统筹全局，突出重点，发挥优势，从实际出发，绘制好发展路线图。

（一）科学规划，绘制蓝图

各地要依据国务院办公厅的《发展意见》和国家林业局的《全国集体林地林下经济规划纲要（2014—2020）》（以下简称《规划纲要》）的总精神，制定好当地木本粮油产业和林下经济发展的科学规划，以及绘制好发展蓝图。其中，要因地制宜、从实际出发，发挥本地优势，确立总体思路、发展目标、基本原则、支柱产业、重点项目等，结合国家特色农产品、林产品区域布局，并根据各地林地生态承载能力，制定专项规划、实施细则，分区域确定林下经济发展的重点产业和具体目标。这里特别强调，制定规划，既必须解放思想，又必须实事求是，避免盲目跟进、贪大求全，更不能强迫命令，既做到切实地提高了经济效益，又保护好林农的生产积极性。

《规划纲要》对林下种植、林下养殖，以及对相关产品采集加工和森林景观利用等进行了总体布局，提出了发展总目标：力争到2020年实现林下经济产值和农民林业综合收入稳定增长，全国发展林下种植面积将达到1 800万公顷，实现林下经济总产值1.5万亿元。

《规划纲要》的要点包括：①打造一批各具特色的林下经济示范基地，实施品牌战略；②重点扶持一批林下经济龙头企业，形成“龙头企业＋专业合作组织＋基地＋农户”的生产经营格局；③加强科技支撑和创新驱动，培育出一批高素质的技术管理人才；④初步建立产品质量安全体系，保障林下经济产品消费安全，无公害、绿色和有机产品认定比率达到高水平；⑤建立林下经济产品标准和检测体系，确保产品符合相关法律法规要求，提高生态原产地认定面积，进一步提高林下经济产品质量；⑥建设起较为完善的木本粮油产品和林下经济产品的市场流通体系，积极发展“农超对接”、电子商务、物流配送等现代化流通方式；⑦到2020年年末，参与林下经济活动的农民人数达到1.6亿人，来自林下经济的人均年收入达到800元。这些指标经过努力是能够达到的。

（二）把握关键，重在落实

《规划纲要》强调，关键在落实。一切规划、设计、蓝图等，不落地生根等于“零”。国家林业局在《规划纲要》中，特别提出明确的要求：各地要高度重视、加强领导、明确责任，切实抓好《规划纲要》的贯彻落实；要尽快组织完成本省（区、市）集体林地的林下经济发展规划的编制工作；要科学、合理、有序地发展林下经济，严禁以发展林下经济为名、擅自改变林地用途或乱砍滥伐毁坏林地，加强对生态区位重要地区和脆弱地区的保护，保障生态经济稳定发展；要充分利用现有的资源和科研成果，为林下经济的发展与开发利用提供技术支撑和服务；要强化对林下经济的政策扶持，加强与发展改革、财政、科技等部门的沟通协调，争取支持；各地要从我国国情和林情出发，严格执行法律法规，继续深化集体林权制度改革，完善政策，拓宽融资渠道，加强科技支持，强化服务，因地制宜，以及强化对木本粮油产业和林下经济的政策扶持，加强相关部门协同作战，确保林下经济健康有序发展。当前务必狠抓落实。

其一，建设基地，示范带动。建设现代化、规模化、区域化、专业化的基地，是发展新兴的特色产业的基础。发挥典型引路的作用十分重要和必要。要创新经营主体，普遍采取“龙头企业＋专业合作组织＋基地＋农户”的运作方式，努力建成一批规模适度、效益良好、带动力强的示范基地。根据国家林业局的规划，到2020年，在全国继续培育、打造各具特色的700个国家级林下经济示范基地和一批国家级林业龙头企业；打造300个省级龙头企业。在培育、建设现代示范基地的基础上，要善于发现、认真总结、广泛宣传基层的好经验、好做法，以点带面、推动全局。

其二，因地制宜，合理布局。我国疆域广阔，地域迥然不同，地形差异巨大，农民生产方式各有特长。为此，发展木本粮油产业和林下经济，既要统筹规划，又要因地制宜，合理布局，形式多样。在林下经济发展规划布局上，要充分而深入调研和论证，做到总体掌控、分区规划、科学布局，积极引导向“一村一品、一乡（镇）一特色、一区一优势”的方向发展。其中，可以先建立示范户、示范村、示范乡，“以点带面，点面结合”，逐步形成符合各地实际、布局科学合理、资源效益充分发挥的发展局面。

其三，科技支撑，提质增效。科技创新和支撑是提高木本粮油产业和林下经济核心竞争力的根本。要充分发挥高校、科研院所的技术优势，积极搭建企业、农民与科研院所、技术推广单位间的合作平台，加快科技成果转化为现实生产力。加强良种选育和推广，提高良种率；加强科学管理，推广生物技术，提高产品优质率；加强林下经济产品的储藏保鲜，确保产品质量，减少损耗率；加强深度加工和循环经济，延长产业链和产品加工附加值，提高资源利用率；加强科技知识普及，培训现代农民和各类经营主体的科技素质，提高职业化水平；加强新技术、新工艺、新装备、新方法的研发，推动木本粮油产业和林下经济技术进步，提升产业素质和产业升级。

其四，强化服务，提高效能。社会化、专业化、规范化服务，是推进木本粮油产业和林下经济现代化建设的必要条件。首先，林业行政部门要彻底转变职能，从管理型转变为服务型。当前，针对广大农民的普遍期盼，要加强信贷融资服务，解决制约新产业发展的“瓶颈”问题；加强科技服务，在农民、企业、科研院所、技术推广单位之间搭建合作平台，建立常态服务机制；加强产前、产中、产后系列化服务，积极引进和推广适宜林间种植、养殖的新品种、新技术，大力推广和应用先进实用技术，加快科技成果转化步伐，形成产、学、研一体化的科技开发与服务机制；加强对农民专业合作社、家庭农场、企业、示范户和农民技术骨干的信息咨询和技术培训服务，帮助农民提高生产技术水平，加大技术保障力度；加强规范化服务，实现统一标准、统一生产、统一宣传、统一价格、统一包装、统一标识。通过规范、综合服务，提高规模化、集约化、标准化、品牌化、市场化水平。

其五，多元融资，破除“瓶颈”。与其他产业比较，木本粮油产业和林下经济面临的资金难题更大一些，突破资金“瓶颈”制约的有效办法是：①采取措施。即财政多支持一点，林业部门向上面争取一点，民间资金投入一点，林权抵押贷款支持一点，保险理赔补偿一点。②调整补贴办法。即采取“以奖代补”的方式，对典型示范户、生产大户和专业合作组织等，提供资金奖励支持。③充分发挥社会融资的主体作用。即通过“内联外引”，积极吸纳民间资本。尤其是积极引进经济发达地区和城市工商资本，发展混合所有制经济。④开展林权抵押贷款。即主动与银信部门协商，推进林权抵押贷款和政策性森林保险的业务。⑤开展国际合作，引进外资。总之，要采取各种措施，帮助广大农民和林业生产经营者解决林业发展资金短缺问题。

其六，政策配套，扶持有力。木本粮油产业和林下经济处在起步阶段，而且是一项具有生态性、弱质性、风险性产业，为保障其健康稳定发展，必须采取以下有力的支持措施：一是，制定完善的财政、金融等相关扶持政策。逐步建立政府引导，农民、企业和社会为主体的多元化投入机制。对符合条件的农民专业合作社、合作林场和龙头企业要加强政策扶持力度，特别是对生态脆弱区域、少数民族地区和边远地区提供资金倾斜。二是，加大金融支持力度，争取金融机构加大有效信贷投入。例如，加大对木本粮油产业和林下经济的贴息扶持力度。三是，加大相关基础设施投入力度，结合社会主义新农村建设有关要求，切实解决发展木本粮油和林下经济持续发展的难题，像道路、水利、电力、区域性市场和物流设施建设等，改善这些地区生产与生活条件。

第七章　创新发展理论：探索木本粮油发展新模式

创新是不竭的竞争力和生命力。对于新兴的产业，创新更是持续发展的动力和增强生机的源泉。其中，创新发展理论是先导；创新科学技术是核心；创新制度机制是关键；创新并振兴特色产业是目标。

要把我国木本粮油产业尽快发展起来，迫切需要进一步打牢基础。包括：进一步保护和扩大木本粮油经济林木资源，这是发展的基础；必须进一步健全完善产权制度改革，实现产权明晰，这是发展的核心；必须进一步依靠科技进步，提升木本粮油加工水平，开发高科技含量的新产品，这是发展的动力；必须进一步扩大市场营销体系，建立现代物流系统，节约流通成本，这是发展的关键；必须进一步发展产前、产中、产后全过程的专业化、社会化、综合化服务，特别是科技咨询、市场信息、产品销售等方面的服务，这是发展的必要条件；必须进一步转变发展方式，采取循环经济发展模式，实现木本粮油产业可持续发展。

我国木本粮油产业历经“三起三落”发展阶段之后，站在新时代的前沿，首先需要解决一个问题，我国的木本粮油产业将建设成怎样的特色产业？这是时代提出的必须解决的重大课题。振兴我国木本粮油特色产业，既要尊重和驾驭一般自然规律和农业经济，又要从木本粮油产业的特点出发，探索把自然规律和经济规律相互耦合的发展理论、发展模式、发展道路、服务体系，乃至支撑体系，创新社会科技生态市场经济新模式。

第一节　人类发展中悄悄染上了“病疴”

探索包括木本粮油产业在内的现代林业的发展模式，需要从更广阔的、历史的、现实的视角出发，进行深思和深省，特别是要回顾或反思两大背景：放任自由市场经济悄悄产生的“社会病”及其迷失；工业产业革命后兴起的石化农业悄悄产生的“生态病”及其教训。

一、偏颇倚重“三化”市场调节的迷失和教训

20世纪70年代末80年代初，针对发展中国家政府干预束缚多、资源配置效率低、整体发展绩效差的“病症”，西方经济学家根据新古典经济理论开出了一个“药方”，即建立所谓“完善的市场经济体系”，以提高经济效率，缩小与发达国家的差距。其改革政策集中体现在《华盛顿共识》（Washington Consensus）中。其主要内容是所谓的“三化”：一是私有化，产权必须明晰；二是市场化，价格形成应该根据市场供求而定；三是自由化，不可干预市场行为。一些国家和地区奉行新自由主义理论，忽视甚至放弃政府的宏观调控作用，而片面强调和推行《华盛顿共识》的私有化、市场化和自由化主张。他们主观臆想一步跨越到“自由市场经济”，结果把经济转型引入错误的迷途。

新自由主义理论主张，市场对资源的配置必须彻底通过价格波动来实现。通过市场价格波动传递的信息，引发生产者和经营者的竞争，优胜劣汰，实现资源的优化配置；同样，通过市场价格波动传递的信息，协调生产与需求，不断实现资源的重新配置。这就是新古典经济学主张的“看不见的手”的市场调节原理。它的核心思想是：在理想的、信息对称、完全竞争的市场条件下，供给和需求通过价格涨落机制得到灵活调节和自动平衡。然而，这种“自动调节论”在微观角度（对个体）似乎是有效率的，而在宏观角度（对全社会）往往发生供求失衡与周期性经济危机，无法摆脱经济危机的“怪圈”。国内外经济变迁的实践表明，在放任自由市场经济中，要使资本离开一个部门转移到另一个部门去，就必须经过一段漫长的调节过程，甚至必须经过经济危机，隐含着严重可怕的社会代价。环顾当今世界，根本不存在完全自由、平等的市场经济的影子，西方经济发达国家奉行的市场经济机制无不是以本国利益为转移的，贸易保护和贸易禁运等“两手”在不同条件下交替使用就是明证。

放任自由市场经济发展的逻辑显示出两方面特性：一方面，市场机制对自发调节生产资料和劳动在各部门的合理配置具有积极性、促进性；另一方面，市场机制促使个人或企业过分追求自身利益最大化，普遍表现出自发性、盲目性、滞后性，对生态环境、社会和谐、经济发展等产生消极影响。自发性导致放任自流的无政府主义，以邻为壑，大量排放废气、废水，损害生态环境；一

切向钱看，见利忘义，职业道德丧失，市场秩序混乱，假冒伪劣盛行。盲目性导致脱离经济全局片面决策，诱发经济波动和资源浪费，由此而产生的矛盾危害经济和社会的健康发展。滞后性导致市场调节往往是在市场失灵之后。从供求不平衡—价格变化—做出决定—到实现供求平衡的过程中，必然造成一个长短不同的时间差，由此难免酿成产品积压、资源浪费，蒙受巨大损失。这是放任自由市场经济的迷失和教训的集中表现。

二、淹没在石化农业“奇迹”中的灾难和教训

自18世纪以来，西方经济发达国家以工业革命的成果拉开农业产业革命的大幕，以工业化的技术成果支撑农业生产的跨越性增长，过量使用化肥、农药、除草剂、生长激素、农用薄膜等石油化工产品，并推广采用“工厂化”农业畜牧业生产方式，把传统农业转向石化农业阶段。石化农业引发农业产业的突飞猛进：农业科学技术突破性革新，农业粮食生产力大幅度提高；生产方式发生根本性变迁，工厂化农业遍布世界；土地产出率显著提高，粮食等主要农产品产量几倍、几十倍翻番；劳动生产率空前提升，农业就业人口大量减少，对世界经济的腾飞做出了历史性贡献。石化农业对促进农业产业革命产生巨大作用，也带来了生态环境污染、全球气候变暖，以及“四高一低”（高消耗、高成本、高污染、高风险；低效益）的农业危机。

欧洲第一次工业革命是在18世纪60年代至19世纪40年代，在中国正值清王朝乾隆到同治执政期间。第二次工业革命是在19世纪70年代至20世纪初，在中国正值封建统治即将被推翻、但还是清王朝光绪和溥仪执政期间。欧洲发生的工业革命，促使大量人口涌入城市，加剧了粮食供求的严重紧张。为解决粮食问题，化学家们从18世纪中叶开始对农作物的营养学进行科学研究，先后制成了氮肥、磷肥和钾肥等化学肥料。到20世纪50年代以后，化肥大规模普及应用，成为农业和粮食大幅度增产的新要素。如今，我国也已成为世界上化肥、农药、农用塑料的生产大国和消费大国。我国的耕地面积约占世界总面积的9%，却消耗了全球化肥总量的近35%。国际公认的化肥施用安全上限是225千克/公顷，而目前我国单位面积化肥平均施用量达到434.3千克/公顷，是安全上限的1.93倍。20世纪50年代我国1公顷土地施用化肥4千克多，而现在猛增到434千克，增长速度高达108.5倍。我国耕地资源紧缺已是

不争的事实，人均耕地面积不足 1.43 亩[①]，不到世界平均水平的 1/2，不到发达国家的 1/4；仅为美国的 1/6、阿根廷的 1/9、加拿大的 1/14。更不可忽视的是，我国耕地禀赋恶化，“低、费、污”问题严重。国土资源部 2009 年发布的中国历史上第一份耕地质量等级调查与评定成果《中国耕地质量等级调查与评定》显示，全国耕地质量平均等别为 9.80 等。优等地、高等地、中等地、低等地的面积，分别占全国耕地评定总面积的 2.67%、29.98%、50.64%、16.71%，耕地质量总体明显偏低。

与化肥消耗量巨大相对照，我国化肥、农膜等农资的利用率很低，化肥仅为 40%左右；农膜残膜率达 40%。据测算，目前我国每年约有 50 万吨农膜残留于土壤中，未有效利用的化肥、农膜等化学合成物都变成了污染耕地、清洁水的污染源，并严重威胁到食品安全。我国农作物生产中的氮肥利用率和生产效率，远远低于发达国家。以玉米和小麦为例，氮肥的利用率只有 20%，而发达国家的氮肥利用率可以超过 50%，甚至接近 60%。另外，目前我国农药制剂年消费量约 200 万吨，2015 年达到 230 万吨。低效的、过量的化肥消耗，导致农业生态环境恶化。与此相对照，我国农业粮食的生产成本持续增高，化肥成本比 1980 年以前增长了 7～8 倍，农药增长了 3 倍多。各项生产成本都明显上涨，占到总收益的 70%以上，致使农民增产不增收。更有甚者，化肥农药的滥用，导致产生了一系列生态环境问题，造成河川、湖泊、内海的富营养化，尤其是对土壤污染严重，损害巨大。主要包括：土壤中重金属和有毒元素积累增加；有的化学物质难以转化及降解，致使土壤微生物的数量和活性降低；长期施用造成土壤养分失调，亚硝酸盐累积，亚硝酸盐的生物毒性比硝酸盐大 5～10 倍，能诱发各种消化系统癌变；导致土壤物理性质恶化，加速土壤酸化，使土壤胶体分散，土壤结构破坏，土地板结，直接影响农业生产成本和作物的产量和质量，致使食品、饲料和饮用水中有毒成分增加，还导致农业和粮食的“产能不健康”。为了防止环境污染，必须对施用的化学材料（包括化肥、农药、农膜等），进行控制和管理，提高利用率，减少消耗量。

严肃审视和反思人类社会的发展，社会革命、工业革命、科技革命，以及市场经济体制机制等，为人类创造出无数的物质文化财富。然而，“石油农业”和“自由市场经济”也把世界推入重重危机的处境，生态危机、能源危机、粮

① 15 亩＝1 公顷。

食危机、食品污染、资源枯竭接踵而至，成为困扰人类的焦点难题。

第二节　新时代呼唤创新木本粮油发展模式

当今，人类已经进入所谓“大智移云”的新时代。“大”者，指大数据；“智”者，指智能化；“移”者，指移动互联网；“云”者，指云计算。站在科技如此发达的新时代，必须探索和创新木本粮油产业发展的新模式。

鉴于“自由市场经济”“石油农业”的历史经验教训，振兴我国木本粮油产业，必须勇于向现代高端生态大农业转型升级。按照国际统一的概念，现代大农业包括农业、林业、牧业、渔业等。所谓发展新模式，就是社会、科技、生态、市场经济相互结合、统筹协调、共生共荣。这一新模式的内涵是：包容的社会化，现代的科技化，伦理的生态化，规范的市场化。

（一）包容的社会化

所谓包容的社会化，就是把“以人为本”和“民生福祉”奉为发展圭臬，把自然规律和社会经济规律相耦合，注重木本粮油产业发展的社会包容性：即在切实避免和克服因自由市场经济的局限性诱发的消极影响的同时，促进社会公平、正义。其实质意义在于：让最广大的民众共享发展木本粮油产业的成果。这中间，代表全民利益的政府，要全面彻底转变职能，在市场经济中主要负有宏观调节的任务：既尊重和保证个人或企业首创性、积极性的自由发挥——释放微观主体的生机与活力；又调控其服从和承担必要的社会责任——遵守宏观经济秩序和社会道德。我国木本粮油产区主要分布在经济欠发达的山区和丘陵区，基础设施落后，自然生态脆弱，民众生活贫困，存在种种经济社会问题。在这种环境下，发展木本粮油产业必须跳出传统价值观和传统理念，需要建立一个“分享改革红利”的理想模式，即兼顾生态效益、经济效益和社会效益的新型“生态圈社会性企业”（以下简称“社会性企业”）。所谓社会性企业，就是主动地担负起社会责任、对社会整体起积极向上作用的企业。与非营利组织不同的是，社会性企业是以公共利益为目标的营利事业，被认为是解决社会问题、改变客观环境的重要力量，而主动承担社会责任也为企业带来长足的发展。

在这一层面，我国木本粮油特色产业应该捷足先登，率先探索，做出表率。在这一理念的支撑下，可设想从探索构建社会性企业入手，积极致力于公益事业的发展，对农民家庭农场、农民大户、农民专业合作社等提供专业化服务。包括教育培训、环境保护、生态改善、技术服务、信息咨询等多领域实施建设项目，不仅提供就业岗位，而且有效帮助弱势群体，真正做到“雪中送炭”“授人以渔”，即促进农户自身经济发展和提高农民收入，以及社会的共同发展。

（二）科技的现代化

木本粮油产业采取科技创新驱动发展战略，必须在坚持“自主创新、重点跨越、支撑发展、引领未来”的方针下，狠抓四个环节：一是围绕重点和关键技术开展攻关。即围绕长期制约木本粮油产业的关键技术难题，加大科技投入力度，加大产学研相结合的科技攻关强度。二是充分发挥市场配置资源的决定性作用，同时注重发挥政府宏观调控的必要作用。三是加强和健全现代服务体系。要大力加强先进科技成果推广，把木本粮油科技成果转化为现实生产力，逐步形成“产学研”紧密结合的科技成果转化的产业化道路。四是造就高素质科技队伍，特别是科技创新队伍。要提供实施育才、引才和用才措施，加强木本粮油产业行政管理人才、专业技术人才、经营管理人才队伍建设，为振兴木本粮油产业提供人才保障。

具体而言，发展木本粮油产业科技现代化的主要措施包括：着力抓好植树造林，因地制宜，扎实推进木本粮油基地建设，高质量营造现代种植园；着力抓好转型升级，扎实推进木本粮油产业现代高端生态化，实施其产品质量提升行动；着力抓好配套改革，创新林权流转形式，扎实推进林权由“两权”向“三权”的改革，实现资源资本化，拓宽林权融资渠道；着力抓好生态保护，扎实推进执法规范化，加强木本粮油林地资源管理和林区治安防范；着力抓好科技兴林，扎实推进科技创新和实用技术推广，加快木本粮油信息化、标准化建设；着力抓好队伍建设，扎实推进管理制度化，严格目标绩效考核，加强宣传、培训和基础设施建设，尽快培育和造就一批具有生态意识、掌握生态科技的复合型人才。

（三）深度的生态化

为什么要强调“生态”内容呢？这是由客观发展规律，以及生态系统在社会、经济发展中的重要地位决定的。地球上最大的生态系统（ecosystem）就是生物圈（biosphere）。它是指由生物群落与无机环境构成的统一整体。它也是地表有机体包括微生物及其自下而上环境的总称，是地球特有的圈层。生物圈是地球上最大的生态系统，其范围可大可小，相互交错。最为复杂的生态系统是热带雨林生态系统，人类主要生活在以城市和农林牧渔业为主的人工生态系统中。

生态系统是开放系统，为了维系自身的稳定，生态系统需要不断输入能量，否则就有崩溃的危险；许多基础物质在生态系统中不断循环，其中碳循环与全球温室效应密切相关。木本粮油产业的发展新模式，就是符合生态良性循环的客观规律和生态圈大系统的发展道路，实现深度的生态化。

所谓深度生态化，即遵循人类最大生态系统“生态圈”的良性循环规律，坚持“生态建设产业化、产业发展生态化”的理念，做好“山”文章，念好“山”字经，大力促进绿色发展、绿色崛起、绿色经济。通过发展绿色经济，实现理想的目标：既保护“青山绿水”，又得到“金山银山”。探索绿色发展的途径很广阔，除发展木本粮油产业之外，还可开辟多种多样的林下经济，打造林下种植、林下养殖、林下产品加工、林下旅游等经济类型。从当地实际情况出发，选择林—菌、林—药、林—花、林—禽、林—畜、林—蜂和休闲度假旅游等林下经济发展形式。

从真正的意义上说，深度生态化是对“伪生态化”的否定和摒弃。那种花高价买树、移树的“人造绿城”，以及那种不顾实情人造“沙漠水城”的所谓“生态化”，完全是对生态化的破坏。深度生态化要求探索可持续发展之路，倡导人、经济、社会与自然环境和谐发展；倡导与实践在全球各国之间、当代与后代之间相互协调、保护环境、永续发展战略：包括促进循环经济、促进低碳增长、倡导生态文化等，以充分发挥其改善人类生存空间的生态价值。

生态学原理揭示，深度生态化就是要把包括木本粮油在内的林业作为一个大系统，其输入、输出、各个子系统、生产全过程，全面高标准地实现木本粮油产业生态化。具体说，包括坡地、种植园、荒地、水源、大气等种植环境实现生态最佳化；使用的肥料、农药等投入实现减量无害化和生物化，不对环境残留有害因素；采用的种苗不受污染，具有优良的遗传性能，产量高，品质优；产品在收获、运输、储存、加工、销售的全产业链中，都严格符合生态要求，不受外部污染、也不污染外部环境；加工副产物及各种废弃物进行无害化处理，使之资源化，避免环境污染。通过实施严格的生态化措施，确保生产出的木本粮油产品真正实现绿色化和无公害化。

（四）成熟的市场化

所谓高度现代化的市场，就是进一步健全完善木本粮油产品市场的现代化水平，使之具备现代市场的四个基本要素：规范化的市场主体；现代化的市场体系；灵活有效的宏观调控系统；完善的社会保障制度。由于我国木本粮油产业还处在初创阶段，因而市场体系建设和市场机制的作用都很不充分，更需要加强以下方面：一是加强市场“硬件”和“软件”建设。前者是指市场体系建设，后者是指市场法律、法规制定。二是加强市场主体培育。通过培训提高市场主体的素质，遵纪守法，诚信为本，重义厚德，杜绝假冒伪劣交易行为。三是加强市场信用制度建设。建立木本粮油产品的可追溯档案，以及相关惩罚规定。四是加强市场规范化建设。包括建立市场准入制度和市场退出制度，规范交易行为。五是大力开拓国际市场，扩大木本粮油产品出口。通过以上市场体系的建设，有效加大市场机制在木本粮油产业中优化资源配置的广度和深度。

木本粮油是民生产业，必须鼓励和支持民营木本粮油经济的发展。要清醒认识，没有民营经济的健康成长，就不会有木本粮油市场经济的进一步完善和稳定发展。因此，政府要为其创造宽松环境，在金融、信贷、产业政策等方面给予扶持。在坚持市场经济机制和宏观调控有机结合的原则下，充分发挥市场机制配置资源的决定性作用。然而，需要处理好政府和市场的关系。政府要全面彻底转变职能，承担宏观调控的职责。包括制定反映全民利益的法律法规，保护生产者、消费者和经营者的合法权益，设计市场活动的框架条件等。在这个框架内，千百万家庭和企业根据市场需求自由而独立地做出生产和消费的决定，包括生产什么产品，生产多少数量，以及为谁生产等，让市场机制充分发挥引导、拉动、推动和决定作用。

第三节　创新发展道路：探索多形式的产业化

在探索、确定科学发展模式后，需要创新木本粮油产业的发展道路。按照现代产业发展的规律和要求，发展木本粮油产业要开拓多形式产业化发展路径：以龙头企业带动，采取“公司＋基地＋农户”“公司＋专业合作组织＋农户”等经营形式，走规模化、集约化发展道路，实行品种化栽培、规模化生产、标准化管理、集约化经营，提高木本粮油产业发展的产业化和组织化程度，实现千家万户与千变万化的市场有效对接，增强抗御自然风险和市场风险能力，努力提高规模效益。

一、木本粮油产业化经营具有多种效能

木本粮油产业化发展道路，不仅是高效的生产组织经营形式，而且是新型的资源配置方式。推进木本粮油产业化，具有多种重要特征：资源依托性，生态环保性，经济性和公益性，以及产业关联性。其中，要注重发挥木本粮油产业化龙头企业推动规模化生产、延长产业链、完善市场流通机制等重要功能作用：一是把现代科技和生产方式引入木本粮油产业，提高农业劳动生产率；二是提升木本粮油产品精深加工水平，提高资源附加值，增加林农收入；三是发挥收集和处理信息的优势，以市场需求组织安排生产，避免木本粮油生产的盲目性；四是开拓大市场，扩大木本粮油产品市场容量，增强产品的市场竞争力和抗风险能力；五是依托产业化龙头企业，建设现代专业化、标准化、规模化生产基地。

（一）促进生产要素的合理组合和优化配置

新的木本粮油产业化组织经营形式，以其特有的兼容性和对市场的适应性，促进木本粮油生产、加工、销售等各产业链的有机融合；促进国家、集体、个体等各种经济成分的相互融合，以及跨行业、跨地区的协同融合，使各种资源在更大范围内，按经济规律和市场规律进行配置，从而扩展了木本粮油产业的活动舞台和空间，优化了经济结构，深化和扩大了资源的综合化利用，有效提高其综合生产能力和整体经济实力，从而有利于形成区域联合经济优势和良性经济结构。

（二）提高木本粮油产业的经济、社会和生态效益

发展木本粮油采用产业化组织经营形式，可以增强自我积累、自我保护、自我发展的能力。其基本原因有三：一是延伸和优化产业链的组合，促使一、二、三产业有机结合和协调发展，最大限度地释放出蕴藏的丰富能量；二是扩

大木本粮油产业的物资、技术、资金投入渠道，有效提高其利用率和效率效益；三是架起木本粮油生产和市场的桥梁，更有利于以市场导向推进木本粮油产业持续发展，扩大农村剩余劳动力就业空间，形成新兴产业，繁荣山区经济，促进农民增加收入。

（三）促进改善环境、有利于实现生态平衡

森林是陆地生态系统的主体。包括木本粮油产业在内的整个林业，具有显著的生态功能、社会功能和经济功能，是集生态、经济和社会三大效益于一体的行业，是生态与经济协调发展的纽带，也是生态文化的传承者和生态文明的弘扬者。推进木本粮油产业化组织经营，在发展种植基地中，普遍实施"坡改梯"等水土保持措施，有效增加植被覆盖，减少水土流失，减缓旱涝等自然灾害，有利于发挥包括木本粮油经济林木在内的森林的功能，对调节气候、改善环境，发挥更大的作用，使之保持青山常在、碧水长流、蓝天常现。

（四）促进木本粮油产业由传统走向现代化

实现木本粮油产业现代化，是指以可持续发展理论为指导，以科技进步为动力，适应现代市场经济要求，实现资源、环境和产业自身协调发展，经济、生态环境与社会效益的高度统一。通过实施木本粮油产业化，可以充分发挥木本粮油经济林的多种效能，有力地运用高新科技从事各项生产经营活动，高效地以市场机制优化各种产业要素有机结合，广泛地包融多产业于一体，形成结构合理、布局科学的产业体系，建立起高产优质高效的木本粮油产业体系，加快我国木本粮油产业向现代化目标迈进。

二、木本粮油产业化组织经营的多种形式

木本粮油林是经济林中的重要组成部分。从中观层面看，木本粮油的产业链同现代林业的产业链的系统结构应是相同的。木本粮油林种植、即第一产业是基础；木本粮油加工、即第二产业是核心；木本粮油现代服务、即第三产业是新途径。在加快包括木本粮油在内的林业现优化步伐的时候，实施木本粮油产业化是必要步骤。随着研究探索的深入，对产业链的内涵不断丰富，涉及供应链、企业链、价值链、产业链等。推进木本粮油产业化组织经营，必须因地制宜，探索创新。归纳各地的做法 主要包括以下几种类型的产业形式。

（一）“合作经济组织＋林户”形式

这种模式的特征是，在农民家庭经营的基础上，建立跨社区、跨乡村、跨乡镇的农民专业合作社。这是一种新型的农村合作制，其方针是“自主、自助、自治”；其性质是“民办、民用、民有”；其原则是农民入社自愿，退社自由，相互平等。为农民提供综合化、专业化、系列化服务是合作社的宗旨，也是与林农有机结合的纽带，形成以龙头企业带动的产供销、种养加、贸工农一体化的利益共同体。“合作经济组织＋林户”的模式，具有利益共同性、服务实用性、广泛群众性的优势，是最易为农民所接受的形式，也是探索和发展木本粮油产业化的最佳形式。

（二）“龙头企业＋基地＋林户”形式

这种模式的特征是，以加工企业或企业集团为龙头，企业通过合同契约形式与广大农户结成“产加销”一体的产业化经济实体，形成“龙头连基地、基地连农户”的一体化经营组织。龙头企业外连国际国内大市场，内连农户生产经营，形成利益共享、风险共担的经济共同体，建立合理的利益分配机制。采取这种模式的主要优点在于，农户只负责专心种植生产，生产以外的事情都由龙头企业提供的服务解决了。龙头企业在有效提高木本粮油经济林产出的同时，又通过加工使资源增值；还开拓市场，组织销售，规避市场风险。此外，以有实力的大型企业为龙头，对相关木本粮油产业实行跨区域联合经营，逐步建设企业竞争能力强，经营规模大，生产要素有机组合，集生产、加工、销售相联接的一体化企业集团，争取国际市场的话语权。

（三）“专业批发市场＋林户”形式

通过发展木本粮油产品和其他林产品市场，有效带动木本粮油规模化生产和产加销一体化经营。培育和建立这种专业批发市场，实现统一组织、灵活高效、规范有序的市场体系。为此，需要加强三个环节：其一，健全“软件”建设。包括制定完备的规范市场主体、市场准入、市场退出等市场制度。其二，完善“硬件”建设。包括交易场地、邮电通讯、产品检测、物流储运等设施。其三，强化市场服务。包括提供市场信息、生产资料、技术等综合化、系列化服务等，并按照市场需求引导木本粮油产业结构调整，向社会提供质量合格、品种齐全、数量充足的木本油料产品。尤其是专业市场要发挥自身优势，以市场为导向引导林农从事生产经营，架起林农与国内外大市场的桥梁。

（四）“专业技术协会＋林户”形式

这种模式的特点是，组织林业专业技术协会，对林农提供科技信息、生产资料、管理技术直到运输销售的全过程、全方位服务，以市场需求为导向发展木本粮油生产。这种形式与林农的关系较松散，但专业性强、技术性高、信息广，能充分发挥信息、技术、资金、销售等方面的优势，适用于技术要求较高的木本粮油产品的生产经营和推广。

三、大力培育和壮大产业化龙头企业

推进木本粮油产业化组织经营，必须狠抓“两个根本转变”，实现布局区域化、生产专业化、经营一体化、管理企业化、服务社会化；必须大力培育主导产业，建立产业基地，尽快完善、落实扶持龙头企业的政策措施，培育一批带动面广、竞争力强、产业关联度大、技术水平高的木本粮油加工龙头企业。鼓励龙头企业和农户及专业合作社建立紧密关联的经营共同体，大力提升产业素质。引导龙头企业加强新产品研发，打造名牌产品，提高产品的市场占有率和竞争力，充分发挥其龙头带动优势。

按照产、供、销、加工等一条龙经营模式，在因地制宜，科学规划，典型示范，建立规模化优质原料（食用油料、医药原料、工业原料、生物柴油、食品饮料等）生产基地的基础上，积极培育龙头企业，建立销售网络体系，形成科学的生产、加工、经营的开发链，为社会提供品种多、数量大、质量高的产品。各地茶油、板栗、红枣和柿子等主要木本粮油产品的发展实践表明，一个新型龙头企业可以带起一个生机勃勃的产业。产业化龙头企业可以采取多种形式。不管采取何种形式，都要以龙头企业为主，围绕一项或多项产品，实施“龙头企业＋生产基地＋特色林户”“专业市场或专业协会＋生产基地＋科研机构＋林户”等产供销一体化组织经营：鼓励和支持龙头企业引进新品种、新设备、新工艺、新技术，开展面向基地和农户的技术推广，做好服务、协调；指导龙头企业与农户之间建立互惠互利的联结机制，营造共同发展、利益共享的和谐创业局面；促进龙头企业加大市场开拓力度，强化品牌意识和质量意识，重视品牌效应，按照国际标准生产加工农产品，对农产品生产、加工、包装、运输、销售等环节进行严格的标准化管理，建立与国际规则接轨的质量管理体系和企业产品标准。归纳各地经验，可以采取适应自己实际情况的措施和形式。

（一）培育基地建龙头

各地要充分发挥地理区位、气候条件、生态环境等独特优势，建设各类木本粮油生产基地或园区，包括山茶、板栗、核桃、大枣、柿子、油牡丹、油桐、乌桕、文冠果等经济林基地，在建立各类基地中，要更多注重建设良种基地、特色基地和出口基地等。围绕各类木本粮油生产基地，要相应培育和发展产业化龙头企业。在市场经济条件下，加强龙头企业、乃至区域的竞争力，更决定于产品链、产业链的配套体系——即产业集群。所谓产业集群，它是指在特定领域中，一群在地理上临近、有交互关联性的企业和相关法人机构，并以彼此共通性和互补性相联结。目前在我国木本粮油产业中已出现“无产业集群不兴、无支柱企业不强、无名牌产品不响”的端倪。政府是促进产业集群发展的发动机，应发挥其主导作用，创造有利条件：加强制度建设，消除产业聚集的制度壁垒；提供公共物品，满足产业集群的共性需求；扶持中介机构，建立产业集群服务体系；创造公平竞争环境，增强中介机构在产业集群中的功能。

（二）依靠科技兴龙头

创新是引领木本粮油产业发展的第一动力。提升木本粮油产业化龙头企业的整体科技素质和增强市场竞争力，基本途径在于充分依靠科技进步，打造科技型龙头企业。这是指产品的技术含量较高，核心竞争力较强，能不断推出适销对路的新产品，不断开拓市场的企业。一般具有如下基本条件：在要素结构上，从事技术和产品开发设计的科技人员、专业人员占总员工人数的比例较高；研究和发展（R&D）经费占销售收入的比例较高；在主营方向上，开发和创新主导产品，不断利用新的经营手段开辟新的市场；在组织特征上，核心业务是研究开发、营销运作或客户关系管理、技术或产品的集成；在高成长性上，企业产品或服务拥有明显的市场份额，产品和服务的附加值较高，企业可以超常速成长。

（三）开拓市场活龙头

要树立现代营销观念，从被动适应市场、服从市场转到主动引导市场、开拓市场、服务市场上来，让木本粮油产品走向国内外大市场。统筹考虑木本粮油业生产、交换、分配、销售、运贮等各环节的相互关系，通畅木本粮油产品的市场渠道。它一头向市场延伸，搜集分析市场信息，疏通流通渠道，开辟国内外市场；另一头向生产延伸，为农民提供准确的市场信息，引导农民根据市场需求进行生产经营，并通过配套的社会化服务，把个体农民联合起来兴办生产基地，从而把农户小生产转变为社会化大生产。近年来，许多地方把适应社会化大生产、符合市场经济规律的先进经营理念导入木本粮油产业，走出一条扩大市场、“促活”龙头的效果。

（四）深化改革强龙头

在新常态经济环境条件下，做强木本粮油产业化龙头企业，当前重点要在运作机制、经营机制和引进资本三方面进行突破。对于运作机制，要本着“利益均沾，风险共担”的原则，合理调节生产、加工、销售等各环节之间的经济利益关系，特别是在与农户的利益关系上，要改革原有的利益与分配机制，使企业与农户结成紧密联合体和利益共同体大力发展“订单”农业，让农民参与“二次收益分配”。对于经营机制，要坚持“自愿、依法、有偿”的原则，建立和健全土地使用流转机制，并通过租赁、拍卖、承包、入股、股份合作等多种形式，依法进行土地使用权的有偿流转，使生产要素向效益好的方向集聚，使种养大户、家庭农场、专业合作社、农业企业成为农业生产的主体。对于引进资本，要积极鼓励工商企业投资开发木本粮油产业，促进其持续发展。

（五）加大扶持壮龙头

迄今，在总体上我国木本粮油产业化龙头企业基础仍然较差、产品档次仍然较低、辐射范围仍然较小、竞争能力仍然较弱，经不起市场经济大风浪的冲击。鉴于此，除了企业继续深化改革、强化科技创新之外，还需要政府采取必要政策措施，加大扶持力度。重点包括资金支持、财税优惠、科技支撑，以及工商、土地、农业等部门的协作支持。与此同时，要对产业化龙头企业提供综合化服务，增强服务意识，扩大服务领域，充实服务内容，为木本粮油产业化龙头企业提供资金信贷、技术培训、市场信息、产品销售、用电用地、工商登记等综合化、系列化服务，有力促进木本粮油龙头企业全方位进入流通领域，提高市场竞争力。

第四节　创新现代化产业体系：创出全新特色

创新木本粮油产业化经营要着力创造“特色”。木本粮油产业具有地区广泛性、品种多样性、地貌复杂性的特点。适应这些特点，我国木本粮油产业要围绕“特、根、本、路”四个字做好文章，着力创新和发展现代木本粮油产业的特色。

一、木本粮油现代化新概念及构成体系

（一）木本粮油现代化的新概念

经过经典现代化、后现代化的漫长历程，人们对经济现代化、特别是农业林业现代化的认识达到一个新水平，即由第一次现代化上升到第二次现代化。就实质分析，前者偏重于生产力方面的现代化；后者在扬弃第一次现代化的基础上逐步形成了现代化科学：形成一种知识体系；一种科学研究活动；一种思维方法。它既是应用科学，还是一门综合科学。关于现代化科学的理论也启发了木本粮油产业现代化建设问题，提出了木本粮油产业现代化的新概念：既要有外部的必要支持，更要有振兴木本粮油产业的内生的动力；既要有器物、技术的现代化，更要有制度、文化的现代化。前者是“硬件”，后者是“软件”。创新包括木本粮油产业在内的、整个林业产业的现代化，是指遵循客观经济规律和生态原理，适合客观环境和社会经济条件，把各生产要素（土地、劳动力、资金、设备、经营管理、信息等）进行优化组合和有效运行，取得最佳的经济、社会和生态效益，促进产业走上可持续发展道路。这一新概念，完全摒弃了世界工业革命后兴起的“三高、一低”的非可持续发展之路，主旨在于创新木本粮油产业现代化的新路径。当前，我国要在以提高经济、社会、生态等综合效益为目标、以可持续发展为前提、与发展现代林业相适应的大背景下，采取必要措施创新木本粮油现代化产业体系，提高其现代化水平。

（二）木本粮油产业现代化体系的构成

迄今的研究成果表明，创新木本粮油产业现代化体系，需要加入新的要

素。概括起来，这一体系主要由以下 11 项指标构成：木本粮油林种植结构优化率；良种良苗良法采用率；生产适度规模经营（包括生产大户、家庭林场、农民专业合作社等新型经营主体）所占比率；种植基地和种植园生产条件（道路、水电、机械等）完善化率；加工业经济效益和劳动生产率；科技创新和科技进步率；加工业集约化、产业化发展程度；科技创新和先进技术推广应用要素（土地、技术、劳力、农资）市场发育程度；木本粮油商品市场发育程度；社会化、专业化服务发育程度；综合效益和可持续发展能力。

在上述指标体系中，大力提高木本粮油种植经济林现代化，是根本基础；大力推进科技创新，依靠科技进步提高产量、优化品质、改善生态环境，是重要关键；大力实现高度集约化、标准化、组织化、信息化、产业化，是基本途径；大力加强基础设施、机械装备、服务体系和提高农民素质，是必要条件；大力提高木本粮油综合生产能力，从良种开发、种植，到收储、加工、物流、销售、循环利用资源的完整产业链，并形成产业集群。

（三）木本粮油产业现代化要在“特色”上下功夫

创新木本粮油产业现代化，要在“特色”上做文章，做好“独、地、本、路”四篇文章。所谓“独”，在于“独有”，以自主创新为动力，做到“人无我有，人有我优”，保持“独领风骚”地位；所谓“地”，在于“地利”，以因地制宜、立足本地为原则，充分发挥特有地理环境和物种优势；所谓“本”，在于“传承”，以可持续发展为途径，传承与弘扬优良传统和木本粮油的文化内涵，积极促使各地各具特点的木本粮油产品代代相传，永续发展；所谓“路”，在于创新，探索新型工业化道路，以优化结构、高端高新、集聚集群、融合发展为导向，以大平台、大产业、大企业、大建设为抓手，加快构建结构优化、技术先进、制度完备、管理规范产品质量优、附加值高的现代特色产业。

二、建立健全木本粮油标准化体系

建立健全木本粮油标准化体系，是木本粮油科技与生产、经济结合的纽带，是加速科技成果转化推广的重要途径，是林业科学技术转化为生产力的桥梁，也是促进整个产业现代化的技术基础。木本粮油标准化体系的基本概念是指，对发展这项新产业的一切活动（包括现有的和可能有的活动）做出统一科学的规定、准则及秩序，以便共同遵守和重复利用，保障产业活动健康、有序运行，以提高经营管理和技术水平，达到经济、社会、生态效益最佳化。下面，对木本粮油标准化体系的内容、重要作用、实施监督手段进行简述。

（一）木本粮油标准化体系的主要内容

木本粮油是一个复杂的产业体系：品种繁多；产地辽阔；产业链长；环境复杂，等等。由这些特点决定，木本粮油产业要根据不同品种的生态、生物学特性，采取相应的栽培、管理和加工技术，要实行标准化栽培、集约化经营，从选种、育苗到整地、栽培、抚育、施肥、采摘、加工、营销等各个环节，都要制定相应的技术规程，制定标准化体系：种苗标准化、整地标准化、种植标准化、水肥标准化、修剪标准化、病虫害防治标准化、加工标准化等。如果从更高层次大体分类，主要包括：苗木生产（苗圃育苗）标准化；造林营林（种植园）标准化；木本粮油产品、副产品、林化产品标准化；产业设备标准化；经营管理标准化等。这些构建出木本粮油产业标准化体系的轮廓。

（二）木本粮油标准化体系的重要作用

木本粮油产业的生命力和竞争力在产品的品质优良。保证产品优质的必要条件就是建立标准体系。归纳起来，建立健全木本粮油标准化体系，对于提高现代木本粮油产业组织经营和管理水平，具有重要作用：有利于提高木本粮油产品及制品的产量和质量；有利于降低成本，发挥整个产业的多种效益；有利于木本粮油科技成果利用，尽快转化为生产力；有利于各类种植园、龙头企业发展，增强核心竞争力；有利于实施木本粮油工程，提高建设质量和速度；有利于打破贸易技术壁垒，开拓和扩大木本粮油产品国际市场。总之，建立和实施木本粮油标准化体系，必将发挥出指导生产、引导消费、开拓市场的必要作用，同时，也是规范各种主体行为的不可缺少的规范措施。

（三）木本粮油标准化体系的实施监督

在木本粮油标准化体系制定之后，最重要的是严格实施监督。这是指：国家标准化行政主管部门和林业行政主管部门对相关标准实施的过程和效果，进行监察与督导。其监督主体主要有自我监督、政府监督、行业监督，以及其他监督。其监督形式可以通过行政的、法律的、经济的、技术的、契约的等各种方法来完成。只要能达到监督的目的和功能，均可在技术条件许可和经济合理范围内采用。其监督内容主要包括：生态环境质量监督，包括生态环境改善，人居环境质量提高；木本粮油林的数量增加、结构优化，及林木健康水平的提高；产品质量监督，包括品质、安全卫生、质量等级、包装、贮运等；所需生产资料及产地环境有关标准执行情况，如农药、化肥、种子、林业机械等；基础通用标准的实施情况，如采用的技术语言、标识标志，以及实验、检验等方法标准。

三、加强木本粮油市场流通和物流现代化功能

发展木本粮油不可或缺的一个条件，就是具备高效率、高效益、低成本的市场流通和物流系统。它是木本粮油产业现代化的重要内容，主要包括：简政、效能、职能健全的管理机构；多成分、多渠道、多形式、富有活力的流通体系；由超市、连锁、配送等现代业态体现的营销网络，实现城乡产销市场一体化。特别是，适应新时代、新潮流的趋势，要积极探索和创新“互联网＋”的流通模式。此外，由于木本粮油产品商品率高，并在国际市场上占有重要地位，我国必须采取积极措施，巩固老市场，开拓新市场。

与木本粮油总产量、流通量不断增大相适应，在主产区必须发展木本粮油现代物流业——被称为“第三利润来源”。建立和完善木本粮油现代物流系统，对于促进木本粮油产业结构调整、转变发展方式、降低成本、提高效率和效益是不可缺少的途径。现代物流业是把各种仓储、运输、装卸、货代、信息等各种设施的有机结合，形成完整的服务系体系。在建立和完善过程中，要着力提升物流社会化、专业化、集约化、组织化、信息化水平，特别要注重采用绿色物流方式，确保木本粮油产品的品质和质量。

四、加强现代科技支撑体系

振兴木本粮油产业的雄厚动力就是实施创新发展战略，而科技创新则是核心。截至 2015 年，我国农业科技进步率达到 56%，林业科技进步率达到 48%，对支持木本粮油产业的发展，发挥了重大支撑作用。然而，必须清醒看到，我国木本粮油产业粗放式增长方式难以为继，整个产业仍处在价值链的低端，极需要实施科技创新驱动战略。

（一）提升木本粮油科技贡献率

一般而言，所谓科技进步贡献率，是指科技进步对经济增长的贡献份额。

它是衡量区域或行业科技竞争实力和科技转化为现实生产力的综合性指标。科技进步贡献率包括狭义科技进步和广义科技进步。它反映在经济增长中投资、劳动和科技三大要素作用的相对关系。其基本含义是，在扣除了资本和劳动之后，科学技术因素对经济增长的贡献份额。按照这一概念，木本粮油科技贡献率是指，扣除了资本和劳动投入量之后，科学技术因素对木本粮油增长总值的贡献份额。

木本粮油科技贡献率，是木本粮油产业现代化的一项重要标志。为此，要大力实施创新驱动、科技兴林战略。要以科学发展为主题，以转变发展方式为主线，以优化质量和效益为中心，采取有效措施：一是大力提高林木良种使用率、产品优质率；二是大力提高土地产出率，提高单产和提高产品品质质量；三是大力增强基地综合生产能力，在木本粮油林和种植园，积极发展林下经济，提高综合效益；四是大力优化木本粮油树种结构，培育优质乡土树种，发展混交林和维护生物多样性；五是大力加强自主科技创新，建立科技推广服务体系，推广良种良法、节水灌溉、科学施肥与田间科学管理，加速科技成果转化为生产力；大力提高保护生态环境的作用和可持续发展能力。

（二）采用现代技术设备武装木本粮油加工业

木本粮油产业现代化的一个重要标志就是以先进加工技术设备武装全行业，实现机械化。然而，迄今我国木本粮油加工业在总体上处于落后状态：加工企业实力弱小，分布散乱，技术落后，极不适应木本粮油、乃至整个林业现代化的需要。

木本粮油主产地，不能只停留在提供原料的地位，必须建立以先进技术装备武装的现代加工业体系，转变为重要的现代木本粮油加工基地。其基本途径在于，以龙头企业为带动，以现代科技为支撑，以市场机制配置资源，培育涵盖原料收储、加工、物流、销售，以及服务等环节的完整产业链和产业集群。特别是，要通过全面转变发展方式，采取“循环经济”发展模式，实现“三高三低”，即：高产出，低投入；高效益，低消耗；高效率，低污染，改善生态环境，增强可持续发展能力。简单说就是，资源利用生态化，生态利用资源化，把产业集聚园办成生态园。

（三）加快推进木本粮油信息化建设

要实现木本粮油产业现代化，首先要狠抓现代信息化。这是整个产业的突破口。信息化既是包括木本粮油产业在内的现代林业的标志性内容和任务，又是实现其任务的必备条件，两者紧密相连、缺一不可，需要采取必要措施：一是，推进包括木本粮油产业在内的林业信息化要树立开放合作、共享共赢的理念，打破部门间条块封锁，整合共享信息资源，做到统一规划、统一标准、统一制式、统一门户平台、统一管理。二是，推进林业信息资源整合改造，大力推动物联网应用，提供从宏观到微观多级林业资源分布、历史、现状和动态信息，有助于实现对木本粮油资源的有效监管，以管理好国家的稀缺资源。三是，在保证共性的基础上，木本粮油产业信息化还要发展个性，突出特色，办出水平。要集中力量开发一批个性鲜明、特色突出的木本粮油产业网站，集中展示产业的实践成果，吸引社会关注、提高点击率。四是，加强林业信息化组织机构和队伍建设，高度重视信息化标准和信息安全工作。五是，增加木本粮油信息化投资渠道，为信息化建设提供资金保障。做好木本粮油信息化示范点建设，引领木本粮油信息化迈上新台阶。

五、提高木本粮油产业组织化程度

迄今，我国木本粮油产业不管在种植业方面，还是在加工业方面，还处在分散、分割的状态，是推进其现代化进程的障碍。木本粮油生产在迈向现代化的过程中，必须提高农民组织化程度，这是一个深化改革的过程，即在坚持和完善林业基本经营制度的基础上，着力培育新型组织经营主体。其途径是：由林地承包为基础的“两权分离”、转向“三权分离”，使广大农民享有土地承包权、流转权和资产收益享受权。要积极推进林地经营权依法自愿有偿合理流转，扩大适度规模经营。林地经营权流转方式有多种，但要加大对木本粮油产业化龙头企业、专业合作社、种养大户、家庭农场等新型经营主体的扶持力度。特别是，提倡发展以提供社会化、专业化服务为宗旨的林业专业合作社，提高木本粮油产业的组织化程度，有效扩大适度规模化，提高木本粮油生产的规模效益。

第五节　建立科技创新体系：木本粮油“产学研”一体化

把创新驱动发展战略真正落到实处的“总开关”是深化改革，而改革的关键在于处理好政府和市场的关系，以生产关系的调整为手段，进一步解放和发展科技第一生产力。党的十八大明确提出实施创新驱动发展战略，强调科技创新是提高社会生产力和综合国力的战略支撑，必须摆在国家发展全局的核心位置。木本粮油产业必须把实施创新战略，置于首要任务。

一、由要素驱动向创新驱动转变

由传统的要素驱动向创新驱动转变，这是一个根本性战略转变。推进创新驱动发展，加强科技实力是基本前提；提升自主创新能力是重要关键；深化科技体制改革是根本出路；科技与经济相结合、增强企业创新能力是中心任务；着力构建以企业为主体、市场为导向、产学研相结合的技术创新体系。振兴我国木本粮油特色产业，必须坚持走自主创新道路，强化科技创新对提高木本粮油产业生产力的战略支撑，加快科技创新体系建设，以创新引领发展，以创新推动发展，以创新赢得广阔发展前景。

我国木本粮油产业实施创新驱动发展战略，是关系木本粮油产业发展全局的重大抉择。以改革为动力，实现从要素驱动发展向创新驱动发展的战略转变。这是一个带有全局性的重大变革，涉及整体发展观念、发展布局、发展方式的变化，需要相应的体制机制保障。

二、进一步强化对科技创新供给

实施木本粮油科技创新驱动发展战略，其必要保障是加强供给。要进一步强化创新供给，主要包括政策供给、人才供给、物资供给、财力供给，以及资金供给。其主要措施包括：一要坚持科技面向木本粮油产业经济发展的方向，围绕“产业链”强化“创新链”研究，围绕“创新链”完善“资金链”供给。二要着力提升自主创新特别是原始创新能力，消除制约科技成果转移扩散的障碍，使科技创新成果更多地向经济社会转移扩散。三要统筹协调科技改革、经济改革和行政职能转变，通过改革进一步释放创新需求，加强科技创新政策、产业政策、需求政策之间的衔接，使重视创新、鼓励创新、支持创新在木本粮油产业和国家发展规划中得到更好的体现，包括科技和经济社会发展的规划布局、政策制定、考核评价等，引导和支持科技界把智慧与力量更多聚焦到创新驱动发展上来。四要突出发展导向、问题导向和市场导向，着力理顺各个创新主体之间的利益关系。围绕经济社会发展的全局需求，抓住科技体制改革中存在的突出问题，着力完善政策体系和激励措施，把企业的关注重点引导到强化技术创新和形成创新集群效应上来，把科研院所和高等学校的关注重点引导到原创突破和为企业提供创新服务上来，把技术市场、金融机构、科技中介等的关注重点引导到为产学研用牵线搭桥和提供保障上来。

三、加强自主科技创新能力

如果没有科技创新能力的提升和加强，就难以真正完成木本粮油产业结构的调整和发展方式的转变，不断提升发展质量和效益也就成了空话。为强化科技创新能力，必须夯实基础条件：首先，必须建立专业科研机构（包括国家重点实验室、国家工程技术研究中心等），创造必要的科研环境条件。其次，必须切实抓紧实施“科教兴林”“人才兴林”战略，通过多种形式培育和培训，造就一支木本粮油产业的专业科技队伍。专业科技队伍集中主要力量开展具有共性、攻坚性、基础性、前沿性课题的研究。与专业主力军队伍相配合，要注重发挥企业技术创新主体的地位，促使其发挥技术创新决策、科研组织、研发投入、成果转化的主体作用。再次，要发挥木本粮油企业科技创新的重要作用。要在木本粮油骨干企业建立研发和创新平台，倡导“产学研”结合、“大中小”企业组成产业技术创新联盟，优势互补、相互合作、协同攻关，形成开拓进取的“创新链”。

四、加强科技创新与经济发展相结合

把科技创新与经济发展紧密结合起来，一直是我国科技体制改革的基本目标。当前，加快木本粮油产业调整结构和转变发展方式，对科技与经济结合提出了更高的要求。通过深化改革和科技创新大幅度提升木本粮油产业的科技含量。科技创新要紧紧围绕其发展的迫切需求，着力研究和突破关键核心技术、包括资源循环利用的前沿热点技术、保护生态环境的社会公益技术、精深加工需要的技术装备、共性技术突破，以及重大技术瓶颈和成果转化技术、集成和商业模式创新等，促进传统产业改造升级，提升木本粮油产业现代化、市场化、效益化、生态化水平。

实施创新驱动发展战略，必须做好顶层设计，协调相关部门，动员科技界、产业界和社会各方面广泛参与，把发展需要与现实能力、长远目标与近期工作统筹考虑，提出切合实际的发展方向、目标和工作重点：一要加快建设包括木本粮油产业在内的林业创新体系，促进科技创新和经济社会发展紧密结合，大力倡导“创业创新”活动；二要着力强化企业技术创新的主体地位和科研院所、高等学校的创新服务能力，补齐区域创新和科技服务等“短板”，健全产学研协同创新机制，发挥创新的集群效应，提升国家创新体系整体效能，夯实科技经济结合的宏观载体和物质基础；三要持续增强市场和社会创新活力，促进创新资源和要素高效配置，特别要着力完善创新资源配置的市场机制和政府的支持方式，强化产业链、创新链、资金链的融合互动，加快形成市场导向、社会参与、开放流动、高效协作的机制。

五、加强市场配置科技资源的决定性作用

振兴木本粮油产业，必须运用现代市场经济规律，发挥市场在配置资源中的决定性作用。首先，在明晰政府和市场之间边界的前提下，充分发挥市场对技术研究方向、路线选择、重点项目选择、要素价格的形成和各类“创新要素”的导向作用。其次，让市场带动先进技术、应用技术的研发和运用，并让市场机制检验、衡量和评价科技成果，引导科技成果转化。再次，充分发挥市场机制作用，完善和落实激励企业创新的政策措施，建立“企业决策、先行投入、协同攻关、市场验收、政府补助”的机制，以加强各类木本粮油企业的创新能力。最后，正确处理政府和市场的关系。在木本粮油产业科技创新中，无疑要充分发挥市场“无形的手”配置资源的决定性作用，但是政府的必要作为是不可缺少的。政府“有形的手”必须在以下方面有所作为：前沿研究和共性、公共科技服务，营造良好的创新环境，在关系国计民生和产业命脉的领域积极作为，明确科技创新的重点与方向，集中力量抢占制高点；特别要不断完善创新管理，彻底转变政府职能转变，提高围绕创新全链条的宏观管理水平，发挥好科技规划、创新政策、技术标准、评价评估等在创新管理中的重要作用，从知识产权、要素价格、科技金融、产业制度、需求引导、对外合作等方面加快营造公平开放透明的创新政策环境，完善科技创新基础制度、基础条件和公共服务平台，培植创新发展的肥沃土壤。

六、着力推进木本粮油“产学研”一体化

党的十八大提出“深化科技体制改革，加快建设国家创新体系，着力构建以企业为主体、市场为导向、产学研相结合的技术创新体系”。所谓“产学研”

一体化，是以市场为导向，以高校和科研院所为依托，以产业化为目的，以企业为主体的自主创新形式。一般说来，企业为技术需求方，科研院所或高等学校为技术供给方，各方之间合作的实质在于，促进科技创新所需的各种生产要素的有效组合，促进创新成果直接在企业使用、转化为生产力。实施木本粮油“产学研”一体化是必然趋势，因为创新已成为木本粮油企业发展的生命线，创新活动迫切需要与经济相结合。采取这一形式，要抓好以下几个环节：

一要充分发挥企业在产学研合作中的主体作用，要进一步明确企业承担技术创新的责任和话语权，要特别重视核心技术的研发，开发出“含金量”更高、市场适应性更强的产品。

二要建立长期稳定的产学研合作方式，落实产学研相结合的创新体系，培育企业的成熟度和产学研合作机制的平衡性。

三要运用新技术、新工艺、新材料、新设备改造提升传统优势产业，推动传统产业向集约化、高端化、现代化、低碳化方向发展。

四要加大对产学研合作扶持力度，即需要政府加大对产学研合作的科研资金投入，在科研资金配置和国家科技奖励方面，给予企业更多地支持和鼓励，加大对创新成果产业化阶段的扶持力度。

第六节　创新保障体系：建立木本粮油发展的长效机制

全面考察和总体分析可知，我国木本粮油产业种植基础薄弱，加工环节落后，在发展中产生多种矛盾：林农增产与增收之间的矛盾；生产发展与资金短缺的矛盾；提高生产率与科技落后的矛盾；生产量迅猛增长与市场流通渠道不畅的矛盾。解开这些矛盾的钥匙在于，创新以政府公共财政扶持为主导的长效保障体系。即对木本粮油产业建立“多管齐下”的、多种形式的扶持和补偿的长效机制，特别是要落实种植木本粮油山地的产权改革，使农民切实享受到“三权”：承包权、流转权和财产收益享有权。

一、加强政府公共财政支持和扶持

我国木本粮油大都分布在“老、山、边、穷”地区。这些地区经济落后，生态脆弱，民生艰难，但自然资源丰富。振兴粮油产业，让荒山荒岭披上绿装，既是开发绿色资源、绿化祖国的“美丽事业”；又是发展绿色经济、富裕农民的“小康建设”，是改善环境的“生态工程”；还是保障国家粮油安全的战略举措。基于发展木本粮油的深远经济、社会、生态意义，国家应该且必须制定和实施支持与扶持政策。

(1) 公共财政扶持要实现“三化”。国家公共财政对木本粮油产业的支持和扶持，应成为主要力量，并且需要实现制度化、机制化、法制化。所谓制度化，即对财政扶持建立补贴制度，做到专款专用。所谓机制化，即以市场机制滚动使用政府补贴资金，使之效益最大化。所谓法制化，即把木本粮油产业的补贴纳入法制轨道，严格防止和惩治挪用资金、寻租腐败等违法乱纪的行为，确保资金有效发挥作用。

(2) 公共财政扶持要切实做到加大广度、加大力度、加大深度。所谓加大广度是指，除目前对油茶产业提高到专项基金之外，还要对核桃、板栗、红枣、油橄榄等主要木本粮油品种的种植、科研、加工等提供专项基金。所谓加大力度是指，对于木本粮油经济林新造林和改造林、良种基地的补贴金额合理增加。所谓加大深度是指，在全国连片贫困地区，振兴木本粮油产业与精准扶贫、脱贫相结合，选准对象、选准品种、选准途径，实施新一轮退耕还林，因地制宜建设油茶、板栗、核桃、红枣、油桐、文冠果等产业基地。采取这项措施，可有效发挥资政扶持资金的作用，既可收扶贫之效，又能兴木本粮油之业。

二、木本粮油基地县应享受与粮食大县（市）同样的扶持政策

木本粮油产业是“三农”的有机组成部分，国家对粮食制定的支持优惠政策措施，应该同样适用于木本粮油产业主产区的基地县。国家公共财政对木本粮油产业主产县的扶持，必须加大力度、完善方式、扩大范围、提高标准，使之发挥更大效用。例如，木本粮油主产基地的主产县应享受粮食主产县的扶持优惠政策措施。

(1) 对主要木本粮油品种提供良种、良苗补贴。包括油茶、核桃、乌桕、文冠果、牡丹籽，及板栗、红枣、柿子等，种植周期长成本高，需要对农户提供支持。依据新栽植和改造树木的成活株数、及各个树种的成本确定合理的补贴标准，并提供补贴。

（2）对主要木本粮油新造林和老林改造提供补贴。即对油茶、核桃、乌桕、文冠果、牡丹籽；板栗、红枣、柿子等新造林提供补贴，其补贴期从各个树种栽种期到开始结果为止。对不同种类木本粮油老林改造，依照不同树种的成本提供合理的补贴。

（3）对主要木本粮油种植基地的基础设施建设提供适当补贴。包括（山间）道路、水利（蓄水池）、电力，以及木本粮油林“永久梯田建设”等基础设施工程，提供适当补贴。

（4）对主要木本粮油基地提供政策性银行的金融服务。即把木本粮油产业视同粮食、棉花和油料产业一样，其产品收购、加工、营销等都可在农业发展银行开户和贷款，享受农业政策性银行优惠贷款利率。

三、对木本粮油产业采取财政、金融、税收等优惠措施

发展木本粮油产业，资金投入是保障，要形成多渠道的投融资体系，增加资金规模，加大对基础设施的投入。国家对木本粮油产业加大扶持力度，除必要的资金支持外，还必须采取财税优惠、信贷支持措施等。

（1）继续实施增强木本粮油重点龙头企业竞争力的优惠政策。鼓励重点龙头企业增强开拓国际市场的能力，积极支持其走向国外大市场；鼓励重点龙头企业利用资本市场筹集扩大再生产资金，支持其在国内资本市场上市。

（2）继续实行和健全木本粮油产业税费减免优惠政策。根据国家有关税收法律法规的规定，继续对企业从事木本粮油林业项目的所得，实行优惠政策，免征或减征企业所得税。

（3）对木本粮油加工业提供信贷、税收优惠。木本粮油加工业多是民营中小型企业。这些企业规模小，利润低，资金缺，抵御市场风险的能力很弱，应该给予支持。国家对木本粮油加工企业应该实行信贷、税收优惠措施，实行减税或免税。

（4）对木本粮油产品实行出口退税政策。我国木本粮油产品具有传统国际市场，具有竞争优势。近年来由于成本提高，影响到我国木本粮油产品的竞争力。为巩固传统老市场、扩大销售新市场，政府应该健全和完善支持政策，继续实行出口退税政策。

（5）研究建立面向新型经营主体的普惠制绿色小额贷款。迄今在我国木本粮油主产区，多数属小型种植、加工企业，缺乏贷款条件，因此要适当放宽贷

款条件，简化贷款手续，积极开展包括林权抵押贷款在内的符合木本粮油产业特点的多种信贷模式的融资业务，特别是要开展普惠型绿色金融，向林农和小微企业提供小额贷款。

（6）积极探索建立多种形式的木本粮油产业信贷担保机制。信用担保是指企业在向银行融通资金过程中，根据合同约定，由依法设立的担保机构、以保证的方式为债务人提供担保。信用担保由第三方承担，其基本功能是保障债权实现，促进资金融通和其他生产要素的流通。各级政府应因地制宜支持信用担保机构对木本粮油产业开展担保工作。

（7）对木本粮油产业加大贴息扶持力度。木本粮油产业龙头企业的种植业、林下养殖业，以及木本粮油产品加工业贷款项目对振兴整个产业具有关键作用，中央财政应给予贴息。各地应根据实际情况，给予大力支持，并加大贴息扶持力度。

四、鼓励社会资本参与木本粮油产业的开发和发展

所谓社会资本，在基本内涵上是相对于经济资本和人力资本的概念。它是指社会主体（包括个人、群体、社会甚至国家）间紧密联系的状态及其特征，其重要表现形式有社会网络、规范、信任、权威、行动的共识，以及社会道德等方面。社会资本存在于社会结构之中，是无形的。它通过人与人之间的合作进而提高社会的效率和社会整合度。

1. 把林地资源变为增加农民财产的“资本”

目前，有许多地方积极进行探索，通过林权流转和合作制经营，为木本粮油产业发展引入社会资本，成为农民致富和木本粮油产业可持续发展的活水源头。这意味着，林地资源转变为增加林农财产的“资本”。为确保林农在林权流转和产业可持续发展中获得实惠，必须坚持以市场机制为经营手段，以开放拓展为发展思路，积极引导工商资本投资木本粮油产业，以促进产业发展、产业增效、林农增收。

2. 对引进资本必须规范化运作

在引进和鼓励工商资本参与木本粮油产业的过程中，必须规范化运作：一要抓好政策引导和扶持。做到目标明晰，方向正确，坚守主业，政策有力支撑；二要抓好制度完善和保障。建立政府激励机制，建立健全投资政策，明晰产权关系，建立健全投资政策，鼓励创建种植型、加工型、流通型、服务型等

龙头示范企业；三要抓好部门间协调配合，协同打开引进资本的“大门”，在支持企业用地、用电、林地征占用、林业贷款、开通林产品“绿色通道”等方面出台优惠政策，创造更加有利的宽松的环境；四要抓好林地的规范流转，促进林地集约化、规模化、市场化运作，以激活市场要素。这里特别强调，在引进工商资本投入木本粮油产业中，必须严格防止林地转向“非林”“非农”开发。

3. 以积极的政策措施激发工商资本的投资热情

各级林业部门要加大对木本粮油产业的扶持，增加对基础设施建设的投入，改善生产条件和投资环境：一要突破瓶颈，推进林地适度规模经营。围绕“优化空间结构、实施规模经营、发挥资源效能、提高林地效益”的思路，积极引导林业产业走规模化、集约化、节约化之路。二要完善机制，规范流转。逐步建立林地流转平台，按照“依法、自愿、有偿”的原则，推广林地转包、租赁、互换等模式，加强流转服务，培育流转市场。三要拓宽林业投资领域，开发木本粮油产品精深加工项目，充分挖掘林木本粮油产品的附加值。四要建立林产品交易市场。引导各类资本参与投资林产品市场建设，逐步建立组织统一、灵活有序、规范高效的林产品市场，积极发展包括木本粮油在内的林产品现代物流业。五要强化优质服务。包括强化责任意识，强化考核管理，建立目标责任制。把招商引资纳入对各级林业部门的综合考核内容，明确工作目标，落实工作任务。这里特别强调，在引进社会资本过程中，要强化林农的主导地位，避免林农单纯受制于外来投资者，让资本真正落实到农村、落实到林业、落实到农民手上。

五、积极支持发展木本粮油新型专业合作制

发展和扩大木本粮油产业适度规模经营，是其通往现代化的必由途径。国内外成功实践证明，积极发展农民专业合作制，是最有生命力的形式。

1. 在木本粮油产业领域积极倡导“新型合作制”

新型合作制是根本区别于传统农村合作制的真正以农民为主人翁的专业合作社。它的原则是：自愿、民主、平等；它的宗旨是：为“三农”提供社会化、专业化服务；它的方针是：自主、自治和自助。在坚持现行农村经济制度基石的条件下，农民以林地经营权作为股份加入农民专业合作社，可按股份取得红利；入社的林农既可以参加合作社劳动，以劳动量取得工资报酬，也可以

不参加合作社劳动，到外地打工，但仍然可以取得土地股份红利。这样，农民便可放心地把土地经营权交给合作社，自己从事其他非农活动，以增加收入。这种新型农民合作组织在村社的范围内由农民自愿组成，实行“六统一”：统一机耕、统一播种、统一灌溉、统一收获、统一管理、统一出售，从而实现适度规模经营。通过农民专业合作制，既可克服林地“碎片化”的问题，又可促进以农民合作制企业为主体的木本粮油企业化与产业化经营。

2. 大力增强农民的规模经营和新型合作意识

通过普遍宣传教育，提高广大农民的素质，增强他们的适度规模经营和新型合作意识，促使他们认识到：在现代市场经济条件下，木本粮油产业增强竞争力的必要途径在于实现适度规模经营，为此可选择农民专业合作社、家庭农场、农业大户等多种形式。要普遍采取生动、有效的形式提高农民的自觉性和积极性。例如，运用典型案例教育、示范带动，激发农民林地流转的热情，积极自愿参与专业合作社，或林地股份合作社，促进在保持林地承包权的基础上合理、自愿、有偿流转，形成新型经营主体。

六、积极培育造就木本粮油专业人才队伍

振兴木本粮油产业之根本，在于大力实施“人才兴业”战略，培育造就一支专业人才队伍。实施这一战略，要从牢固树立人才是第一资源的理念出发，以造就高技能人才和急需骨干人才为重点，以培育大批实用人才为主体，统筹推进造就包括专业技术人才队伍、产业经营管理人才队伍、高技能人才队伍、基层实用技术人才队伍等综合型和复合型人才队伍建设，为发展现代木本粮油产业提供强有力的人才保障和智力支撑。应清醒看到，我国目前人才培养的力度不能适应产业发展的需要，必须加大木本粮油产业人才发展的投入，加强人才培养，保障振兴特色产业所需要的技术力量。基于此，全国主要林业院校需要加强经济林本科专业，培养大批经济林专业技术人才，扩大经济林学科的研究生培养规模，以满足木本粮油产业发展对专业人才的迫切需要。

七、积极支持青年专业技术人才创业

振兴木本粮油产业是一个规模性的、群众性的行为，也是“双创”的大战场。这本身就需要一大批创业者、特别是青年创业者进行开拓发展。为吸引广大青年、特别是学习农业林业专业的青年进入木本粮油产业就业创业，政府要

制定积极的促进政策。

为吸引广大青年专业人员进入木本粮油产业，需要具备三个必要条件：一是意愿，即创业精神；二是能力，即创业素质；三是条件，即创业天地。由此出发，首先是激发青年人的艰苦奋斗精神，除物质力量之外，还必须有强大的精神力量——“企业家精神”。其次是政府要为他们创造用武之地，制定和完善必要支持措施。这里提出六点具体建议：

（1）对自主创业高校毕业生进一步放宽准入条件，降低注册门槛，支持科技人员“零成本”创业。

（2）积极完善创业政策，加强创业教育、创业培训和创业服务，鼓励高校毕业生和青年专业技术人员创办国家和地方优先发展的科技型、资源综合利用型、生态环保型企业。

（3）鼓励高校与公共就业人才服务机构合作开展创业培训和实训，政府应提供必要的资金支持。

（4）创业地应按规定，对木本粮油种植、加工环节给予小额担保贷款及贴息、税费减免等政策扶持。

（5）加大扶持政策倾斜力度，积极推进相关专业院校毕业生创业孵化基地建设，为自主创业青年人提供项目开发、开业指导、信贷融资、政策扶持、跟踪服务等“一条龙”创业服务。

（6）提供安家补贴，即对进入木本粮油产业开拓创业的相关专业院校毕业生，以及其他青年专业人员，对住房建造和生活必需品购置提供适当补贴。

八、积极开展木本粮油科普活动

要以新的要求、新的方式推进木本粮油产业的宣传教育工作，广泛开展生动、活泼的木本粮油科普活动。

一要大力宣传发展木本粮油的重大意义。要充分利用大众传媒宣传手段，加大宣传力度，丰富宣传内容，增多宣传形式。特别是发挥公益广告、木本粮油讲堂、专业书籍的作用，广泛深入传播振兴木本粮油产业的重要战略地位和深远意义，使发展木本粮油产业的经济、生态、社会意义深入人心。

二要积极开辟各种宣传普及渠道。要充分利用电台、电视台、农村广播网、宣传图册等，积极开辟宣传教育渠道，向广大农村和城市、农民和市民，乃至全民广泛宣传与集体林权制度改革相关的法律法规，提高他们的积极性和主动性，促使其踊跃参与振兴木本粮油产业建设的行动中，充分发挥其主导和主力军作用。

三要广泛开展科普活动。结合各地、各单位、各企业的实际情况，广泛开展木本粮油科普工作。例如，举办木本粮油日、宣传周和展销活动。多年来，各地举办板栗节、大枣节、油茶节、柿子节、核桃节等群众喜闻乐见的活动，取得良好效果。借鉴这一形式，今后可广泛采取灵活、生动的形式，普及木本粮油知识，有效加强针对性和实践性，促使木本粮油深入人心。

专题篇

大德歌

春到石板岩

冰雪融，黄鹂鸣。石板岩上走英雄。扁担[①]挑险峰，送暖农家情浓。千乡万林处处披新青，布谷声声欢迎春耕。

①石板岩是太行山里林县的一个山乡。石板岩乡有一个先进供销社基层社，以扁担挑、背篓背农资和生活资料送货进农户，被赞为“背篓精神”“扁担精神”。

丁声俊

2013年4月于河南安阳

第八章　木本粮食加工技术的现状、发展趋势及对策

第一节　基于价值链视角的木本粮食加工构成

制造业和实体经济，关乎每一个产业的命运和兴衰。木本粮油产品加工业属于制造业和实体经济，关乎这一特色产业的进退，需要从价值链的理论视角出发，对其规律性提高认识。全面考察和研究我国木本粮油加工业可以得出这样的总看法：我国的木本粮油“制造业”距离“智”造业还有遥远的距离。

价值链的概念是由美国哈佛商学院的迈克尔·波特（Michael E. Porter）于1985年在其所著的《竞争优势》一书中首先提出的。他认为，每一个企业都是用来进行设计、生产、营销、交货等过程，以及对产品起辅助作用的各种相互分离的活动的集合。任何企业的价值链都是由一系列相互联系的创造价值的活动构成，这些活动分布于从供应商的原材料获取、到最终产品消费时的服务之间的每一个环节，这些环节相互关联并相互影响。

一、价值链的微笑曲线

随着产业内分工和产品内分工不断地向纵深发展，传统的产业内部不同类型的价值创造活动逐步由一个企业为主导分离为多个企业的活动。这些企业相互构成上下游关系，共同创造价值。围绕服务于某种特定需求或进行特定产品生产（提供服务）所涉及的一系列互为基础、相互依存的上下游链条关系就构成了产业链。新的产品内分工模式使得一国或地区的竞争优势体现在该国在全球化产业价值链中所占据的环节上，而不再体现在最终产品和某个特定产业上，产业竞争优势以模块化的形式表现出来，产品被分割成由不同模块组成的相互独立又相互关联的产业链条。在这些链条上加工环节的附加值最低，以加工环节为底线向上游和下游延伸，附加值依次提高，形成价值链的微笑曲线

(图 8-1)。

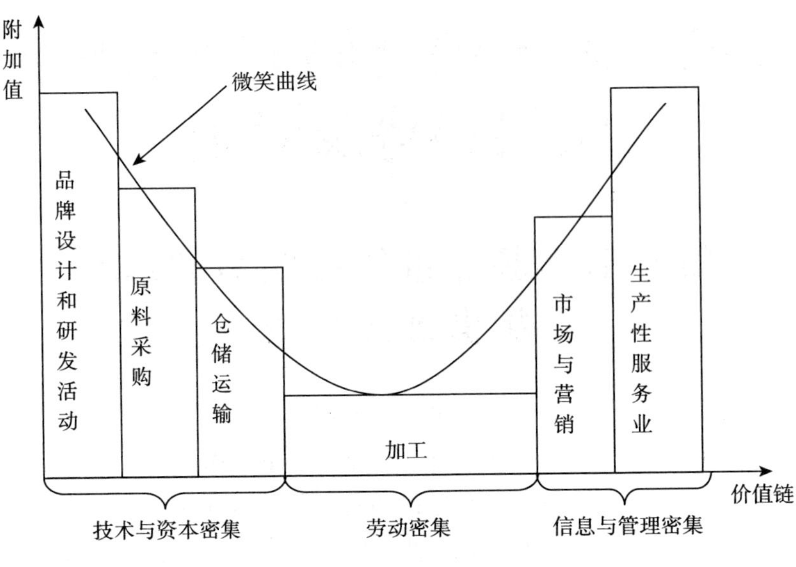

图 8-1 木本粮食加工链

二、加工链条的深度和广度拓展

木本粮食加工链是木本粮食及副产品经过加工形成商品的过程，包括不改变产品物理特定的初加工和改变产品物理特性的深加工。这一过程，仓储、设计、加工、包装等服务被融入加工链条中，提升了产品附加值。生产链的组织与管理、生产产品数量和质量、产品结构等内容，决定了这一环节与流通环节、加工环节的联接形式及效率，从而对整个木本粮食产业链的纵向协作产生了决定性影响。

在木本粮食加工过程中，由于自然条件、地理环境和产品特性的差异，消费者对自然条件好、营养成分高、品牌形象好的木本粮食加工产品认知度较高。因此，在木本粮食加工过程中，品牌设计和研发、原料采购、仓储、运输、订单处理、批发以及终端销售六个环节占据了木本粮食加工产品价值的60%以上，而生产加工环节在价值链中占据的比重较低。客观规律表明，加工链纵深关联度大，产品附加值就高，对产业发展的推动作用就大；反之，加工纵深关联度小，产品附加值就低，对产业发展的推动作用就小。加工链条的深度和广度拓展程度，对促进木本粮食产业的可持续发展具有重要意义。

第二节　板栗资源加工利用技术工艺

一、板栗加工链及产品

板栗加工是企业参与板栗产业链、促进板栗产业化发展的关键。板栗加工企业在整条供应链上处于“承上启下”的中间环节，对于板栗增值具有关键作用。按照板栗的不同部位（板栗花、板栗仁、板栗叶等），以及加工的不同产品，制定不同的工艺。板栗加工的工艺包括破壳、加工等环节，破壳是板栗加工的前处理环节，加工技术工艺依照产品要求不同而各异（图 8-2）。

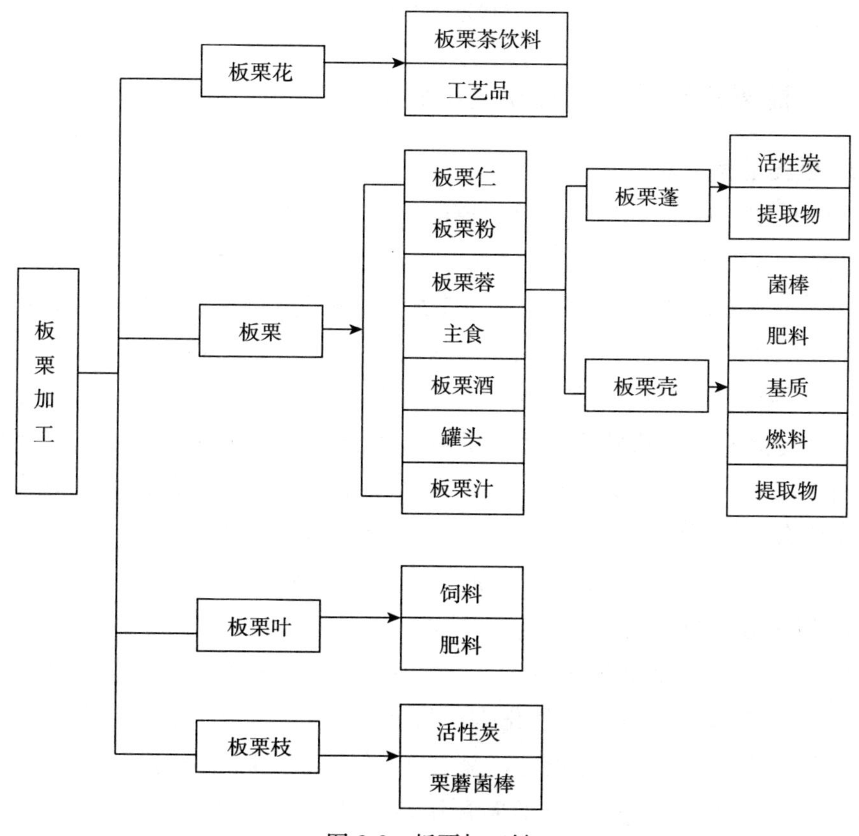

图 8-2　板栗加工链

二、板栗加工技术流程

板栗的生产主要依赖于市场的需求，同时也有赖于以板栗为原料的食品加工。目前我国板栗多以鲜栗原料销售为主，板栗加工仍处于初级加工阶段，板栗制品品种较少，科技含量不高，加工技术比较落后。随着消费者对绿色、营养食品需求的增加，对板栗深加工产品需求快速增长，要求在加工过程中加大对共性关键技术攻关，研发出更多符合市场和消费者需求的新产品（图 8-3）。

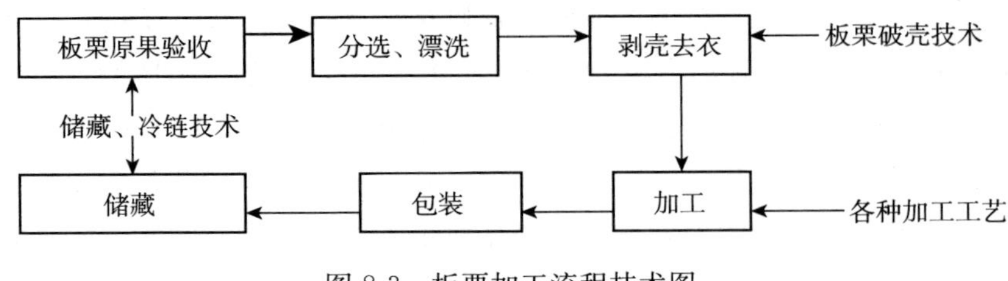

图 8-3　板栗加工流程技术图

三、板栗共性关键技术及主要加工产品

1. 板栗破壳技术

众所周知，板栗果皮是极难剥掉的，尤其是紧紧裹在果仁上的内衣。过去，板栗种皮的去除是采用人工方法，不仅费时费力、劳动强度大，而且效率极低，同时对果仁又有较大的伤害，使其更容易变质，严重影响了果仁的存储和再加工质量。目前采用机械法、热水去皮法、化学法都存在问题。20 世纪 90 年代中期以来，我国板栗的加工技术得到较快的发展，较新的技术主要体现在气体射流冲击板栗破壳技术，这种技术较好地弥补了传统破壳技术的不足。由于破壳技术的突破性进展，以板栗为主要原料的新产品也呈现出多样化，主要有糖炒板栗、五香板栗、糖水板栗罐头、裹衣板栗、板栗饮料、速冻板栗仁、干制板栗、速冻板栗仁、板栗综合利用制品等。

2. 绿色储藏技术

板栗最适宜的储藏温度为 0℃，相对湿度为 90％～95％，气体成分为 3％～5％氧和 1％～4％的二氧化碳。目前，在板栗主产区主要采取沙藏法。由于沙藏法的储藏温度变化较大，湿度也不易掌握，因此发芽、腐烂和霉变率较高，不能长期储藏。更先进的储藏法是气调储藏可以有效地控制发芽和霉烂，但是所充的二氧化碳不能超过 10％，否则栗果会受到二氧化碳伤害，果肉褐变，味道变苦。如果将塑料薄膜与防腐剂相结合使用，不仅可以防止板栗失重，还可以降低腐烂率。现有的储藏方法受外界条件制约或者使用防腐剂，降低了板栗的品质和营养。因此，我们必须加大研发力度，创新板栗绿色储藏技术，即适合板栗的无害、储藏期长的新技术。

3. 主要板栗加工品

目前，主要的板栗加工品包括糖炒板栗、五香板栗、糖水板栗罐头、裹衣板栗、板栗饮料、速冻板栗仁、干制板栗以及板栗综合利用制品等。

（1）糖炒板栗。这是我国比较传统的加工产品，具有浓郁的板栗芳香，深受消费者欢迎。其加工工艺简单，可以节约大量费用，若能解决其储藏保鲜问题，将会有良好的销售前景。

（2）五香板栗加工技术。板栗含水分多，呼吸强度高，忌热、忌干，储藏保鲜起来难度较大，使用冷库、气调库虽然能够解决问题，但对于在山区的板栗来说，受到经济条件和技术力量的限制。为此，可以将板栗煮制成五香板栗，密封保存，效果更好。这样既保持了板栗的独特芳香、食用方便，又能够降低成本、便于储存，板栗产区可就地加工。

（3）糖水板栗罐头。这是我国加工较早、产量最大的一种产品，曾是20世纪70年代的出口产品，但是目前面临着难以为继的境地。其主要原因是加工费用过高、人力成本大幅提升、劳动生产效率低、产品质量较差，难以满足目前市场需求。如果能解决好板栗去皮工艺和提高产品质量的话，糖水板栗罐头将会有较好的市场前景。

（4）裹衣板栗。在经过糖制后的板栗表面加涂一层糖衣或巧克力外衣，这就是裹衣板栗产品。它既可以增加产品的保藏性，又具有多种独特的风味，前景看好。

（5）板栗饮料。目前国内市场上板栗的深加工产品主要有板栗罐头、板栗羹等。为拓宽板栗深加工利用的广度，迎合人们对饮料产品多样化、方便化、营养化及功能化的需求，许多企业开始推出多种营养丰富、风味独特、饮用方便的板栗饮料。由于板栗富含淀粉，所以在饮料生产过程中易产生汁液分离、出现饮料分层、沉淀现象，需研究解决。

（6）速冻板栗仁。近年来速冻板栗仁发展很快，在北京、河北等地的板栗深加工企业均采用日本先进的技术和设备。生产这种速冻板栗仁新产品，食之方便深受消费者欢迎。

（7）干制板栗。板栗干制在低温下进行，否则容易造成板栗外形扭变，形差色深。板栗的干制生产主要有以下几种产品：栗干，其含水量小于12％；板栗片，是目前市场上比较流行的果蔬脆片，加工方法有烘干法和真空油炸法；板栗粉和食栗糊等。

（8）板栗综合利用制品。板栗的综合利用主要包括板栗壳和板栗加工过程中产生的碎瓣、碎末的利用。板栗壳主要用于制取天然棕色素，提取色素后的板栗壳还可做一次性的可生物降解餐具的原料。板栗加工过程中产生的碎瓣、碎末可用于制作栗蓉、栗粉、栗子酱等。

四、板栗加工需要尽快解决的技术问题

迄今，我国板栗仍处在以粗加工为主的状态，加工规模小，技术水平低，加工产业链短，产品品种少，附加值不高，加工转化率约仅为20%～30%，而发达国家高达90%～95%。由此可以看出，我国板栗精加工尚有很大潜力。从加工产品类型分析，仍主要以初级食品利用为主，精深加工产品种类少。下面，着重阐述两点：

一是板栗储存保鲜技术落后。板栗生产能力多集中在内陆省份，远离产品的最终销售点，而目前产品物流运输、储藏还是薄弱环节，很不适应需要。作为呼吸跃变型果实，板栗在贮藏过程中呼吸作用很强，极易失水风干。栗果成熟期大多是8月底9月初，此时气温很高，栗果极易衰老染病而霉烂。采收时期板栗果实外壳常常附着了大量虫卵，诸如象鼻虫等害虫的虫卵会在贮藏时期孵化成虫蛀伤栗果。此外栗果储藏时间过长还会出现发芽、甚至出现“石灰样”现象，造成栗果营养价值和经济价值的损失。据统计，每年由于上述原因造成板栗采集后的损失率达到总量的10%以上。

二是板栗剥壳技术落后。至今，由于技术、成本的限制，大多数工厂仍是以人工剥壳为主。这种方式不仅费工费时，更导致生产效率很低。由于机械化剥壳去衣、果肉护色保味等问题难度较大，使板栗加工业远远落后于板栗种植业，市场上板栗加工产品的种类也就相对单一。由于我国板栗加工方式单一粗放，板栗产品主要以糖水罐头和糖炒板栗等传统产品为主，板栗产品加工转化率平均仅在20%左右，比发达国家的平均水平低70%～75%。这是我国提高板栗加工业技术水平必须尽快补上的一块“短板”。

第三节　大枣资源加工利用技术工艺

一、大枣加工链

我国丰富的大枣资源为其开发利用提供了有利条件。随着我国大枣种植面

积的扩增和产量的提高，在国内大枣主要产区涌现出了一大批大枣加工企业。这些企业有的是从事新品种的改良、培育和引进，有的是注重流通销售，其中有一部分从事大枣新产品的开发研制和生产。目前我国大枣加工企业很多，但真正具有较大规模、较大实力的现代企业却凤毛麟角。迄今，我国的大枣产业的资源优势没有得到很好的发挥，尚未形成商品优势和经济优势。

大枣加工链的第一环节是分级分等。通过红枣分级分等，特级枣身价可以涨十几倍。第二环节是加工，将枣核取出来，填充上各种干果，就制作成价格翻好几倍的“核桃枣”“山楂枣”“枸杞枣”“杏仁枣”“葡萄枣”等。第三环节是利用国内首创的拥有自主知识产权的大枣素提取技术，将大枣中的主要营养成分提取出来，加入其他名贵中药，精制成大枣素系列产品，提高了营养素的利用效率。第四环节是充分利用现代科学技术，将大枣系列产品加工过程产生的副产品枣叶、枣核制成深受市场青睐的“膳食纤维片”“枣茶”等。大枣加工链见图 8-4。

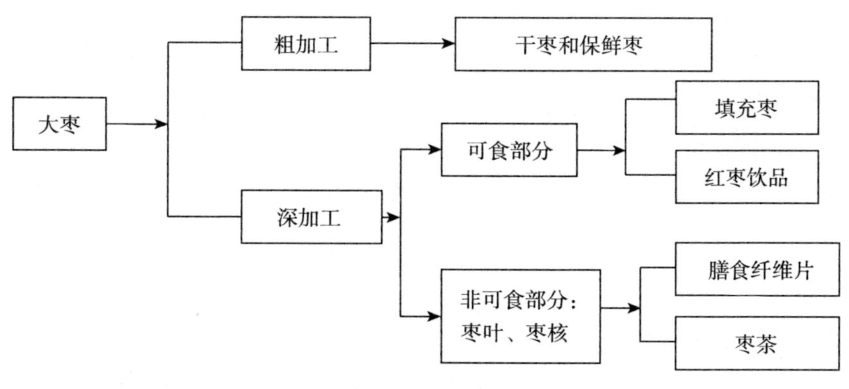

图 8-4　大枣加工链

二、大枣主要加工品及工艺流程

如前所述，目前我国的大枣加工业，多数处于初加工状态。大枣采摘后通常经过筛选、清洗、包装，或是将其清洗、烘干、筛选、分级、包装后进入市场。像这种以红枣粗加工产品为主的加工企业居多，层次较低，产品形式单一，附加值低。与此相对照，大枣深加工是指将干制红枣中的次级枣和残次枣经过较复杂的加工或在其中加入一些辅助原料，采用一定工艺流程加工成产品。枣果的再加工，是大枣产业增值创汇的必要途径。

1. 干枣和保鲜枣

干枣和保鲜枣属于粗加工产品，将采后的红枣经筛选、清洗、包装或是将其清洗、烘干、筛选、分级、包装后进入市场，如保鲜枣、枣的干制品。红枣的干制是红枣的传统加工方法，也是我国红枣加工业的大众化产品，目前国内外市场上见到的红枣产品仍以干制品居多。由于鲜枣的营养成分高于干枣，最大程度地保持大枣的新鲜度，成为近几年研究的主要课题。大枣保鲜主要有以下几种方法：冻藏法、辐射法、硫处理法以及涂膜法。其主要工艺流程为：原料→清选→分级→保鲜处理。

2. 红枣饮品

以红枣为原料加工的各种饮品、是目前深加工中研制最多的产品。目前现已生产出的红枣饮品有多种多样，主要包括枣汁饮料、红枣茶饮料、红枣醋饮料、红枣果酒、红枣牛奶、红枣粉等。其加工工艺流程主要是：

第一，枣汁饮料的加工工艺路线为：选料→清洗→软化→破碎→榨汁→过滤→装瓶→杀菌→冷却→成品。

第二，枣醋加工工艺路线为：原料→清选→清洗→发酵→装缸密封→淋醋→调料→装瓶→灭菌→成品。

第三，枣酒加工工艺路线为：原料→清选→清洗→沸煮 →打块（用捣碎机捣成碎块）→发酵（加曲酒，一般进行密封发酵）→静置过滤→调味→陈酿（装罐或缸，密封，置阴凉处陈酿）→装瓶→成品。

3. 红枣粉

以等级外红枣为原料，利用红枣全部成分（包括可食部位和非可食部位）研制开发制作枣粉新工艺。其产品既可直接食用，又可作为红枣进一步深加工的原料。

三、大枣加工业需要解决的“五低”问题

大枣是我国古老、种植广、受民众喜爱的“木本粮食”。然而，至今这一产业仍处在落后的状态。尤其是在加工技术上存在“五低”，需要尽快解决。

1. 大枣加工能力和水平低

近年来，我国大枣种植面积迅猛扩大，然而加工能力相对薄弱和落后，很不适应需要。据有关资料显示，截至目前全国大枣种植面积达到 153.33 万公顷，按照盛果期亩产 2 000 千克计算，总产量可达 460 亿千克，占世界枣树种

植面积和产量的98%以上，国际贸易市场上的大枣几乎全部来自中国。与大枣种植迅猛扩大相对照，大枣科研和加工技术滞后。目前国内规模较大的大枣科研机构、生产企业仅有40多家，加工能力最多相当于大枣总产量的10%～20%之间，致使加工附加值低下。

2. 大枣的干制品标准化程度低

我国制定了相应的大枣产品等级标准（国家标准GB5835红枣），但这些指标都是指同一品种而言，分级标准因大枣品种不同而异，一般均以大枣大小、色泽、虫害、破损等为分级指标。近年来，随着收入和消费水平提高，分级包装对产品档次、价格和销路的影响日益突出。然而，大部分大枣收获后基本靠自然晾晒，水分不均匀，产品未经清洗分选等标准化处理工序就直接进入流通市场，品种不一，商品价值较低。此外，在大枣产后加工利用中缺乏统一的生产和安全卫生质量标准，产品质量混杂，对市场造成了较大冲击。

3. 大枣资源有效利用率低

由于大枣加工技术和工艺落后，致使其资源利用率较低。我国大枣以干制品为主，多采用自然制干，需要较大的房舍和场地。由于鲜枣不适合大量集中干制，因为在干制过程中烂果损失现象较为严重。经清选不能进入市场流通环节的大枣，主要是果重小、裂果、碰伤、成熟度低等残次果。但这部分产品的营养价值较高，仍具加工特性，可惜目前仅有很小一部分为大枣加工企业利用，有相当部分抛弃在田间地头，导致资源浪费严重。

4. 大枣产品附加值低

如前述，全国大枣产区的产后加工利用还处于初创、粗放阶段，大枣加工产品大部分为传统初级加工品，如蜜枣、枣酱、枣泥等。通常只是对果品进行整体或部分加工，改善颜色、风味和形状，加工层次较低，产品形式单一，加工附加值很低。只有少数企业开发枣酒、饮料、红枣休闲食品及功能食品，但整体规模较小，品种依然单一，不能形成有效的资源转化加工能力。大枣加工技术薄弱，产品结构单一，以销售原产品为主，生产规模化水平低下，这些制约了大枣产业的发展。

5. 产品综合利用率低

我国目前干制红枣占总产量的95%。由于红枣产后加工利用的初级、粗放，且在加工过程中忽视了营养成分的保存，这是一种损失。迄今，我国对大枣功能成分及其提取的研究较多，研究成果应用少，尚未转化为新产品，至今市场上缺乏相应保健品。同时在加工中产生的废渣不仅是资源的浪费而且也造成了环境的污染。鉴于上述，全方位、多层次的开发大枣深加工产品，以及具有特定功能的保健产品，是大枣产业加工主攻的方向。

第四节　柿子资源加工利用技术工艺

一、柿子加工链及关键技术

我国长期以来对柿子产业加工及其技术研发都未摆上应有位置。目前我国柿子加工多是初级产品。主要有甜柿、柿干、柿饼、柿子醋、保健饮料等。其加工过程相对较为简单，主要有采果和浸泡两个过程。为了提高柿子加工技术和产品附加值，需要采取以下措施：一是积极引进国内外先进的柿子加工生产技术，改进传统加工工艺，提高柿子产品卫生指标、口感和贮藏保鲜能力；二是研究开发柿子粉、柿子汁、柿子酒、柿子醋、柿子酱，以及柿子茶等市场前景广阔、适销对路、全面利用柿子价值的深加工系列产品，促进柿子加工向系列化、精细化方向发展，提高产品科技附加值。柿子加工产业链如图 8-5。

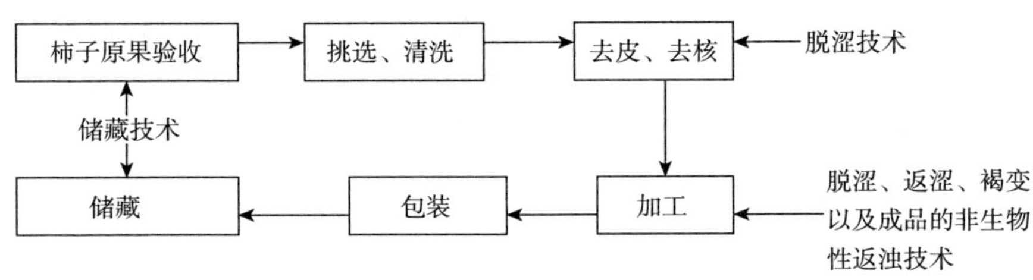

图 8-5　柿子加工链

在柿子加工过程中，由于柿子本身单宁、果胶和蛋白质含量较高，导致其在加工过程中会出现不利于产品品质的影响。因此长期以来，柿子加工产品的品种一直很少，柿子饮料、柿子酒、柿子醋虽然也有人进行了研究，但都没能形成规模生产。目前急待突破的关键加工技术主要是加工过程中如何去除涩感、返涩、褐变以及成品的非生物性“返浊”等四个方面的问题。

一是脱涩。柿子因其含有大量单体和寡聚体的单宁，故鲜柿味很涩，因此为得到口感和风味良好的柿子制品，在预处理时，必须采取适当技术工艺对柿子进行脱涩处理。

二是返涩。“返涩”是制作带果肉柿汁饮料、柿子澄清汁、柿酒、柿醋等产品的技术“难关”，严重影响产品的风味。因此防止“返涩”问题是柿子加工的关键技术。

三是防止褐变。鲜柿色泽鲜艳，呈橙黄色，受人喜爱。但在储藏及加工过程中，接触大量氧气后极易氧化变色为黑褐色，致使感官品质下降，影响柿子及其制品的销售。因此防止褐变也是柿子加工中的一项关键技术。

四是非生物返浊。浑浊尤其是非生物返浊，一直是果醋、果酒加工和贮存过程中最为棘手的问题，

二、柿子加工制品及其流程

柿子加工制品主要有柿干、柿饼和柿果醋等。其工艺流程是：①柿干工艺流程为：采果→旋皮→切片→晾晒→上霜。做柿干选用的柿子最佳采收期是，在柿果充分黄熟、果皮黄色减退稍呈红色、果肉坚硬时。②柿饼工艺流程为：采果→旋皮→晒果、捏果。做柿饼选用的柿子要求是：柿果充分黄熟、果皮黄色减退稍呈红色，果形端正、大小均匀、无病虫、无沟痕。③柿子醋是近年来柿子综合开发利用的新产品，其用途非常广泛，其加工工艺流程为：柿果→挑选→清洗→去皮→去核→脱涩处理→切块→压榨→柿汁→灭菌→酒精发酵→醋酸发酵→灭菌→陈酿→淋醋→过滤→检测→成品。

三、柿子加工业需要解决的技术问题

同其他木本粮食产品一样，柿子的加工利用也处于初级、粗放状态。在柿子生产和发展中存在不容忽视的困难和问题，尤其是柿子采收贮存期较短，仅仅一个月左右时间，对于柿子产量巨大的主地区来说，农民每年收获的柿子只能鲜售和初加工一部分，剩余柿子由于无法贮藏造成很大的损失，区域的资源优势未能转变为经济优势。因此，科学开发、合理发展柿子深加工系列产品，已成为柿子产业发展需尽快解决的问题。目前，柿子加工存在的主要问题有：一是加工研发滞后，柿饼加工多沿用传统的方法，标准化程度不高，柿子系列产品研发缓慢，产业链条短，效益未能得到最大限度发挥。二是储藏技术和冷链物流不发达。用于加工的柿子必须存入冷库贮藏，后期加工柿干时不易去皮，目前柿子产区的冷库和冷链运输相对短缺，影响了柿子加工的品质。

第五节 我国木本粮食加工业的对策

从前述明显看出，我国木本粮食产业具有发展的优势条件：品种多样；资源丰富；历史悠久；农民积极性高；集体林权制度改革提供了制度基础和增强了新动力。迄今，我国木本粮食产业已取得初步发展，在诸多环节还相对薄弱和落后，技术水平较低。这从另一方面说明潜力巨大。从板栗、大枣、柿子三类主要木本粮食加工现状及加工技术来看，近几年产业发展规模和速度虽然增长较快，但仍存在必须尽快解决的问题，包括体制机制和科技问题，必须采取应对之策。

一、我国木本粮食加工产业面临的问题

展望全国木本粮油行业存在：种植面积迅猛扩大与加工业技术提升缓慢并存；产量快速提高与加工转化率低并存；初级粗放加工厂多与精深加工少并存。这种现象在整个木本粮食、特别在板栗、大枣和柿子三种木本粮食加工业中普遍存在，概括起来有以下四方面。

（一）政策支持力度不够

长期以来，我国是依靠禾本科粮食来满足国家和市场需求的，对小麦、玉米等草本粮食生产有很多的政策支持。而木本粮食加工业则缺少这些政策支持，木本粮食产业的原料基地建设未被纳入农田基本建设规划之中，缺乏基本条件，产业投资基本没有，科研投资也远远不够。

（二）产品深度开发不够

多种木本粮食树种除生产木本淀粉外，还可以开发系列食用、工业用产品。然而，目前我国木本粮食的加工量仅占总产量的 12%，储藏量占 10%，深度加工严重不足。大多数加工企业规模小，数量少，技术落后。许多加工厂还采取以家庭为主的手工作坊生产方式，不仅加工技术含量低、加工品档次低劣，而且资源浪费严重，加工附加值很低。此外，产业集中度不高，竞争力明显不足，直接以原料出口，深加工能力非常薄弱。由此造成木本粮食综合利用程度很低，主要以果实为原料进行加工，果皮和果壳大都成了废弃物，未得到

充分利用。

（三）科技支撑力度不够

迄今，我国木本粮食加工的许多重要技术问题还没有得到解决，这与科技支撑力度小和科技落后直接相关。客观而言，多年来我国对经济林科技支撑的力度太小。国家“六五”“七五”科技支撑计划（原称攻关计划）中列入了3个木本粮食树种（栗、枣、柿），到“八五”“九五”和“十五”期间，科技支撑项目则只保留了栗、枣2个树种，全部木本粮食树种（经济林）的科技支撑科研经费还不及一种禾本科粮食的几十分之一。自“十一五”开始稍稍有了改善，支持力度有较大的增加。但总体而言，国家对木本粮食加工产业的科研支持力度远远不能适应产业发展的需要。

二、我国木本粮食加工开发潜力

我国木本粮食资源丰富，但尚未得到充分合理的开发，无论是在产量、品种、品质方面，还是在深加工方面，以及在市场销售方面，潜力巨大，丰富的资源还处在沉睡中，等待人们唤醒和开发。

（一）物种资源丰富

我国木本粮植物种类繁多，物种资源丰富繁多，有500多种木本粮树种，目前进行较大规模经济栽培的有20多种，主要包括板栗、红枣、柿子、杏、榛子等。其余的绝大部分木本粮食植物资源还处于野生状态，资源十分丰富。据主要木本粮树种全国性品种资源调查发现，全国有枣品种850余个，柿品种800个以上，栗品种800多个。至今，许多野生资源均尚未得到有效利用。

（二）市场前景广阔

源自生态环境良好的山林，不仅属绿色食品，而且木本粮食产品的营养保健价值高，广受青睐。红枣含有丰富维生素、氨基酸和矿物质，被誉为“天然维生素丸”和“百果之王”等美称，具有保肝防癌降压等多重功效；板栗含有大量淀粉、蛋白质和脂肪等多种营养素，具有养胃健脾、补肾强筋的功用。随着居民收入水平的提高和消费结构的升级，对营养和健康的食品需求越来越旺盛，具有绿色、营养和保健等多种特性的木本粮食产品，自然成为人们改善膳食结构的首选食品，国内市场消费量逐年增加。此外，木本粮食产品的出口潜力大，红枣和柿子等是我国传统的出口土特产品，目前主要出口到日韩、东南亚各国和我国港澳台地区都是传统市场。目前出口到欧美市场的规模还较小，广阔的欧美市场具有巨大的开发潜力，应积极进行开拓。

（三）林地资源潜力大

我国木本粮食经济林地资源潜力广大，主要体现在两个方面：一方面是，发展木本粮的后备林地资源潜力大。我国山区面积占国土面积的70%，全国有2.67亿公顷的林业用地，林地利用率仅为57%，另外还有0.53亿公顷可治理的沙地（杨旭东，2010），以及数量庞大的“四旁地”（村旁、路旁、地旁、沟旁）。据估计，到2030年我国可新增木本粮林的种植面积1 202.3万公顷（杨洪国等，2010）。另一方面是，现有木本粮林增产潜力巨大。虽然目前我国有533.33万公顷左右的木本粮林，但是单位面积产量低，通过对现有低产木本粮林改造，增产潜力巨大。例如，浙江省建德市大慈岩镇下金刘村的低产板栗林，改造前的2000年平均单产为127千克/公顷，通过采取深挖施肥、嫁接换种和整形修剪等低产林改造技术后，到第4年，单位面积平均产量达到1 347千克/公顷，是改造前的10.6倍（陈云龙等，2007），可见提高单产对于挖掘潜力的作用多么巨大。

三、我国木本粮食加工业的发展对策

在迈入新世纪的当今，我国木本粮食产业进入了大发展的新时代：“五位一体”建国总布局提供了方向，“五大发展新理念”提供了方针，国家制定的《林业发展规划》提供了方案。如今，我国粮油加工业的航向已经开通，方针已经明确，方案已经完善，万事俱备，只欠勇于改革，锐意进取。为此，必须采取切实的、有力的对策。当前，我国木本粮食加工业应大胆创新，打破常规，转变生产方式，创新生产工艺，加快木本粮食加工机械装备研发；调整产业结构和布局，开拓新的产业领域，以有机食品、功能食品、休闲食品、旅游食品、都市食品、精深加工产品为主导，创名优品牌，增加附加值，占领高端产品市场，实行跨越式发展。

（一）依托科技创新，提升产品附加值

在振兴木本粮食产业的始终，必须采取以科技创新为核心的创新驱动战

略，通过科技创新，开拓新空间，创造新产品，扩展新市场，提高附加值。

一是提升企业创新能力。引导和鼓励木本粮食骨干加工企业在内部设立研发中心或研究机构，加大研发投入，在木本粮食加工业领域培育一批国家高新技术企业。支持企业广泛开展“官产学研资介”合作，加快技术创新和新产品研发，形成自主知识产权，提升企业竞争力。鼓励中小微企业利用创新平台的社会化服务功能，探索公共服务平台供给与企业需求互相对接、紧密合作的可持续发展模式，提高木本粮食加工企业技术工艺水平和创新能力。

二是鼓励采用先进设备和技术。鼓励加工企业引进国外先进设备和关键技术，改进生产工艺和流程，加快技术更新和改造，提高生产自动化、机械化水平和生产效率。比如引进日本柿子加工技术和设备，提高其产品附加值。鼓励木本粮加工企业通过专利贸易以及专利成果的产业化加快转型升级。尤其是，要倡导清洁生产，鼓励企业加大环保投入，加快企业生产环节向低碳化、环保化、绿色化转型。

三是争取在关键加工技术上取得突破。随着木本粮食加工业的快速发展，重大技术革新和研发明显滞后于行业发展需求。要充分利用公共服务平台、企业研发部门、产学研合作平台等多种载体，力争在木本粮食剥壳机械化、资源利用综合化等共性课题攻关取得突破；以及在木本粮食储藏技术、保鲜技术、检测技术、速冻技术、包装技术、质量和安全控制等共性技术、核心技术和关键技术取得突破性成果。

（二）通过“强链补链”，增强核心竞争力

一是，引进实施重大项目。完善重大项目招商引资工作机制和奖励政策，以提升产业配套优势和打造完整产业链为目标，重点引进与木本粮食加工业升级密切相关的木本粮食加工装备制造、生物技术、节能环保等领域的重大项目，以技术领先、关联度高、带动力强的重大项目，提升食品产业发展层次。另外，要按照产业链招商的总目标，围绕现有木本粮食加工链条的缺失环节进行“补链”，对现有优势产业链，从科技、金融、信息化提升，以及品牌引领入手进行“强链”。通过有针对性的项目引进，推动产业、科技、信息化、文化、金融相融合，增强木本粮食加工业的核心竞争力。

二是，发展木本粮食装备制造业。提升我国木本粮食加工业现代化水平的关键措施和主体在于，大力发展木本粮食装备制造业。重点研发木本粮食加工

包装设备。同时，鼓励产业合作，与装备制造行业联合研发木本粮食加工机械、包装机械；与纺织行业联合研发包装新材料；与印刷行业合作研发数码印刷和数码标签；与生物技术产业合作研发发酵技术、开发发酵设备等。借助先进工艺、先进设备，改造传统技术工艺，提高产品质量，降低生产成本，积极开发高端新产品。

三是，打造“全产业链”运作模式。以“全产业链”运作，提高木本粮食加工企业的营运效率，着重发展和完善产品研发、产品检测、终端销售、市场服务等环节。以政策资金扶持为抓手，加强基础设施建设，培育物流龙头企业，推广应用物流新技术，推动物流设施设备更新改造，建立现代物流服务体系，包括低温食品“冷藏链”设施建设。强化加工企业和现代服务业合作，重点引进商品检测、物流、金融、会计、信息、咨询等与生产制造紧密配套的现代服务业，增强木本粮食产业转型升级的服务支撑。

（三）提升产品档次，实现产业升级

一是以高端化需求驱动转型升级。在保持竞争优势的基础上，我国木本粮食加工企业要在产品上实现高端突破，开发精深加工高附值产品，抢占中高端市场：①加速研制功能化食品。食品功能化是食品工业今后相当长时间内的发展趋势，充分发挥板栗、红枣和柿子的营养保健功能，研制和开发功能性的保健食品。②开发时尚化、娱乐化食品。人们对食品的消费需求从吃饱吃好到吃着休闲，越来越多的消费者在消费方式上开始追求前卫、另类和个性化，并且开始注重家庭休闲食品的时尚化。③挖掘具有区域特色的概念性食品。将区域性文化因素融入食品创新中去。我国悠久的历史文化源远流长，博大精深，可以将文化产业的发展与木本粮食产业的发展结合起来，使二者优势互补，互相促进，融合发展。

二是加大品牌建设力度。深入实施名牌带动战略，创建木本粮食加工的名牌名标。鼓励企业以质量为基础树立品牌，以创新手段营销品牌、提高产品的知名度，以诚信为本提升品牌，以产业文化创建品牌、增加品牌的时代信息和文化内涵。支持一批加工企业自主品牌上升为省、国家级名牌名标。利用经济全球化和产业转移带来知名品牌并购的机遇，研究制定扶持政策，鼓励龙头企业并购国外知名品牌，拓展国际营销网络，扩大自主品牌影响力。

三是塑造“绿色食品”形象。绿色发展本来就是木本粮油产业的发展优势。要继续扬长避短，提高企业能效水平，控制污染物减排，大力提倡和推广

节能技术、清洁生产技术，形成文明、节约、低碳、环保、绿色生产方式。同时，大力发展循环经济，构建跨绿色产业生态链，加强对绿色、生态内涵的宣传，形成区域绿色木本粮食产业体系。

（四）实施创新驱动，攻克关键核心技术

在我国大力推动创新驱动转型升级的形势下，木本粮食产业必须强化科技支撑在木本粮食加工中的作用。一是企业要加强与国内外的技术交流与合作，针对木本粮食加工的技术难点和关键环节进行科技攻关，加快推广集成高新技术、成熟的木本粮深加工技术，提高木本粮食产业的效益。二是加大科技创新力度。特别是木本粮食加工企业和相关专业科研院所要加强精深加工技术和产业化关键技术的研发，积极推进木本粮产品由单一的食品功能向保健品、化妆品、医药用品等多功能延伸。如从板栗中提取多糖，开发高附加值的板栗多糖药物及功能性食品。三是加强综合利用开发力度，延长木本粮食产业链，是中国木本粮食产业化发展的关键。加强木本粮副产品的综合利用开发力度，如从板栗壳中提取天然食用色素，从板栗花粉和红枣皮渣中提取总黄酮，从柿子渣中提取多酚等，关键要进一步实现这些综合利用技术的产业化。四是各产地要加大招商引资力度，鼓励国内外大型食品加工企业加入到木本粮加工业中，利用其雄厚的资金和先进的生产技术，生产和开发多种优质木本粮食加工制品，实现多环节增值。

特别要强调提出的是，通过实施创新驱动，着力攻克关键技术。

针对目前板栗加工存在的问题，推动企业与高等院校、科研院所开展多种层次的科研合作，加强板栗贮藏保鲜技术研究与加工产品开发。还要出台优惠政策，积极引进板栗深加工项目，开展系列板栗加工产品，缓解板栗贮藏和鲜销压力，提高板栗产品附加值。

针对目前大枣加工存在的问题，一是利用现代科学技术改善传统产品加工工艺，减少对红枣营养成分的破坏。应用超临界萃取技术、生物工程技术、低温粉碎技术、真空冻干技术、纳米技术和微胶囊造粒技术等新技术，研究开发红枣深加工新产品，提高产品附加值。二是进行红枣功能成分提取技术、生物活性以及成分配伍研究，开发新型红枣保健食品。

针对目前柿子加工存在的问题，要支持企业通过科技创新和延伸产业链，创建知名品牌，加强采后保鲜和提高加工工艺，加强研发深加工技术和产品。

第九章　木本油料加工技术的现状、发展趋势及对策

油脂既是人们生活必需的消费品，又是食品、皮革、纺织、化工、化妆、油漆等多种工部门业的重要原料，以及生物制药、生物能源的资源原料。它是粮油安全的重要内容。

近年来，我国食用植物油消费量持续增长、需求缺口不断扩大，对外依存度明显上升，食用植物油安全问题日益突出。国家统计局数据显示，2014 年我国油料产量 3 517 万吨，与上年持平。据海关总署统计，2014 年我国进口各类油料合计为 7 751.8 万吨，其中进口大豆为 7 139.9 万吨、油菜籽 508.1 万吨、芝麻 57.0 万吨。进口植物油总量为 787.3 万吨，其中进口大豆油 113.6 万吨、棕榈油 532.4 万吨、菜籽油 81 万吨、其他植物油 60.3 万吨。目前，我国油脂自给率不到 40%，食用植物油对外依存度偏高，使国家粮油战略安全受到威胁。另据有关资料统计，世界植物油脂产量占世界油脂总产量的 70%左右，其中食用油占 80%左右，非食用油约占 20%；国民食用油的 90%以上都来源于草本油料作物。所以，油料生产尤其是食用油料生产历来为人们所重视。近年来，随着我国人口的增加和经济的发展，食用油缺口逐年加大，国家每年需用大量的外汇进口食用油，并利用大面积耕地种植草本油料作物。但是我国人多地少、人增地减，在粮食不太充裕的情况下，耕地资源的有限与粮食生产的安全对油料生产发展构成了严重的制约，要拿出更多的耕地来种植油料作物是不大可能的。

进入 21 世纪以来，我国重视开发木本油料资源。这是既不与粮争地，又能有效增加国内食用植物油供给，减少进口，丰富市场供应，是多赢长效的重大措施，具有广阔的发展前景。

第一节　我国木本油料资源概况

我国土地面积辽阔，地域跨度大，植物资源丰富，拥有经济林 2 140 多万

公顷，有丰富的油料植物资源。现已查明的能源油料植物种类有 151 科、697 属、1 553 种，占全国种子植物的 5%，其中种子含油量在 40%以上的植物有 154 种；芳香油植物有 83 科、449 种，主要包括大戟科、樟科、萝摩科、夹竹桃科、桑科、山茱萸科、菊科、桃金娘科、大风子科和豆科等植物。仅以木本植物为例，就有油茶、油桐、乌桕、油棕、小桐子、光皮树、清香木、黄连木、油楠树、桉树和一些樟科植物等木本油料植物。

一、我国木本油料的种类、分布

我国栽培木本油料历史悠久，有的品种有数千年历史。明朝嘉靖年间徐光启在《农政全书》中、就明确倡导以高山种植木本油料替代草本油料，从而腾出农田用于种植粮食作物。我国传统栽培的木本油料植物有油茶、核桃、油橄榄、文冠果等品种，栽培范围广，面积大。主要木本油料树种 200 多种，其中含油量在 50%～60%的有 50 多种，如油茶、文冠果、山杏、油桐、乌桕等。近年来，为适应市场需求，各地根据其区域特点，因地制宜，科学规划，高起点、高标准地建立基地。按照“市场牵龙头，龙头带基地，基地连农户”的开发模式，新建了一批油茶、油桐、油橄榄、乌桕、核桃等名、特、优、新生产基地，使得木本油料的栽培面积、产量、产值等，都快速同步增长。

据 2010 年统计，全国木本油料栽培总面积约 953.3 万公顷。其中栽培面积在 100 万公顷以上的有云南和湖南两省；面积在 10 万～99 万公顷的有江西、广西、四川、陕西、山西、甘肃、浙江、新疆、湖北、福建、广东、贵州和河北 13 个省（自治区）；面积在 1 万～9 万公顷的有重庆、河南、辽宁、安徽、山东、吉林、北京和内蒙古 8 个省（自治区、直辖市）；面积在 1 万公顷以下的有西藏、黑龙江、青海、天津、海南、江苏和宁夏 7 个省（自治区、直辖市）。年均单位产油量 300 千克/公顷，年总产油量 286 万吨，总产值约 165 亿元。

木本油料按用途可分为三类：一是木本食用油料，如茶油、核桃；二是木本工业油料，如光皮树、油桐、乌桕等；三是木本芳香油料，如山苍子等。油茶、油桐、核桃、乌桕为我国的四大木本油料树种。其中以南方的油茶最为著名，现有油茶栽培面积近 383.33 万公顷，年产茶油超过 40 万吨；其次为核桃，全国核桃栽植面积已经突破了 240 万公顷，核桃坚果总产量达到 98.0 万吨，如果全部用于榨油，年产可达 30 万吨。其他木本油料树种如油棕、油橄榄、山核桃、文冠果、香榧、扁桃、阿月浑子、仁用杏等都是含油率很高的树种，也有相当广大的栽培面积。

二、我国木本油料资源优势

我国幅员辽阔，水热资源分布各异，为不同种类木本油料树种的生长提供了得天独厚的条件。木本油料植物集中分布区域为我国南方亚热带至热带区域，常常在一个不大的区域集中了数千种植物。在山区往往与常绿阔叶林或落叶阔叶林相伴生，而且以野生为主（野生种占总数的75.4%），栽培植物种很少。如油茶、乌桕、油橄榄、油桐、油棕等，在南方种植生长发育良好。核桃、山核桃、山杏、文冠果、榛子、红松、元宝枫等种适于北方环境条件，而腰果在海南，蝴蝶果、蒜头果在广西，香榧在浙江等省地适宜生长。

（一）木本油料资源丰富

《中国油脂植物》中记载，全国有108科、397属、814种油脂植物。其中，木本油料就有400多种，含油量在15%～60%的有200多种，含油量为50%～60%的有50多种。茶油、核桃油、牡丹籽油、长柄扁桃油的不饱和脂肪酸都超过90%，比花生油、豆油、葵花子油、玉米油高出5%以上，对减少心脑血管疾病的发生有明显优势，其中茶油已被联合国粮农组织列为重点推广的健康型高级食用油。然而，不仅有许多具有特殊食疗价值和特殊工业用途的大宗野生木本油料（如省沽油、翅果油树、巴旦杏等种）树种资源尚未得到利用，还有大量的野生资源有待发掘和开发利用。

（二）木本油料具可再生性

木本油料植物资源具有再生性，可以不断地自然更新、繁殖和扩大。这种能力为我们长期利用木本油料植物资源提供了可能。并且多年生的木本油料植物可一年种植，能维持数十年的经济利用期，现实效益高；野生木本油料树种可多次采集、长期利用。

（三）木本油料技术资源雄厚

新中国成立以来，我国有关科研、教学单位的许多科技工作者在木本油料生产方面做了大量的科学研究工作，并取得了丰硕的成果。这些科研工作主要集中在资源调查、植物学、遗传育种、繁殖技术、引种栽培、丰产栽培及造林技术、生理生化、生物技术的应用、营养成分的分析及药理作用等方面。他们发现了小桐子、乌桕、光皮树、文冠果、黄连木、漆树、山桐子等20多种油料树种的油脂是生产生物柴油的优质原料，对黄连木、小桐子、乌桕、光皮树和绿玉树等树种资源的种类、分布和开发前景进行了系统研究，在良种培育、能源林建设和油脂提取转化方面取得了系列研究成果。

（四）木本油料培育良种

培育木本油料良种，是振兴整个产业的关键。据2010年统计数据，我国共有各类木本油料良种繁育基地（如种质资源库、苗圃等）8 559个，面积65 081公顷，年可生产各类优良种苗66.57亿株。作为木本油料植物的主要品种，目前油茶无性系高产优质品种苗木生产能力13 610万株，林业科学研究部门也已选育出100多个优良无性系品种，其中通过国家级审（认）定的良种54个，省级审（认）定的良种120个，这些良种的测产每亩在35～50千克，有的亩产茶油已达到75千克。我国共选育出50多个核桃优良品种，120多个优良品系和140多个农家品种，取得了良好成果。但目前通过国家级审（认）定的核桃优良品种还不多，仅有晋龙1号、晋龙2号、辽宁10号和寒丰4个核桃品种于2003年和2009年通过国家级审定。各地通过省级审（认）定的核桃良种较多，如河南有辽核1号、香玲、绿波、薄丰、温185、辽核3号、5号、7号、西扶1号等15个品种通过了省级认定，云南也有云新高原、云新云林、漾江1号等10个核桃品种通过了审（认）定。其他木本油料良种还少有通过国家级审（认）定。

第二节　木本油料产业政策及综合效益

一、国家对木本油料的产业支持政策

（一）国务院关于加快发展木本油料产业做出重要部署

国务院在21世纪之初颁布了《关于加快木本油料产业发展的意见》的重

要指导文件，做出了加快木本油料产业发展，大力增加健康优质食用植物油供给，切实维护国家粮油安全的重大决策；提出了到2020年，建成800个油茶、核桃、油用牡丹等木本油料重点县的任务。届时，全国木本油料种植面积从现有的53.33万公顷发展到1 333万公顷，木本食用油总产量达到150万吨左右。

国务院的文件在制定全国木本油料发展总目标的同时，还提出全面的，具体的要求：①建立健全木本油料种植、加工、流通、消费产业体系，努力提高木本食用油的消费比重，推动木本油料产业持续健康发展；②优化木本油料产业发展布局，继续组织实施好《全国油茶产业发展规划（2009—2020年）》；③开展核桃、油用牡丹等木本油料树种资源普查工作，分树种制定发展规划，把发展木本油料产业与国家重大生态修复工程以及地方林业重点工程紧密结合，因地制宜扩大木本油料种植面积；④加强木本油料生产基地建设，建立健全种质资源收集保存和良种生产供应体系，新建一批高产、稳产木本油料生产基地，对现有低产林进行抚育、更新和改造；⑤推进木本油料产业化经营，积极培育跨地区经营、产供销一体化的木本食用油龙头企业，鼓励企业通过联合、兼并和重组等方式做大做强，鼓励木本油料林立体种植和综合开发，鼓励企业利用新技术、新工艺，开展精深加工和副产品开发；⑥健全木本油料市场体系，建设市场需求信息公共服务平台，制定木本油料生产标准，完善油脂产品及相关副产品质量标准及其检测方法，规范木本食用油包装标识管理，建立木本食用油质量认证体系；⑦加强市场监管和消费引导，加强对木本食用油原料生产、加工、储存、流通、销售等环节的监管，建立健全产品质量送检、抽检、公示和责任追溯制度，加强木本食用油营养健康知识的宣传教育和普及。

（二）国家对发展木本植物油的科学规划

2010年中央1号文件明确提出：要大力发展油料生产，积极发展油茶、核桃等木本油料。2011年，中央财政启动了整合和统筹资金支持木本油料产业发展工作。2012年4月，财政部决定进一步加大力度整合统筹资金，支持木本油料产业发展。近年来，已连续4次召开全国油茶产业发展现场会，2011年举办了首届中国核桃节，出台了一系列关于木本粮油产业发展的政策措施，资金投入力度明显加大。全国投入油茶等木本粮油产业的资金达110多亿元，此外，国家还制定了发展木本植物油料的规划。

在国家食品工业“十二五”规划中，关于木本植物油产业的发展提出了如下规划：一是积极发展茶籽油、核桃油、橄榄油等木本植物油生产，促进油脂品种多元化，提升食用植物油自给水平；二是提高油料规模化、综合利用水平，开发提取蛋白产品；三是鼓励并支持国内有条件的企业“走出去”，合作开发棕榈、大豆、葵花籽等食用油资源，建立境外食用油生产加工基地，构建稳定的进口多品种油料和食用植物油源的保障体系；四是油茶籽加工业要加强优质高产原料基地建设，在湖南、广西、江西等主产区建设若干年加工油茶籽6万吨以上项目。在核桃、油橄榄主产区建设若干年加工原料3万吨以上项目。到2015年油茶籽油产量比重明显提高。

《全国油茶产业发展规划（2009—2020年）》提出，到2015年，我国油茶种植总规模达到466.67万公顷，通过改造油茶林年亩产茶油达到40千克以上，全国茶油产量达到250万吨。

《可再生能源“十二五”规划》提出生物柴油和航空生物燃料年利用量达到100万吨；继续推进以小桐子为代表的木本油料植物果实生物柴油产业化示范，科学引导和规范以餐饮和废弃动植物油脂为原料的生物柴油产业发展。

《山东省牡丹产业发展规划（2015—2020年）》提出，到2020年，全省牡丹种植面积达到26.67万公顷，其中油用牡丹24.67万公顷，年产牡丹籽110万吨，产值200多亿元，年生产牡丹籽油20多万吨，综合效益1 000亿元左右。基本形成油用、药用、观赏牡丹布局合理，种质资源得到有效保护利用，产业规模化、专业化和标准化生产水平大幅提升，科技创新、技术推广、质量监管体系趋于完善，经济效益显著提高的发展格局。

二、木本油料加工技术及装备现状

总体看，近年来，我国的木本油料种植业发展速度快，面积扩大迅猛。与此相对照，木本油料加工业起步较晚，发展较慢，呈现加工规模小、技术水平低、工序繁多、操作麻烦的状况。由于加工技术落后，致使生产成本高，环境污染重，产品档次低，品种单一，资源利用率低，油料加工附加值低下。目前我国木本油料加工技术包括三个方面：

（一）剥壳

由于木本油料坚果（如核桃）的品种多，大小又不是很规则，壳的结构和性质也有较大差别，所以造成脱壳难度大。同时，壳、仁分离也很困难。目前国内现有主要是手工和简单机械化加工，单台设备处理量小，操作复杂，不能连续化生产，限制了规模化加工。国内没有合适的可供规模化生产的脱壳设备。需在现有脱壳技术和设备的基础上，引进国外成熟的脱壳机进行脱壳，借鉴国外成熟工艺和设备，研究适合我国的大型连续化剥壳工艺及设备，提高坚果脱壳效率及单机产量，提高自动化水平。

迄今，国内在坚果剥壳等加工关键环节和设备成套性方面基本处于空白，降低了坚果果仁加工质量等级，且不能形成规模生产，严重制约了坚果油及蛋白粉等产品的精深加工。目前我国有关科研和生产单位根据核桃生产的实际，研制出一些小型坚果采后商品化处理机械，在生产中已得到初步应用，但这些加工技术装备尚未形成规模，产品质量也得不到保证，有待进一步研究。在核桃脱壳方面国内有专利 3 项，但都不适合工业化生产。

（二）榨油

由于木本油料含油率较高，有些含油率甚至高达 75%左右，考虑到蛋白利用，要求饼中含油率低于 10%，必须绿色冷榨才能保证做到蛋白的充分利用。目前国内几种冷榨机的研发各有利弊，一是不适应含油量高的油料加工；二是单台设备处理量小不适合大规模化生产；三是冷榨机间歇操作劳动强度大，设备故障率高等。

木本油料油脂的提取应用较多的是传统的压榨制油，少部分采用浸出法制油。由于坚果类油料油脂和蛋白质含油量高、质地细腻、摩擦系数小，采用压榨法出油呈浆、出饼呈流状，出油率很低，原料利用率也低。浸出法制油是一种先进技术工艺，但制油设备投资大。此外，用浸出溶剂提取，脱溶效果差，营养成分损失较多。目前，国内的油料加工企业大多采用传统的高温蒸炒压榨工艺，坚果的冷榨工艺已有许多工厂在不同程度地加以采用，因为出油率低而采取了与浸出法相结合或掺壳、提高温度、延长压榨时间及增加压榨次数等方法加以调整。但是带壳进行压榨，蛋白质变性严重，饼的利用价值不高。近年来，许多企业采用较先进的冷榨—低温浸出工艺，使冷榨工艺难度大大降低，低温浸出工艺保证了出油率，但仍存在溶剂残留、溶剂污染、安全防爆及接口少等工艺问题。还有一部分企业直接采用液压榨油机，但是仍存在单机处理量小、间歇式生产、操作复杂、工人劳动强度大、生产环境恶劣等缺点。

迄今，我国的木本油料油脂的压榨冷榨技术还处于起步阶段，国内一些厂商正在筹建油茶、核桃等冷榨生产线，但多处于试运行阶段。因此，仍需开展相关研究，促进冷榨技术成熟化、高效化、低成本化，并将先进新型制取技术应用于木本油料加工生产实践中。

（三）精炼

国内现有的木本油料加工厂多采用常规的油脂精炼方式。传统的精炼工艺，高温导致一系列聚合、分解等生物化学反应，会将其中的许多营养成分与有害成分一起除去，降低了油脂的营养和保健功能，而且在精炼过程中产生的大量废水和废渣，造成对环境的污染。目前，我国木本油料冷榨油脂精炼工艺还没有既能满足精炼效果、又能将天然活性物质尽可能多的保留在成品油中的现成技术。其关键技术有待进一步研究。

目前的油脂精炼技术都存在“过度精炼”“营养损耗”的问题，作为高档木本油料油脂，其精炼也应该不同于一般的油脂精炼，符合绿色加工的理念，既做到工艺简单有效，又能使产品安全、营养。整个绿色精炼过程包括脱胶、过滤、脱脂等工序都应是在绿色（小于 60℃）下进行，保证绿色精炼工艺，同时最大限度地保留天然活性物质，如天然维生素 E、植物甾醇、角鲨烯等，同时保留油脂的原味。西安油脂科学研究设计院开发了特种油脂的制备和精炼技术及装备，并成功在大连晟麦得到应用。由于木本油料的特异性差异，对于能加工较多品种的木本油料装备还有待研究与开发。

三、发展木本油脂产业的综合效益

（一）满足人们不断改善的生活需求的新措施

随着中国经济的飞速发展，人民生活水平大幅度提高，对食用油的质量要求也不断提升，具有营养、保健、美味的特种食用油脂产品呈现出巨大的市场空间。特种食用油脂具有非常广阔的发展空间。

木本油料树种多为野生树种，自然生长，很少或不受农药、化肥等污染，其油品质好，食用安全卫生，是真正的天然无公害绿色食品。大力发展核桃、长柄扁桃、元宝枫、油茶等木本油料作物不仅可以扩大油源，解决食用油供应不足问题，同时也为人们提供更多健康、天然的食用油。

（二）解决能源危机的有效途径

生物能源是指通过植物光合作用，把太阳能转变成有机物而储存的能量，包括各种能源植物、沼气、生物柴油、燃料乙醇、农作物秸秆、城乡有机垃圾、工农业废水等。20 世纪 70 年代以来，随着人口的膨胀和经济的快速发展，世界能源供需矛盾日益突出，危机加剧。发展可再生的、清洁的生物能源便成为缓解能源危机和生态危机、保护环境与促进能源可持续发展的重要措施。目前主要发展的生物能源有燃料乙醇、生物柴油、生物制氢和沼气等。生物柴油是将动植物油脂经过脂肪酸酯化反应制成的可供内燃机使用的改性脂肪酸单酯（包括脂肪酸甲酯、脂肪酸乙酯和脂肪酸丙酯等）。它是一种新型清洁运输燃料，具有无毒、可再生性、能生物降解等特点和优良的润滑性能、溶解性和环保性能，还具有十六烷值高（＞56）、硫含量低（＜10μg/g）、不含芳烃、闪点高（＞100℃）、冷滤点高、可以任意比例与石油、柴油混兑等特点，为优质的石油、柴油代用品。目前，用于生产生物柴油的能源植物主要是一些乔木、灌木和草本植物。据不完全统计，已见报道的能源植物有 40 多种，主要是夹竹桃科、大戟科、萝摩科、菊科、桃金娘科及豆科的植物，如美洲香槐、美国的绿玉树与续随树、东南亚的合欢树、亚马逊森林中的苦配巴树、菲律宾的一种椰子树、澳大利亚的半角瓜以及我国的光皮树、油楠、橡树、油桐、小桐子、油楠、乌桕等品种。我国国土面积辽阔，除现有的耕地、林地和草地作为传统农业外，尚有近 1 亿公顷的农林荒地荒山，可以用于发展能源农林业，至少可以发展 20 亿吨生物质能源，约合 10 亿吨标准煤。在未来 20 年，如果建设 2 000 万公顷能源林，每年可产生 10 亿吨生物质，相当于 5 亿吨标准煤。结合中国退耕还林工程，大面积营造木本油料植物林，有望在 10 年后为生物柴油产业的发展提供丰足、廉价的原料油，使中国成为发展生物柴油产业的主要国家之一。

（三）保护生态环境，提高生态经济比重

长期以来，我国耕地负荷甚重，由于耕地得不到休养生息，过量施用化肥、耕地污染严重等原因，导致土壤结构劣化、营养失调及水土流失加剧，最终结果是一些耕地的土壤生产力下降，甚至退化成不宜耕作的荒沙荒地。木本油料作物既是防风固沙的先锋生态树种，又是种植效益非常好的经济树种。发

展木本油料产业是生态保护与林业产业可持续发展的重大举措。木本油料的推广种植，可实现经济效益和生态效益兼收，促使生态、经济、社会三大效益和谐发展。

（四）促进农民就业增收的有效途径

我国山区占国土总面积的69%，山区人口占全国总人口的56%，这些地区贫困人口相对集中，经济社会发展相对滞后，民生问题十分突出。我国农村劳动力资源特别丰富，就业形势相当严峻。依托山区丰富的林地资源和森林资源，充分挖掘林地潜力，大力推进木本粮油和生物质能源产业发展，可为农民提供大量的就业机会，这对于调整农村产业结构、加快山区经济发展、缓解农村社会就业矛盾、促进农民增收具有重要意义。

在全面建设小康社会和建设社会主义新农村的新时期，农业、农村和农民问题是关系改革开放和现代化建设全局的重大问题，重视并解决好“三农”问题，在建设中国特色社会主义事业中具有特殊的重要性。改变农业经济增长方式，延伸农业产业链，提高农产品的商品率、附加值，提高农业效益，对于促进农民就业、增加农民收入已经成为共识。

（五）满足日益增长的市场需求的必然要求

林业是重要的公益事业，也是重要的基础产业，进一步开发林业的多种功能，发挥林业的潜力和优势，大力发展木本油料和生物质能源，既是维护国家粮油安全、能源安全的迫切需要，也是现代林业建设的目标之一，对促进我国经济社会可持续发展具有十分重要的战略意义。

纵观世界油脂市场，生产木本油脂已成为当今世界解决人类食用油短缺问题的主要措施。如印度尼西亚的椰子油供其全国60%人口的全部食用油，马来西亚的油棕油产量占世界棕油总产量的60%以上，希腊橄榄油产量已占其全国食用油总量的93%，西班牙也达48%。我国是世界油料生产大国，油菜籽、花生、棉籽、芝麻的产量均居世界第一位，大豆、葵花籽的生产在世界也名列前茅。但是，由于人口的增长、城镇化水平的提高和餐饮行业、食品工业及化工行业的快速发展，国内食用油消费总量快速增长。而食用油的生产远远不能满足消费需求，国家每年要用大量外汇进口食用植物油脂，食用植物油对外依存度达65%左右，对我国食用植物油安全构成了严重威胁，也对我国粮食安全敲响了警钟。

第三节　油茶资源加工技术及利用概述

一、油茶种植及分布

（一）油茶主产区分布范围

油茶，属山茶科山茶属植物，为常绿小乔木或灌木，是我国特有的木本食用油料树种，有 2 000 多年的栽培和利用历史，与油橄榄、油棕、椰子并称为世界四大木本油料植物；与乌桕、油桐和核桃并称为我国四大木本油料植物。我国油茶主产区集中分布在湖南、江西、广西、浙江、福建、广东、湖北、贵州、安徽、云南、重庆、河南、四川和陕西 14 个省（自治区、直辖市）的 642 个县（市、区）。其中，种植面积大于 10 万亩[①]的县（市、区）有 142 个，种植面积在 5 万～10 万亩的县（市、区）有 97 个，种植面积在 1 万～5 万亩的县（市、区）有 142 个，种植面积小于 1 万亩的县（市、区）有 261 个。详见表 9-1。

表 9-1　全国油茶主产区分布范围

单位：个

主产区	油茶分布县					所辖县（市、区）总数
	合计	小于 1 万亩县级数	1 万～5 万亩县级数	5 万～10 万亩县级数	大于 10 万亩县级数	
合计	642	261	142	97	142	1 537
湖南	121	35	19	18	49	122
江西	100	18	30	7	45	100
广西	61	22	11	10	18	109
浙江	63	42	10	5	6	90
福建	63	15	15	30	3	85
广东	18	4	6	4	4	122
湖北	46	22	13	8	3	101

① 15 亩=1 公顷。

（续）

主产区	油茶分布县					所辖县（市、区）总数
	合计	小于1万亩县级数	1万～5万亩县级数	5万～10万亩县级数	大于10万亩县级数	
贵州	12	1	4	2	5	88
安徽	35	18	7	5	5	105
云南	47	31	12	3	1	129
重庆	15	4	6	3	2	40
河南	5	1	2	1	1	158
四川	43	40	3	0	0	181
陕西	13	8	4	1	0	107

（二）油茶主产区种植现状

目前全国14个油茶主产省（自治区、直辖市）共有油茶林面积4 531.2万亩，其中：产前期面积180.2万亩，初产期面积239.6万亩，盛产期面积1 977.7万亩，衰产期面积2 133.7万亩，分别占总面积的3.97%、5.29%、43.65%和47.09%。受气候、地貌等自然条件的影响，油茶种植面积以湖南、江西、广西3省（自治区）最大，分别为1 778万亩、1 120万亩和552.4万亩，3省（区）面积占全国现有油茶林总面积的76.2%。2008年全国生产油茶籽97.55万吨，生产茶油26.25万吨，平均亩产茶油5.79千克。详见表9-2。

表9-2　全国油茶主产区油茶种植统计表

单位：万亩

主产区	油茶种植情况						现有油茶林茶籽年产量（万吨/年）
	按龄组分布					其中现有高产油茶林面积	
	小计	产前期	初产期	盛产期	衰产期		
合计	4 531.2	180.2	239.6	1 977.7	2 133.7	387.1	97.6
湖南	1 778.0	30.0	30.0	718.0	1 000.0	168.0	40.0
江西	1 120.4	42.0	25.0	438.0	615.0	60.0	16.0
广西	552.4	56.1	24.5	362.5	109.3	65.0	14.0
浙江	239.8	6.2	13.0	119.9	100.7	20.0	4.2

（续）

主产区	油茶种植情况						现有油茶林茶籽年产量（万吨/年）
	按龄组分布					其中现有高产油茶林面积	
	小计	产前期	初产期	盛产期	衰产期		
福建	196.0	10.0	15.0	84.0	87.0	8.7	6.3
广东	150.0	5.0	5.0	100.0	40.0	0.5	3.0
湖北	145.4	10.2	59.2	20.3	55.7	30.0	6.0
贵州	102.8	3.5	19.7	21.3	58.3	9.0	1.4
安徽	85.0	5.0	26.0	42.0	12.0	22.0	5.0
云南	52.6	1.2	1.0	42.6	7.8		0.3
重庆	48.0	7.0	9.7	5.3	26.0	0.6	0.1
河南	24.0	3.6	10.6	9.3	0.5	0.2	1.0
四川	20.3			6.0	14.3	1.7	0.2
陕西	16.9	0.4	0.9	8.5	7.1	1.4	0.0

（三）油茶主产区油茶良种种苗生产状况

在油茶主产区 14 个省（自治区、直辖市）中，湖南、江西、广西、浙江、安徽、湖北、福建、云南和重庆 9 省（自治区、直辖市）通过国家或省级审（认）定的油茶良种有 174 个，其中通过国家级审（认）定的良种 54 个，省级审（认）定的良种 120 个。这些良种的测产每亩在 35～50 千克，有的亩产茶油已达到 75 千克。湖南、江西、广西、浙江、福建、湖北、贵州、安徽 8 个省（自治区）共建有油茶良种基地 33 个（30 个采穗圃和 3 个种子园），总面积 4 414 亩，油茶良种苗木现有生产能力约 1.36 亿株，良种穗条现有生产能力约 7 500 万条。详见表 9-3。

表 9-3　全国油茶主产区油茶良种种苗生产情况

主产区	现有良种采穗圃（个）	面积（亩）	2009 年可用良种苗木（万株）	今冬明春可用良种苗木（万株）	现有良种基地穗条生产能力（不包括 2009 年准备建设的采穗圃）（万条）	现有基地、苗圃良种苗木生产能力（不包括 2009 年准备建设的采穗圃）（万株）
合计	33	4 414	5 366	13 682	7 515	13 610

（续）

主产区	现有良种采穗圃（个）	面积（亩）	2009年可用良种苗木（万株）	今冬明春可用良种苗木（万株）	现有良种基地穗条生产能力（不包括2009年准备建设的采穗圃）（万条）	现有基地、苗圃良种苗木生产能力（不包括2009年准备建设的采穗圃）（万株）
湖南	8（1个种子园）	433	590	2 500	2 500	5 000
江西	5	1 260	1 200	4 200	1 725	3 900
广西	3（2个种子园）	350	23	295	40	种子40 000千克，可育苗400万株，穗条40万，可嫁接100万，合计500万
浙江	4	110	105		90	300
福建	2	320	80	1 800	500	350
广东			650	2 285		
湖北	6	961	2 100	720	1 210	1 560
贵州	3	380		300	650	1 200
安徽	2	600	210	350	800	800
云南			100	70		
重庆				560		
河南				300		
四川				110		
陕西			308	192		

目前，开展油茶种质资源收集保存的有湖南省、江西省、浙江省和贵州省。湖南省林科院从2003年开始，收集保存了200多个油茶优良无性系、家系等。江西省林科院收集保存优良无性系和农家品种100多个。浙江省林木种苗站与中国林科院亚热带林业研究所合作，在浙江金华东方红林场建立了油茶种质资源库，收集保存了275个油茶无性系。贵州省黎平县林木良种繁育中心收集保存了75个油茶的繁殖材料。

二、油茶籽资源利用及产品

油茶籽全身都是宝，利用率可达100%。除可用于榨油外，其加工副产物如油茶籽壳、油茶籽饼粕也有广泛的用途。油茶籽饼粕、茶皂素、茶籽壳等加工副产物，可广泛用在日用化工、制染、造纸、化学纤维、纺织、农药等领域。油茶籽饼粕中仍存在5%～6%的茶籽油，经浸提后可继续提取4%的高品质茶皂素，其茶皂素含量在80%以上，是市场所需及出口创汇的好产品。随着油茶加工企业对油茶籽饼粕进行精深加工，原来被农民丢弃的油茶籽饼粕价格一路攀升，从每吨300元猛增到每吨1 800元。茶皂素是一种非离子型表面活性剂，使用安全，易被微生物分解，有利于环境保护。经实验证明，它可配制无公害洗涤剂、各类工业乳化剂、无公害杀虫剂、啤酒发泡剂和食品工业乳化剂等。提取完茶皂素的余粕中，还含有12%～16%粗蛋白、30%～50%淀粉和较丰富的木质素，饲用价值很高，稍作加工即可作为禽、畜、鱼的优质饲料。另外，茶籽壳中含有丹宁、糠醛等，可以用来制造栲胶、糠醛、优质活性炭等化工原料。高品质的油茶副产品，已广泛应用于多个行业，其发展前景很大。油茶副产品在泰国、马来西亚等国际上也占有一定的市场份额。油茶籽的利用情况可用图9-1表示：

采摘油茶果→干燥→油茶籽→烘干→清理→脱壳→压榨→过滤→压榨油

↓　↓

提取活性炭、糠醛、鞣质、木质素等←壳饼→浸出→毛油→精炼

→茶籽油粕提取茶皂素或作饲料

图9-1　油茶籽的利用流程

三、油茶籽资源加工技术现状

（一）油茶籽的采摘及预处理

收摘油茶籽的季节性很强，适时采摘直接关系到茶籽的出油率和茶籽油的品质。油茶果的充分成熟期只有10多天时间，正常成熟期采摘的油茶果的茶籽的出油率为30%左右，甚至更高。用油茶果采摘机采摘臂进行采摘的油茶籽，采收后需进行干燥处理，一般分为两种方式，人工翻晒和机械烘干。油茶籽的烘干设备有逆流干燥塔或平板烘干机。采用顺逆流干燥塔烘干时，温度控制在80～90℃，出料水分为6%～7%。采用平板烘干机进行烘干时，根据进出料水分调整烘干时间和温度，建议使用导热油加热时温度应控制在100℃左右为宜。烘干后的油茶籽必须进行预处理，及时通风降温，一般温度降至

40℃以下才可以储存。

（二）油茶籽油加工工艺方法

油茶籽油按色泽、气味、酸度的等级不同，划分为毛油茶籽油、二级油茶籽油和一级油茶籽油。毛油茶籽油一般是由油茶籽使用液压榨油机榨取制成，具有独特的油茶籽油清香，色泽一般较浅，透明度比较差，含有较多的杂质。二级油茶籽油是毛油茶籽油脱除磷脂、蛋白质以及其他水溶性杂质，或利用现代浸出技术制取的毛油，色泽比毛油茶籽油略浅。一级油茶籽油（即精制油茶籽油）是毛油经过脱胶、脱酸、脱色、脱臭处理生产出来的档次较高的油脂，色泽更浅，气味更淡。根据不同等级油茶籽油的生产需要，油茶籽油工业提取制备方法主要有以下几种：生产上较成熟的机械压榨法；溶剂浸提法；超临界流体萃取法。目前，我国制取油茶籽油的制取方法主要采用机械压榨法和溶剂浸提法。

1. 压榨法

压榨法是传统的榨油方法，用物理压榨方式从油料中榨油，压榨法提油有液压机榨油和螺旋机榨油两种。压榨法因其产品无溶剂残留，符合绿色消费趋势而倍受青睐。用压榨法制取的油茶籽毛油色重且混，尚需进一步精炼，同时油茶籽饼中残油较高，但该法生产的油茶籽油，对其特有清香味保持较好。

2. 溶剂浸提法

溶剂浸提法是利用一些有机溶剂（如正己烷、石油醚、无水乙醇）溶解油脂的特性，通过溶剂浸泡，油脂溶解到溶剂中，再通过蒸馏等工艺将有机溶剂从毛油中分离出来。随着工艺发展需要，把不同极性的有机溶剂混合在一起的混合溶剂浸提工艺，可达到浸取物料中不同组分或者脱毒等目的。

溶剂浸出法提取油是“固—液萃取”化学方法在制油中的实际应用。它是一种较压榨法更为先进的制油方法，具有出油效率高、粕的质量好、加工成本低、生产环境良好、操作人员少等优点。

以上两种方法生产油茶籽油均需要繁杂的后处理精制过程（如脱胶、脱酸、脱色等），且难以得到高品质的产品，而油茶籽油中一些天然的功效性成分也在处理过程中被破坏，极大地影响了油茶籽油的营养价值。

3. 冷榨工艺

低温压榨制油新工艺及其关键设备研究是国内外油脂行业的热门课题。冷榨制油是指油料在入榨前不经蒸炒等高温处理，入榨温度为常温或略高于常温，以及压榨过程料温较低的榨油方法，其机械原理是通过机械压力将油脂挤出。冷榨制油有利于保留油料中所含的生理活性物质，并可避免高温压榨过程中油脂、蛋白质、糖类、类脂物等物质变性所产生的有害物质。由于冷榨温度低，磷脂、色素等难以进入油中，故冷榨油色泽较浅，磷脂含量很低，只需经机械过滤，无需化学精炼，即可达到食用油标准。

冷榨法制取油茶籽油有以下几个优点：①冷榨过程产生的热量远低于传统压榨过程，可以避免油脂、糖类物质的降解反应以及蛋白质的变性所带来的有害物质。由于冷榨温度较低，也避免了在高温下一些胶体、杂质会溶解到油中，使得油质较纯净，不需精炼，只需过滤即可。②经多重过滤、低温过滤精炼工艺，避免了常规精炼工艺中磷酸脱胶、烧碱脱酸、活性白土脱色工艺，简化了工序，同时还避免了传统真空干燥、真空脱色、高温高真空脱臭时油茶籽油香味的损失，有效保留了油茶籽油中的生育酚、角鲨烯、甾醇等有效成分，最大程度地保留油茶籽油的原有风味。③绿色环保，油茶籽油品质好，能量消耗较小，过程无需使用有机溶剂。④与传统榨油机相比，新型低温榨油机加工原料品种多，出油率高，操作简单，安装方便，无需专设地基，并且简化榨油工序，无需油料的预先脱皮、蒸炒、粉碎及后期复杂的油脂净化工序，油料可以直接加入榨油机内榨油，只需要 1 分钟就可以出油，榨出的毛油经过自然沉降后即可安全食用。榨制过程实现电脑程序控制，自动化程度高，劳动强度低。由于油料在榨油机内处理的时间短、温度低，对油脂影响小。

4. 水酶法

水酶法是一种新型制油方法，是目前研究较多的一种油脂制取方法。生物技术是实现资源利用生态化和可持续发展的一个重要趋势。20 世纪 70 年代，随着微生物技术在“酶”生产中得到应用与推广，工业化生产降低了酶制剂价格，应用酶提取植物油脂引起了国外许多学者的兴趣。水酶法以机械和酶解为手段降解植物细胞壁，使油脂得以释放，可以满足食用油生产“安全、高效、绿色”的要求。其最大的优势是在提取油的同时能有效回收植物原料中的蛋白质（或其水解产物）及碳水化合物。水酶法提取工艺具有以下优点：设备简单、操作安全、条件温和、产油效率高、毛油质量好无溶剂残留，可有效保护可利用成分。国内外应用水酶法技术工艺在大豆油、花生油、菜籽油等油脂制取方面做了大量研究工作。在茶籽油制取中已开始起步，不用蒸炒压榨，不使用有机溶剂，也无需精炼加工，而只用水和酶提取茶籽油的新工艺填补了国内外空白，成果居国际同类研究的领先水平。这一全新的油脂制取技术，出油率比传统方法高7%左右，达到92%，不仅保留了油脂的独特风味和天然营养物质，提升了质量标准，而且无“三废”污染。然而，可惜的是，水酶法在国内还未进行工业化应用。

5. 超临界萃取法

超临界流体萃取（SFE）技术作为一种独特、高效、清洁、节能的分离技术得到了广泛而深入的研究。与传统萃取法相比，SFE技术具有与环境友好、分离方便等优点，在生物、医药、食品、化工、轻工、冶金、煤炭、环保等诸多领域具有广泛的用途。但是，目前SFE技术的发展也面临着比较大的问题，特别是在国内SFE离工业化还有很大的距离。随着科技的发展，SFE技术的不利因素会不断被消除，其中，超临界流体萃取过程的强化技术成为近年来研究的新动向。这些强化技术有加入夹带剂、超声强化、电场强化等。SFE作为一种有效的环保技术在生产中将发挥更重要的作用。在超临界流体萃取的工艺过程中，要求超临界流体具有良好的选择性和良好的溶解性能等特性。常用的超临界流体有CO_2、SO_2、NH_3、H_2O、CH_3OH等。

超临界萃取技术在油脂的提取分离及其有效成分的提取分离中应用得非常广泛和深入。研究结果表明，超临界CO_2萃取得到的油脂，收油率高，杂质少，色泽浅，已达到国家成品油茶籽油的一级标准，超临界CO_2萃取出的茶籽油，具有操作简便、油脂萃取率高、油品质高、质量稳定、无溶剂残留、绿色环保等优点，萃取出的油茶籽油不经过脱胶、脱色等精炼过程便可达到食用油水平。这样，既缩短了生产周期，减少了成品油损失，还有效保持了茶籽油原有的香气和风味，提高了油茶品质。

6. 微波辅助法

微波辅助法分为以下三种：

第一种是微波辅助冷榨工艺。油茶籽微波辅助冷榨工艺流程：油茶籽→清理→磁选→剥壳→仁、壳分离→轧坯（破碎）→微波辐照→压榨→油茶籽毛油。微波辅助冷榨工艺是在常规冷榨工艺基础上增加微波隧道，将破碎均匀的油茶籽仁进行微波辐照，使其细胞得到初步破坏，便于榨取油脂。由于物料在微波隧道内辐照时间较短，物料温度不高于55℃，仁细胞还是要通过压榨得到破坏。该工艺路线提升了成油品品质，但综合效益还不理想。

第二种是微波辅助中温压榨。微波辅助中温压榨工艺流程：油茶籽→清理→磁选→剥壳→仁壳分离→轧坯（破碎）→微波辐照→风冷→微波辐照→压榨→油茶籽毛油。该工艺路线是在微波辅助冷榨工艺路线的基础上增加了一套风冷设备和一条微波通道。为了使轧坯（破碎）后的油茶籽仁细胞受到进一步破坏，将其进行微波初辐照，风冷，再微波辐照，通过两次微波辐照后水分大量散失，细胞壁绝大部分被打开，组织松散，油分处于游离状态，更容易把油挤压出来。

微波辅助中温压榨工艺的优越性：该工艺不但使油茶籽仁的细胞得到破坏，又可保证入榨物料的温度不高于 75℃，所得油茶籽油风味完整，产量提高，饼中残油降低，不仅具有常规冷榨工艺的优点，出油率较高，也解决了常规热榨毛油高温易氧化，毛油品质低和精炼率低的问题，具有绿色环保、节能高效等优点。

第三种是微波辅助浸出工艺。微波辅助浸出工艺流程：油茶籽饼→粉碎→预热→微波辐照→浸出→蒸发→浸出油茶籽毛油。微波辅助浸出工艺的优越性是：微波辐照浸出工艺是将粉碎后的油茶籽饼在微波隧道进行辐照，使物料水分迅速气化外溢，气体使细胞壁撑破形成许多细小的微孔，为溶剂渗进物料深层建起了顺畅的通道，大大提高了浸出效率。该工艺既能使物料细胞得到破坏，又保持了油茶籽油的原始风味及油茶籽粕的质量，具有提取率高、毛油色泽清亮、浸出时间短、溶耗低、能耗低、粕中残油低等优点。

7. 油茶籽油的精炼

浸出油茶籽油的精炼工艺与其等级有关，一般是经碱炼脱酸、脱色、脱脂、脱臭或经物理脱酸得到。

四、油茶籽资源的综合利用

油茶，是我国特有的木本油料作物，富含油脂、皂素、多糖、蛋白质等多种有价值的成分，是具有很多经济和社会价值的资源。随着把粗放化加工利用方式、转变为集约化利用，油茶籽资源得到深度、综合开发，加工出一系列有价值的产品。

（一）油茶籽蛋白的提取和利用

提取茶皂素后的油茶籽粕，可直接作为蛋白饲料或经碱液浸出提取油茶籽蛋白。但由于其中含有一定的单宁、茶皂素、纤维素等抗营养因子，其味苦涩，低毒，会引起牲畜消化不良等现象。利用生物工程技术，以油茶籽粕为原料进行混合菌固体发酵，可降低油茶籽粕中单宁、茶皂素、纤维素等抗营养因子的含量，与此相对照，却提高了寡肽的含量，提高了油茶籽蛋白的消化吸收率，显著提升了油茶籽粕的经济价值。油茶籽蛋白中氨基酸种类较为全面，但氨基酸比值系数分较低。相比较于 FAO/WHO 必需氨基酸参考模式，其色氨酸含量高。色氨酸是人体必需氨基酸中极为重要的一种，对人体蛋白质的合成、神经系统、免疫系统、消化系统都具有重要的意义。日常食用的玉米、大豆等谷物的限制性氨基酸除赖氨酸外就是色氨酸。因此，在食品加工过程中，油茶籽蛋白可作为色氨酸营养强化剂添加到食品中。

（二）油茶籽粕的综合利用

一是提取茶皂素。目前主要采用水浸提和醇浸提两种工艺，各有优缺点。近年来国内学者开发了一些新的茶皂素提取工艺，如大孔树脂法、超声波提取、超滤膜技术等。应用大孔树脂法可进行茶皂素的提取与精制。超声波可以显著提高茶皂素的提取效率。超滤膜技术是在水浸提取技术的基础上，通过水溶液中各物质相对分子质量的差别而使糖类、盐类、色素等杂质被分离除去，从而达到浓缩、精制及脱色的目的。还有专家开发出超声波提取、超滤纯化制备茶皂素的新工艺，并获国家发明专利。该工艺显著提高了茶皂素的提取效率和产品的获得率，降低了加工能耗，保证了产品质量，产品纯度达 90%以上，适合于工业化生产，目前正进行新工艺的中试和熟化。

二是提取茶籽多糖。取油之后的茶籽粕中含有 30%～50%糖类。茶籽多糖的提取方法主要有水提法、酸碱提取法、含水有机溶剂法等，水提法所得提取物中有一定的淀粉和蛋白质，会导致过滤困难，给后处理带来麻烦。酸碱提取法容易破坏多糖的结构，从而使其丧失活性。一般采用有机溶剂法提取茶籽多糖。

（三）油茶籽壳综合利用

油茶籽壳中含有丰富的茶皂素、鞣质、多糖等成分，油茶籽壳中糠醛含量为 18.16%～19.37%。糠醛广泛应用于橡胶、树脂、医药等工业，是一种非常重要的化工原料。可惜以往都是简单地作为废物丢弃了之，不仅造成资源的浪费，而且严重污染环境。目前在一些大中型加工企业中，已开始利用油茶籽壳制取糠醛。

油茶籽壳中含有9.23%的鞣质，可用水浸提法提取栲胶。栲胶是制革工业的主要原料，还可作矿产工业中使用的悬浮剂。提取栲胶后的残渣可用于制糠醛或作肥料。另外，茶籽壳中含有约50%的木质素，可用来开发木质素磺酸钠，用于混凝土工程，节约水泥用量和提高混凝土强度。

五、油茶产业发展趋势及对策

数十年来，我国的油茶产业虽然在基地建设方面有过几次大的发展，但全国油茶产业却一直没有发展壮大起来。其主要原因包括：加工技术水平不高，比较效益较低；高产优良品种未得到大面积推广；综合利用率低，资源浪费严重；木本油料的总产量很小，与市场消费需求潜力巨大不适应；国家政策扶持力度较弱，有待加强。为此，需要采取以下必要对策措施。

（一）加强政府引导，促进体制机制创新

长期以来，我国油茶生产多为农户分散经营，虽可充分利用农户闲散劳动力资源，解决部分农村剩余人口就业问题，但从产业发展角度衡量，也存在诸多不利的因素：不利于良种和先进生产技术的推广应用；不利于建成规模化的商品生产基地，提高产品质量档次和创立品牌；更不利于形成生产、加工、销售、市场完善的产业体系。鉴于此，要以深化集体林权的改革为契机，培育和发展农民大户、农民家庭林场、农民专业合作社，以及林业企业等新型经营主体，扩大适度规模经营。同时，以具有带动力、辐射力的企业为龙头，发展产业化组织经营，优化资源配置，提高效益。

近年来，各地也在探索油茶等经济林规模化生产新模式。如新型农业合作组织以多种形式出现；在油茶有机生产基地建设中进行机制创新，形成企业、基地与农户的紧密关系；以科技为依托，建立示范基地并与农户结合；采用以森林食品基地为载体，将企业、基地、农户结合在一起的经营方式；组织油茶专业合作社，以及引导企业改造设备提高产品品质等。这些促进油茶规模化生产，为油茶大面积改造和新品种造林提供了强大的推动力。同时，茶油产品紧缺、价格上涨也调动了广大农户经营油茶的积极性。进而从多方面促进了油茶经营规模和生产力水平，提升了油茶产业化发展水平。

（二）加快新技术推广应用，促进加工方式转变

近年来在油茶籽油加工方面出现了一些新的技术，如二氧化碳超临界萃取

技术、酶法（水代）制油技术以及双螺旋低温冷榨技术等。其中超临界萃取技术制取的油清澈纯正、色泽较浅，活性成分损失少，不需精炼，但生产成本较高，适合于高级保健油茶籽油的生产。水酶法对设备要求低，可免除强精炼，有利于油茶籽的综合利用，但油茶籽中的皂素容易造成乳化，清油得率偏低。油茶籽油加工业的出路在于生产出体现其高档品质的特色产品，而油茶籽油的特色在于优良的脂肪酸组成，丰富的保健活性成分以及独特的风味。保持这些特点的唯一途径就是开发应用适度精炼技术，降低精炼强度，而降低精炼强度的前提是有高质量的原料油茶籽。通过开发油茶籽机械化干燥技术，保持其新鲜度是发展冷榨原味油、热榨浓香油的关键。在目前尚无油茶籽专用的干燥技术的情况下，可以引入粮食干燥机械，如真空低温干燥、热风干燥技术，可显著提高干燥效率。此外，应改变有些油茶产区捡落地籽，以及采收、采后堆沤等影响油茶籽质量安全的作业方式，从源头上为高品质油茶籽油的生产提供保证。

（三）加强高效技术工艺研究，促进提高质量和效益

积极转化科研成果，推广油茶籽脱壳冷榨新技术、新装备和新工艺，淘汰落后工艺装备，提高规模化生产水平，提升产品质量和经济效益。加强油茶籽的综合利用研究，提高油茶籽资源的利用程度，实现更高的附加值。进一步开展茶皂素及其深加工产品、油茶籽饼粕蛋白饲料、高级油茶籽油护肤品和化妆品等产品的开发研究，使加工副产物资源化再利用，大幅提高附加值，提升我国油茶籽加工的现代化技术水平。

（四）培育高产稳产新品种

第一代油茶良种选育从 20 世纪 50 年代开始，由中国林科院组织油茶生产和科技工作者集中力量进行全国范围的种质资源清查与收集工作，初步查清了普通油茶、小果油茶、攸县油茶等可供食用的 30 多个主要品种，整理了普通油茶地方品种 160 多个。相对来说，第一代良种虽然数量庞大，但大多选育的是优良农家品种，丰产性并不高，亩产油量仅 20～30 千克。

第二代良种以中国林科院组织的“六五”“七五”国家攻关计划油茶良种选育和国家林业部油茶无性系选育与配套栽培技术项目研究期间选育的良种为主。在这两个时段内，选育的良种均为无性系，品种纯化，增产潜力高，是目

前应用最广的油茶良种。由于 20 世纪八九十年代我国油茶新造林发展缓慢，使这些高产无性系良种育成后没有得到应用，以致这些良种未能发挥出应有的生产潜力。

经过两次大规模的良种选育工作，到目前已选育出包括油茶优良农家品种、杂交组合、优良家系和无性系等油茶优良品种（系）100 多个，像湖南省林科院的“湘林”系列、江西省林科院的“赣无”系列、赣州市林科所的“赣油”系列、中国林科院亚林中心的“长林”系列，这四个油茶高产无性系系列计 94 个油茶高产无性系（品种），其中亩产茶油 50 千克的油茶高产无性系 82 个，而其中有些优良品种（系）亩产茶油可以达到 70 多千克。新品种在推广当中也取得了较好的效果：江西省新余市渝水区采用的油茶“长林”系列，2001 年造林 10 公顷，第三年亩产油 3 千克，2007 年亩产油 65 千克（未采穗）；丰城市采用油茶“赣无”系列新品种，2001 年造林 33.3 公顷，7 年生亩产油达到 75.5 千克；樟树市采用“长林”系列油茶新品种，2001 年造林 333.3 公顷，7 年生亩产油 52 千克。油茶优良品种（系）在生产上的应用，为新建油茶基地，倡导以高产、优质、高抗新品种为核心，配套现代集成栽培技术体系，建立油茶发展的新模式以及集约化规模生产奠定了良好基础。

（五）加强良种苗木培育技术

在扩繁技术方面，以中国林科院亚热带林业研究所研发的油茶芽苗砧育苗技术，推动了油茶整个培育方式的变革，解决了油茶长期以来无法实现的难题，使油茶品种规模化扩繁和优质苗木快速培育成为可能。以此技术为基础，形成了国内一批油茶良种苗木生产基地。近年来，全国 95%以上的苗圃和 5 000万株以上的良种苗木均采用此技术进行生产。例如中国林科院分宜育苗基地育苗量在 700 万株以上；湖南省浏阳市育苗基地育苗量在 800 万株以上；安徽省三友公司徽州育苗基地育苗量在 700 万株以上；湖南省油茶繁育基地育苗量在 400 万株以上；赣州市林科所育苗基地育苗量在 300 万株以上；江西林科院育苗基地育苗量在 100 万株以上。油茶芽苗砧育苗技术的应用基本解决了我国对油茶良种苗木的生产需求，为油茶产量的稳速提高打下了坚实基础。

（六）加强低产林改造

在“六五”“七五”期间，油茶栽培技术协作组组织编制了油茶丰产林国家标准和行业标准，并在油茶低产林的改造中逐渐形成了因地制宜、分类指导、多模式低改的共识，使低产林改造模式和油茶标准化栽培技术在生产中逐步完善和成熟，在油茶主产省得到大面积推广应用。其中效果显著的有：湖南省常宁、耒阳、永兴三县采用组装配套综合技术抚育改造 6 000 公顷低产油茶林，第四年亩产茶油 12 千克；浙江省常山县新昌乡优铬村，有油茶林 333.3 公顷，低改前为 20 世纪 60 年代种子直播林分，亩产油在 3～5 千克，采用两种模式改造并强化抚育后，每年亩产油量达到 15.3 千克，采用油茶与果树间种亩产油量达到 20 千克。目前，我国油茶低产林面积达 266.67 万公顷，占现有油茶面积的 90%以上，对低产林的改造无疑是一种在短时期内提高油茶产量的有效方式。

第四节　核桃资源加工技术及利用概述

核桃又名胡桃、羌桃，属胡桃科胡桃属植物，原产西亚、欧洲东部和南部等地区，现已在北半球（北美、北非、东亚等地）广泛栽培。核桃，在我国已有 2 000 多年的栽培历史，是主要木本油料之一。

一、我国核桃资源及利用状况

（一）我国核桃种植分布广泛

种植分布的范围很广，除黑龙江、上海、广东、海南等省（自治区、直辖市）外，从北纬 21°29′的云南勐腊，到北纬 44°54′的新疆博乐，纵跨纬度 23°25′，西起东经 75°15′的新疆塔什库尔干，东至东经 124°21′的辽宁省丹东，横跨经度 49°06′，均有核桃栽培和分布，包括辽宁、天津、北京、河北、山西、山东、陕西、宁夏、青海、甘肃、新疆、河南、安徽、江苏、湖北、湖南、广西、四川、云南、贵州及西藏等 20 多个省份。核桃的垂直分布从新疆吐鲁番处于海平面以下约 30 米的布拉克村到西藏拉孜海拔 4 200 米，均有核桃自然生长。

我国现有核桃栽培面积 200 万公顷，年产量 50 万吨，居世界之首。目前核桃栽培面积以每年 10%的速度递增，到 2015 年，核桃种植面积有望达到 266.7 万公顷，年产量达 70 万吨。中国核桃有三大栽培区域：一是大西北，包括新疆、青海、西藏、甘肃、陕西；二是华北，包括山西、河南、河北及华东区的山东；三是云南、贵州。云南、山西、陕西、河北为核桃生产大省，其中云南省产量居全国第一位，产量约占全国总产量的20%。近年来，我国核桃生产发展较快，2001—2010年，我国核桃单产水平由1 442.0千克/公顷提高到3 541.2千克/公顷，总产量从2001年的252 347吨，增加到2010年的1 060 600吨。

我国核桃良种选育工作起步于20世纪50年代，但在当时并未引起足够的重视，直到20世纪70年代才进入了全面发展期。到2003年年底时，经过资源普查、引种、实生选种和杂交育种，我国共选育出50多个优良品种、120多个优良品系和140多个农家品种，取得了较好的成果。但目前通过国家级审（认）定的核桃优良品种还不多，仅有晋龙1号、晋龙2号、辽宁10号和寒丰4个核桃品种于2003年和2009年通过国家级审定。各地通过省级审（认）定的核桃良种较多，如河南有辽核1号、香玲、绿波、薄丰、温185、辽核3号、5号、7号、西扶1号等15个品种通过了省级认定。云南有云新高原、云新云林、漾江1号等10个核桃品种通过了审（认）定。我国现有核桃属植物8个种，其中作为广泛栽培的主要是普通核桃和铁核桃。普通核桃主要分布在北方地区，据《中国果树志·核桃卷》记载的无性系品种及优良品系179个、实生农家品种514个、优良单株124个。铁核桃主要分布在云南、贵州、四川等省区。

（二）核桃资源的价值及综合利用

我国的核桃资源，在较长历史时期均以直接利用核桃仁为主，加工基础比较薄弱。20世纪80年代以来，随着国民经济的发展和人民生活水平的提高，桃核产量不断增加，核桃食品加工业也得到发展。以核桃为原料的食品种类日益增多，花样不断翻新；核桃深加工的研究推出了一批成果，一批新产品相继问世。目前，全国核桃加工主要途径是生产白皮核桃、核桃仁和核桃油。加工较好的白皮核桃和核桃仁主要用于出口。

全国以核桃为主、辅料的食品总数达200种以上。以核桃为主料的加工食品有琥珀核桃、核桃乳、五香核桃、蜂蜜核桃、盐核桃、脱皮核桃仁、核桃软糖、糖水核桃罐头、糖酥核桃仁、核桃酪、核桃山楂饮料、速效增智健脑保健品、核桃山楂汁、核桃花食品等。以核桃为辅料的加工食品就更多，主要有核桃粉、玫瑰桃片、一品烧饼、八宝油脂、千层发糕，以及各地的风味食品。

核桃油是高级保健食用油。此外，核桃油还可以通过加碘制成碘化油，应用于支气管、输卵管、腔道等造影。同时它是制造白漆、绘画用油彩的上等原料，在工业及医药方面也有着极为广泛的用途。

核桃蛋白除用来生产核桃粉、核桃乳以外，还可以作为一种良好的黏合剂、填充剂和风味强化剂添加到香肠、火腿等肉类制品中，使肉汁水分不易流失，风味物质不易损失，促进脂肪吸附，制品不易产生走油现象，从而保持制品组织细腻、质地良好。将核桃蛋白添加于面包、蛋糕等焙烤制品中，不仅可以提高食品的蛋白质含量，还能使食品蓬松柔软、富有弹性。

核桃鲜叶榨取汁富含单宁，可用做蚊香以及其他工业原料。其干物质含核桃蛋白70%以上。核桃叶干后除了做饲料外，由于含有多种化学成分，具有一定的医疗价值，可用来治疗伤口、皮肤病及肠胃病等。

核桃果实的外层青皮含有单宁，可制作栲胶，用于染料、制革纺织等工业。核桃的青皮中含有有效的中药成分，在中医验方中被称作“青龙衣”，可治疗一些皮肤病及胃神经病等。青皮浸出液可防治象鼻虫和蚜虫，是最近科学家探求植物源农药的主要原料。

核桃硬壳能制作活性炭、提取棕色素、生产抗氧化剂、制作抗聚剂、作为过滤器中的滤料、作为堵漏材料，并且作油毛毡工业及石材的打磨材料。也可磨碎作农用复合肥料。

此外，核桃资源还有其他多种用场：核桃仁的外层涩皮、可作为高档畜禽饲料的添加剂。核桃树木材色泽淡雅、花纹美丽、质地细韧，是制造高档家具、军工用材、高档商品包装箱及乐器的优良材料。核桃的雄花絮用开水焯烫，沥干水分真空包装起来备用，是一种很高档的蔬菜。核桃树的枝条除做薪柴外，近年来的实践证明它也有一定的医疗用途。另外，利用铁核桃、夹绵核桃加工的工艺品具有很高的欣赏价值和保存价值。

二、核桃加工技术现状

（一）核桃的前处理技术

核桃的前处理技术，是核桃加工的第一步，然而至今还是一个薄弱环节。它主要包括：核桃经采收、脱青皮、干燥后，进行剥壳、脱种皮，然后才能进一步加工。目前在国内，核桃采收以人工采收为主，而国外则以机械振动器采收为主。

1. 核桃采摘机械

目前，我国使用的核桃采摘机械主要有：机械采摘竿、多功能高空坚果拍打机、小型手持式振动落果机、便携式山核桃动力采摘设备，以及国外机械采摘机具。它配套有两种组合：一种为振动落果机、清扫集条机和捡拾清选机；另一种为振动落果机与伞状收集机相配套使用，伞状收集机伞面由软质织物构成，平常可收起，操作时其伞状顶端环绕树干，伞面向上呈环状打开，其伞状顶端底部有收纳容器，收纳容器满后可更新容器。

2. 核桃脱青皮工艺

核桃收获后应及时加工，将青果皮剥离下来。如果青果皮得不到及时剥离将会影响到果仁色泽，使果仁发生霉变及核桃硬壳表面产生黑斑，坚果表面局部污染。核桃脱青皮工艺有堆沤脱皮法、药剂催熟脱皮法和机械脱皮法。采用机械脱皮法脱皮干净，不伤坚果，省时省工，并可与清洗同时进行。脱青皮设备有立式圆盘脱青皮机、卧式脱青皮机和滚筒式脱青皮机。脱下青皮后，采用青皮分离机除去青皮。

3. 核桃干燥工艺

剥离青果皮后的核桃，应及时干燥到安全贮藏水分。否则，核桃仁色泽将会变深、味道发生变化，甚至发生霉变。特别是将干燥不完全的核桃装袋后，因水分蒸发、热量积累，核桃容易变色、变味。目前的核桃干燥方法有微波干燥、电热干燥、远红外干燥和热风循环干燥几种形式。不论采取什么方式，温度必须“先低后高”，并且不能超过 40℃。国外普遍使用的核桃干燥设备，多是固定式低温热风干燥机，可将核桃干燥到 8%的安全水分。

4. 核桃剥壳工艺

核桃的剥壳设备有气动破壳机（适用于长椭圆形核桃剥壳）、挤搓式破壳机（适用于圆形核桃）、双齿盘齿板式剥壳机、6HP-150 型核桃破壳机等。剥壳后采用滚筒壳仁分离机、振动分级机、圆筒分离机、气流分离机等多种机械进行壳、仁分离。

5. 核桃种仁去皮工艺

核桃仁种皮的去除方法主要采用烘烤法去皮、热烫法去皮，以及在一定浓度的碱液中浸泡去皮。然而，烘烤法和热烫法去皮的效果并不理想，而碱液浸泡法去皮效果良好。

（二）核桃油的提取工艺

核桃油提取的技术方法，是核桃资源加工利用的主体，有压榨法、溶剂浸出法、预榨—浸出法、超临界流体萃取法及水代法等。在现代生产中，多采用压榨法和溶剂浸出法。

1. 压榨法

核桃属于小品种油料，原料来源广泛，性状差异较大，相对适合压榨制油的工艺特点。但由于核桃仁的含油量高，但纤维状物质很少，故用压榨法制油相对困难。为了克服这个问题，采用螺旋榨油机提取核桃油时，可在核桃仁中添加部分核桃壳。这样核桃油就比较容易压榨出来。但这样会导致榨取的油中杂质过多，色泽过深。更重要的是核桃饼不能再利用，饼中核桃壳分离麻烦，且残油容易使其氧化酸败，难于保存。冷榨制油避免对核桃蛋白的过度加热，使得成品油和饼粕的品质都得到相应提高，如油的滋味、外观等，保持油的纯天然特性。同时加工后的核桃饼蛋白也可得到更充分的利用。

2. 溶剂法

一般采用 6 号溶剂浸出核桃油，适于大批量连续化的生产，出油率较高，但还是不可避免地使核桃蛋白发生变性。4 号溶剂浸出法是一种条件温和的制油工艺。核桃属于小品种特种油料，所以此法比较适合核桃油的规模生产，其工艺可与超临界流体萃取相媲美，成品品质好，且脱脂蛋白利用率高。预榨—浸出法是压榨法和溶剂浸出法的结合：在预榨工艺过程中，缓和压榨条件，先榨出部分油，其油的品质高，蛋白变性低；然后再进行溶剂浸出，使油料中的油脂得到充分溶出，也使得脱脂蛋白易于利用。所以，该方法结合了压榨法和溶剂法的优点，避免了其缺陷，在现代制油工艺中广泛应用。

3. 超声波辅助法

在超声波的作用下，无需加热或降低原本加热的温度就能增加物质有效成分的提取率，应用前景十分广阔。与溶剂法相比，超声波辅助提取法可以降低提取温度，缩短提取时间和节省溶剂耗量。

4. 微波辅助法

微波、超声波等辅助方法对核桃出油率有所提高，同时提取油的质量也有明显提高，还可使油的感官品质提升。但其主要在实验室研究阶段，大规模生产化利用还有待于进一步研究。

5. 超临界流体萃取法

根据核桃油的品质特性，超临界 CO_2 流体萃取的核桃油，完全可以达到一级食用油标准，也符合欧洲经济共同体（EEC）对核桃油的要求。所得核桃油澄清透明、色泽淡黄、无溶剂残留、不需要进一步精炼，是高品质的油脂产品。尽管目前对超临界流体萃取核桃油的工艺研究较多，技术也相对比较成熟，但是由于设备、能耗等多因素限制，超临界流体萃取油主要集中于实验室小试阶段，在实际生产中的应用极其有限。

6. 水代法

水代法应用于核桃制油工艺，具有设备投资少、耗能少、易操作，安全经济，毛油不需要精炼即可得到澄清的成品油，而且蛋白质变性少，利用率高，此法在核桃油生产中被广泛使用。

7. 水酶法

水酶法是一种新兴的制油技术，随着研究成果的不断深入，将有望开创新的制油发展局面。

（三）核桃油精炼工艺

由于核桃油物理精炼工艺过程简约，回避了高温过程，从而使制取的核桃油、核桃粕保持了原有油脂和蛋白质的性质；并且间歇式精炼操作在技术、管理上易于掌握，适合当前我国核桃油加工业多为中、小型规模的特点，避免了连续精炼中要求规模大、投资多、能耗大、技术管理高等特点。因此，该工艺是制取核桃油的最佳技术。

三、核桃产业发展趋势及对策

近年来，核桃种植面积迅猛扩大，对核桃产业发展的体制机制创新、加工的前处理技术和加工等，都提出了高要求。然而，目前我国核桃的采后处理技术落后，现代加工业发展滞后，资源综合利用薄弱，加工技术科研投入不足，极不适应核桃产业发展的需要。

（一）核桃资源加工利用中的问题

1. 核桃加工前处理技术落后

由于核桃的含水量（只有4%～8%）和呼吸速率均较低，采后不会在短时间内（3～5个月）霉变腐烂，致使其安全处理技术易被忽视。正因此核桃采后的处理技术至今比较落后，处理方式不正确，使得核桃的品质劣变极为严重，往往在采后5～8个月出现油脂氧化（“哈败”）、蛋白质变性、质地干枯、色泽褐变、风味丧失和种仁霉变等问题。据统计，我国每年因为贮藏不当造成核桃采后的损失占其总产量的12%。核桃脱青皮、破壳，以及壳、仁分离等加工关键环节和设备成套性方面处于空白，严重制约了核桃油、核桃蛋白粉等产品的精深加工。

2. 核桃加工、尤其是精深加工落后

目前，我国对核桃的精深加工能力不足，致使大部分核桃坚果未经精深加工便直接进入销售市场，不但使产品附加值较低，而且极大地影响了中国核桃的国际贸易优势。20世纪80年代中国核桃的生产贸易量占有世界市场40%的份额，而现在仅占10%。较低的精深加工能力和水平导致中国核桃在国际市场上缺乏贸易优势，并最终降低了中国核桃的综合性效益。

目前，中国不但在核桃资源收集、品种选育、栽培体系、产品开发、市场开拓及国际贸易等方面的科研投入严重不足，而且对加工技术装备的研究也投入很少，致使长期处于落后、甚至原始状态。

（二）发展趋势及对策

1. 核桃产业发展趋势

（1）对核桃油的需求日益提高。国民日益增强的健康生活与消费观念，不断推动中国核桃产业更好地发展。如今人们的生活条件提高了，健康生活和消费的观念日益增强，对核桃的营养价值、药用价值及美容效用倍加青睐，对核桃的消费需求随之增加，消费比例不断上升。2008年中国消费核桃的总量约达到490 000吨，并且每年消费的核桃比整个欧盟的消费总量还要多。在核桃消费量日益增长的同时，消费者对核桃品质的要求也越来越高。这些必将刺激国内核桃生产者为迎合消费者需求而不断开发新的核桃产品，不断提高产品质量，丰富食品市场供应，满足市场和消费者需求，同时提高自身的市场竞争能力，从而促进未来中国核桃产业更好地发展。

（2）核桃油消费成新宠。从发展趋势看，核桃油将成为保障国家食用油安全的重要补充和保障。核桃油中大量的不饱和脂肪酸能减少肠道对胆固醇的吸收，有助于降低体内胆固醇水平，还能清除血管壁上的“污垢杂质”，净化血液，对人体的重要性不言而喻。欧美等发达国家非常喜欢食用核桃油，目前已成为一种消费趋势，这一点可以从美国将核桃油指定为宇航员食品得到佐证。近年来，随着人民群众生活水平的不断提高，中国的食用植物油消费需求增长很快，海关总署有关分析报告指出，目前中国的食用物植物油对外依存度偏高，国家粮油战略安全易受到威胁。而受土地面积等因素影响和制约，仅仅依靠草本油料难以满足日益增长的市场需求，核桃油等木本油料对中国的食用植物油安全将是重要的补充和保障。

（3）核桃油发展趋势。目前，产业化、规模化生产将成为中国核桃产业发展的新趋势。2011年国家财政部发布的《关于整合和统筹资金支持木本油料产业发展的意见》（财农〔2011〕19号）明确指出，为促进油茶、核桃、油橄榄等木本油料产业发展，提高中国食用植物油生产能力。政府对中国核桃产业发展已提高到国家食用植物油供应安全的战略高度，在政策的支持和引导下，中国核桃产业的未来发展一定会朝着产业化、规模化的方向迈进。

2. 核桃产业发展的对策

（1）发展核桃油的精深加工。近几年的科学研究结果表明，α-亚麻酸、亚油酸及其异构体共轭亚油酸对人体都有着重要的保健功能。核桃油中富含亚麻酸和亚油酸，其含量分别为16%和54%，如果采用现代食品加工技术将核桃油中亚麻酸和亚油酸提取分离后，再和生物技术相结合，可获得纯度较高的α-亚麻酸和共轭亚油酸产品。微胶囊技术在保持油脂的油化稳定性，改变分散性能，拓宽应用领域等方面具有实用价值，所以开展核桃油稳定方面的研究很有必要。作为油脂加工的副产品利用，与油脂加工工艺必须配套，以避免蛋白变性。采用低沸点溶剂浸提和超临界CO_2萃取技术可使脱脂后的蛋白不变性。脱脂后的饼粕除油脂含量降低外，其他营养成分如蛋白质、纤维素、矿物质元素和部分维生素都还能保留下来，如采用超微粉碎技术可以生产高品质的核桃固体饮料。

（2）开发核桃工艺品。核桃木因其特有的色泽、纹理、质感，被广泛地应用到室内装饰中，如核桃木的实木门、窗、木线条、地板、栏杆、楼梯、雕刻等，铁核桃壳也普遍应用于工艺品行业。核桃工艺品的开发将会成为核桃产业发展中一个新的经济增长点。

（3）提高核桃生产机械化程度。未来提高我国核桃产业的机械化生产水平、尤其是采后的机械化加工水平非常重要。我国核桃产品的附加值很低，绝大部分是以坚果和桃仁的原料型销售，加工产品相对较少，如果能对核桃进行精深加工及新型产品开发，加工生产出深层次、高附加值的核桃产品，如核桃油、核桃营养粉、核桃乳饮料及核桃休闲小食品等，既可实现对核桃资源的综合利用，又可以提高种植核桃的经济效益和社会效益，极大地促进核桃生产的快速发展。

（4）加大科研投入。中国的核桃产业虽然起步很早，但发展缓慢。一个重要方面就是，中国不但在核桃资源收集、品种选育、栽培体系、产品开发、市场开拓及国际贸易等方面的科研投入严重不足，而且没有引起足够的重视。但从长期看，中国核桃产业的综合效益潜力还存在巨大的提升空间。这需要加大多形式、多文化的科研投入，以加强对良种选育、开发和利用，以及对科研与产业之间相互转化。

第五节　油棕资源加工技术及利用概述

油棕是世界上单产最高的木本油料作物，单位面积产量相当于大豆的 8 倍、花生的 6 倍、油菜的 10 倍，远远高于其他油料作物，被誉为“世界油王”。油棕原产于热带几内亚西部，15 世纪时油棕才被引种到非洲其他地区、东南亚及拉丁美洲各国。世界上种植油棕的主要国家是马来西亚、印度尼西亚、尼日利亚、泰国、哥伦比亚等国。我国最早于 1926 年开始引种油棕。

一、我国油棕种植及品种

我国海南岛、雷州半岛、广西北海、云南河口等地，1926 年开始引种油棕，后来福建和台湾也均有引种，但至今油棕种植数量仍不多，而且没有实现规模化种植。据中国热带农业科学院专家统计，我国油棕种植面积仅为 270 公顷，产量 3 551 吨左右。与此相对照，我国棕榈油每年的进口量达 600 多万吨，占世界棕榈油总产量的 13%以上。

中国热带农业科学院椰子研究所在借鉴国外先进技术基础上，开展了我国油棕杂交制种关键技术研究，包括亲本单株选择、花粉采集与保存、授粉时期及方法等，为我国的油棕杂交制种提供了技术支撑。该技术通过种子“双酸”处理、控温催芽技术，油棕发芽率可达 82%，发芽周期缩短了 30 天左右。

自 2000 年以来，海口百果园有限公司从马来西亚引进经过多年精心培育、优选的油棕能源16号和能源18号两个新品种，种植于三江镇。2007年，该公司与中国热带农业研究院开展科研合作，经过科学栽培实验，终获成功，现已年产优质油棕壮苗3万株，已定植1～3年生长期的油棕壮苗1 000多株，全部实现快速生长和优质高产，表现出抗风、抗旱、抗盐碱、耐瘠薄等优良特性，且每公顷年产棕榈油上万斤。国家林业局已将油棕作为重要能源林树种列入《2011—2020年全国林业生物质能源发展规划》，建议海南省在近5年内建设1 333.33公顷油棕示范林，在南方省（区）进行推广。

我国油棕主要品种有：杜拉变种（厚壳变种），比西夫拉变种（无壳变种），丹那拉型（薄壳型），非洲油棕和美洲油棕。中国热带农业科学院橡胶研究所定植的12个油棕新品种为RYL1～RYL12，品种RYL6、RYL4表现最优，其次是RYL8、RYL2、RYL12、RYL10。观赏油棕品种：散尾葵、蒲葵、荷威棕、长叶刺葵、阿沙依椰子、大王椰子、鱼尾葵、加拿利海枣、老人葵、棕榈等。

二、我国油棕资源的加工利用

油棕不仅产量高，而且果实含油量高达50%以上。一般说，每株油棕每年可产油30～40千克，每公顷产油可达1.5～3吨。如果采用优良品种，小面积种植1公顷产油可高达9吨多。

（一）油棕加工技术水平

目前棕榈油榨油技术已比较成熟，国内研发的一些专用设备已在国外得到相当多的应用。棕榈油的精炼工艺与大豆油等的精炼工艺基本上相同，目前中国的食用油精炼技术在世界上处于领先水平。近几年，中国棕榈油的“分提技术”也有较大提高，主要是干法分提法。这种方法具有简便、安全、经济等特点，但结晶时间长，生产效率较低，因此国内一些棕榈油加工企业已对干法加工工艺进行改进，使棕榈油结晶时间大幅下降，在设备和人员不变的情况下使生产量大大提高，而且产品质量也得到了保证。但干法分提工艺还存在一些不足之处，如非连续生产，膜受污染与寿命短等，所以在生产实践过程中要注意各因素对分提工艺的不利影响，以便进一步完善工艺操作，改善产品，降低消耗。目前中国已有多家公司在国外，例如印度尼西亚、缅甸等国进行棕榈油加工厂设备的安装与调试，说明中国棕榈油加工技术比较成熟。

（二）油棕的主要加工产品

主要有两种：棕榈油和棕榈仁油。

1. 棕榈油

其主要成分含有棕榈酸（C_{16}）和油酸（C_{18}），饱和程度约为50%，棕榈油具有两大特点：一是含饱和脂肪酸比较多，稳定性好，不容易发生氧化变质。二是棕榈油中含有丰富的维生素A（500～700毫克/千克）和维生素E（500～800毫克/千克）。油脂精炼中，根据不同的物理性质，棕榈油还可以经过进一步的分馏、处理，得到少量的棕榈油酸、棕榈液油（熔点为24℃以下）和高熔点的棕榈硬脂（熔点为44℃以上）。将棕榈油进行分提，使固体脂与液体油分开，其中固体脂可用来代替昂贵的可可脂作巧克力；液体油用作凉拌、烹饪或煎炸用油，其味清淡爽口。大量未经分提的棕榈油用于制造肥皂、润滑油、化妆品等，用棕榈油生产的皂类能起耐久的泡沫和具有较强的去污能力。棕榈油还可用于马口铁的镀锡及铝箔的碾压。因此，棕榈油在世界上被广泛用于餐饮业、食品制造业及油脂化工业。

2. 棕榈仁油

其主要成分含有月桂酸（C_{12}），饱和程度达80%以上。棕榈仁油味美，除直接食用和制造人造奶油外，还用于制造高级肥皂、香皂和各种化妆品。此外，棕榈仁粕是很好的饲料和肥料。果壳可制活性炭，用作脱色剂和吸毒剂。脱果后的空果穗可制牛皮纸，可作肥料、燃料和培养草菇等。未成熟的花序割开后流出的汁液，可酿酒、制糖和制作饮料。

三、棕榈油加工技术工艺

棕榈油主要采用压榨法从棕榈果中提取，由于原料及加工成本问题，我国主要分提棕榈油，少量精炼棕榈毛油。目前国内分提能力约为120万吨/年。我国主要进口初榨棕榈油和19～24℃棕榈油，总量为420万吨，占全部棕榈油进口量的82.7%。初榨棕榈油进口到国内后，进行精炼。

（一）棕榈油精炼技术

鉴于棕榈油的游离脂肪酸含量高，磷脂含量较低，因而特别适宜于物理精炼。在物理精炼中仅包含脱胶、脱色和脱酸、脱臭过程。采用物理精炼法所得的脂肪酸产品，杂质少，色泽浅，脂肪酸纯度高，因而利用价值高。我国进口的棕榈油，有70%以上是经过一次精炼的棕榈油，到国内后再进行二次精炼。精炼技术与大豆油精炼工艺基本相同。棕榈油二次精炼后，酸值、过氧化值、色泽和烟点有明显改善，但生育酚、生育三烯酚含量以及OSI值均显著降低，氧化稳定性和煎炸性能降低。

（二）棕榈油分提技术

棕榈油分提是指通过控制棕榈油的冷却结晶过程并进行分离，把棕榈油分成三个组分：硬脂、软脂和中间部分。硬脂主要是S3、B-POP、B-PPO甘三酯，中间部分主要是B-POP；软脂主要是SU2和U3甘三酯。常用的棕榈油分提方法有三种：干法分提、溶剂分提及表面活性剂分提。采用这些方法，主要取决于所需软脂和硬脂的物理性质和化学性质，其中要强调的是硬脂的性质。通过改变分提的方法和条件，可得到不同物理性质和化学性质的硬脂。同时，还可得到物理及化学性质变化范围很小的软脂。

1. 干法分提

这是一种最经济的方法。它是指不加入任何溶剂，将处于溶解状态的油脂慢慢冷却到一定程度，然后过滤分离结晶，析出固体酯的方法。通常只需一次分提，而对于某些对硬脂要求比较高的工业（如糖果工业），则需要进行二次分提。干法分提具有工艺简单，自动化控制程度高，蒸气消耗低，产品质量好，软脂得率可达75%，不需用离心式分离机，不需用任何溶剂，没有废水产生等优点。

2. 溶剂法分提

溶剂分提法是指在油脂中按比例加入某一溶剂形成混合油体系，然后进行冷却结晶、分提的一种分提方法。溶剂分提法能形成容易过滤的稳定结晶，提高分离效果，增加分离产率，缩短分离时间，提高分离产品的纯度，尤其适合组成甘三酯的脂肪酸碳链长、并在一定范围内黏度较大的油脂的分提。溶剂法仅用于生产附加值较高的产品。

3. 表面活性剂分提法

表面活性剂分提法是指在油脂冷却结晶后，添加表面活性剂，改善油和脂的界面张力，借脂和表面活性剂间的亲和力，形成脂在表面活性剂水溶液中的悬浮液，促进脂晶离析的方法。表面活性剂法分提分离效率高，产品品质好，用途广，适用于大规模生产。然而，采用表面活性剂工艺成本高，且产品受表面活性剂污染也不能令人满意，在一些国家禁止表面活性剂工艺用于植物油的生产。

（三）棕榈油氢化技术

迄今，油脂氢化工业已有近百年的历史。氢化技术常常用来将液体植物油转变为半固体塑性油脂。能够把来源广泛和成本低廉的天然植物油脂资源转化为化工生产必需的原料，还可以获得优质的人造奶油、起酥油和代可可脂等多种食用油脂原料。

（四）棕榈油酯交换技术

酯交换反应是指将一种酯与另一种脂肪酸、醇、自身或其他酯混合并伴随酰基交换或分子重排生成“新酯”的反应。棕榈油、棕榈仁油常常采用酯交换的方法加以改性，以能适用于各种糖果、人造奶油、烹调和煎炸油脂的制品。棕榈油在分馏后产物甲基油酸存在的条件下化学酯交换能提高油酸含量，从而提高棕榈油的加工性能。

（五）棕榈油生物柴油加工技术

目前，用棕榈油做原料制备生物柴油的方法主要包括：化学法、酶法与多相固体催化法。

1. 化学催化法

化学法即在酸性或碱性催化剂作用下制备生物柴油，包括酸催化法、碱催化法以及酸碱两步催化法。酸催化法反应速度较慢，应用较少。碱催化法中碱性催化剂（例如 KOH 和 NaOH）是基本催化剂，碱法催化速度比酸催化法快，其价格比酶便宜；其缺点是反应过程中产生大量的水，导致催化剂和产品难分离。

由于废弃的油脂或粗油中含有大量的游离脂肪酸而不能用碱性催化剂直接转化成生物柴油（因为 FFA 会与碱快速反应生成皂而抑制反应的进行），因此，利用酸碱两步法将含大量 FFA 的油脂转化成生物柴油。

2. 酶催化法

酶催化法的优点是反应条件温和，副产物少，并且酶易于分离，另外还具有环境友好等优点。酶催化法的缺点是工业化生产难度较大，生产成本高。

3. 多相固体催化法

酸性催化剂催化酯交换反应的速率较慢，而碱性催化剂即使采用无水的植物油和醇反应，也会产生大量的水，导致酯水解，结果发生皂化反应，减少生物柴油的产量，引起分离的极大困难（酯和甘油的分离）。为了避免这些问题，已有人使用多相固体催化剂代替单一催化剂进行酯交换反应。

四、油棕产业发展趋势及对策

我国油棕产业起步较晚，是一个新兴的产业。在其发展中，存在一些急需要解决的问题：在种植方面，油棕引种成活率低，需要改进技术方法；油棕种植管理粗放，需要加强肥水管理和病害防治；油棕引种和品种选育单一，应加强油棕的育种方法，用诱导法、分离法、杂交法、杂种优势及生物技术法等来选育更适合我国种植的油棕新品种；信息与技术较落后，加强与油棕产业发展较先进的国家进行交流与合作；油棕产业种、产、加、运和销售之间脱节，需要加强油棕种植、生产、加工、运输、销售等一体化建设。

（一）油棕产业发展趋势

1. 食用需求量持续增长

据统计，2000 年我国棕榈油分提能力不足 25 万吨/年，而到 2007 年，我国棕榈油分提能力已经超过 400 万吨/年，预计今后几年我国棕榈油的分提能力仍将会继续增加。与此同时，我国的棕榈油食用消费量也在大幅增长。2007 年度我国棕榈油食用消费量已达到 400 万吨。另据统计，目前我国人均每年食用油消费量为 11.5 千克，而世界人均食用油消费量为 15 千克。由此可见，随着人民生活水平的不断提高，我国食用油消费的增长空间还很大。

2. 食品领域发展高附加值产品

当前棕榈油在我国的食品领域的应用，主要集中在一些附加值相对较低的产品上。除了简单的用于勾兑其他高成本的油品以外，方便面、饼干等低附加值的食品行业也是棕榈油需求的主要领域。然而，随着这些低附加值产品行业竞争日益激烈，产品利润逐渐微薄，发展棕榈油的高附加值产品必将会成为今后我国棕榈油市场发展的主要趋势。通过分提、酯交换等工艺，棕榈油可以加工成人造奶油、起酥油、巧克力糖果、乳制品以及婴儿食品等棕榈油下游产品，这些产品的高附加值和市场竞争能力必将越来越得到人们的认可和重视。

3. 油脂化工产业势头强劲

油脂化工产业是棕榈油非食用领域的主要研究对象之一，同时也是棕榈油产品多元化发展的重要组成部分。乳化剂、饲料、油墨、洗涤去污剂、化妆品，以及护肤用品等均是油脂化工产业的重要产品。早在20年以前，马来西亚棕榈油部门的油脂化工就已发展成为重要的产业。我国用棕榈油相关产品深加工而成的高档护肤品、化妆品，以及应用于工业领域的高附加值产品的产量逐年增加，对棕榈油工业中下游产品的开发和研制已逐渐成为棕榈油工业发展的另一个主要趋势。这种趋势无疑将刺激我国棕榈油相关产品需求量的增加。近几年，在棕榈油产量增长的带动下，棕榈仁油的产量也以平均每年6%的速度增长，但大部分被当地的油脂化工业作为原料消耗掉。在这种情况下，我国对于月桂酸油脂，尤其是棕榈仁油的需求量和进口量仍然保持了较高速度的增长，显示出我国油脂化工产业强劲的发展趋势。

4. 生物柴油产业飞速发展

我国是世界上石油资源严重短缺的国家之一，近年来我国政府不断加大对生物柴油企业的扶持力度。国家于2005年颁布了《可再生能源法》，以法律形式明确了国家对发展可再生能源的坚定态度，并且出台了一系列关于发展可再生能源的优惠政策。一系列法律法规及政策的实施，促使我国生物柴油的产能不断增加。据统计，2001年我国生物柴油的生产能力仅有4万吨，而到2006年年底我国生物柴油的年生产能力已经超过100万吨。棕榈油作为生产生物柴油的原料必将在工业生产领域发挥越来越重要的作用。

（二）油棕产业发展对策

1. 加强产业的政策扶持

目前中国的油棕产业规模小，缺乏竞争力和抗风险能力，与国外的油棕产业差距较大。为促进中国油棕产业的健康发展，必须采取扶持油棕产业发展的政策措施：一方面加大对良种良苗的补贴力度，扶持建设优良的种苗基地；另一方面可对油棕种植园提供土地承包、租赁、税收及贷款等信贷优惠，引导油棕规模化和集约化种植，扶持建立配套的棕榈油加工厂，降低油棕企业的生产成本；还有一点是，鼓励企业"走出去"，以适当形式在国外购置或租赁土地，种植经营油棕园。

2. 加强由点到面的有序发展

在中国热区土地面积有限的情况下，加大对热区土地的利用率，提高整体利用水平。建议采用先在各个市县、各个类型区进行示范、再辐射推广的发展模式，对种植单位和农民进行相关技术培训，掌握后再进行栽培生产。通过示范种植的模式引导公司或农户进行种植结构调整，在退耕还林区域引导农户或企业种植油棕，为油棕产业在中国的建立和发展奠定基础。

3. 加大对木本油料产业的投入

可以采取如下措施：一是，利用国家投入资金、引导公共资金和民间资本投资油棕产业，促进中国油棕产业的发展。这样，既可避免重复建设，又培育新的经济增长点，提高中国食用植物油自给率。二是，通过设立油棕产业发展专项资金，以低息贷款的方式，向油棕种植和加工企业、农民大户、专业合作社等提供资金支持。三是，加强油棕科研经费的支持力度，包括加强对油棕产前、产中和产后相关科研项目的支持力度，集中攻关油棕的品种引进、选育及相关的抗逆栽培关键技术和丰产栽培关键技术，加强油棕产业推广和示范专项基金的支持力度，建设油棕现代农业产业体系。通过加强油棕产业化配套关键技术的集成研究与示范，加强油棕的育种、栽培及病虫害等方面研究的支持力度，研究出适合中国种植的油棕品种及配套技术，提高油棕抵御寒害、旱灾及台风等因素的能力，培育出含油量高、适合中国种植的油棕新品种。加强油棕压榨新技术的研究，提高油棕的出油率和油棕果的综合利用率。

4. 加强对外交流与合作

印度尼西亚和马来西亚是世界上两个主要油棕种植国家，在油棕的品种选育、栽培管理、病虫害防治和集约化加工等方面，都具有丰富的经验。因此，我国需要与这些国家加强油棕种植、加工的交流与合作，积极引进国外优良品种，引进、消化和吸收国外先进的技术和装备，加强中国油棕种植与加工的技术培训和人员交流，促进中国油棕产业健康快速发展。与此同时，要大力支持中国有实力的企业实行“走出去”的战略，在国外租赁或者购买土地开办油棕种植园，或者支持中国企业收购国外大型的油棕种植基地，进行油棕种植、加工、贸易，打造规模大、实力强、效益高，与所在国“双赢”的综合性油棕企业。

第六节　文冠果资源加工技术及利用概述

文冠果是中国特有的木本药食两用油料植物，原产于我国北方寒冷干燥的黄土高原。历史上，文冠果的天然分布在北纬 32°～46°，东经 100°～127°的广大地区，多生长于海拔 400～2 200 米处的沟谷、荒坡及丘陵地带。种仁含油率为 60%左右，有“北方油茶”之称。文冠果的果实、根茎、叶子都可以入药，全身是宝，具有很高的经济价值。

一、文冠果资源主要集中在四类区

文冠果生长期平均可达 500 年以上，目前在山西晋北地区发现的号称“文冠果王”的文冠果树最大树径达 188 厘米，树龄高达 1 000 年以上，树高 12 米左右。根据有关专业机构对 16 个省（直辖市、自治区）文冠果分布区域的调查，中国文冠果被划分为集中分布区、次集中分布区、零星分布区及集中育苗区四大类。集中分布区：主要包括内蒙古自治区（数量较多）和河南省（数量较少）；次集中分布区：包括陕西、山西、河北、甘肃等省份，为文冠果的天然分布区，但原始林已不复存在，为小片分布的天然更新、自然恢复形成的次生林；零星分布区：主要包括新疆、安徽、青海、辽宁、黑龙江等省、自治区，文冠果为人工栽植、零星分布；文冠果幼苗区：主要在河北唐山等地，繁育了大量的文冠果幼苗，是文冠果幼苗的集中生产地。

文冠果树根系发达，能充分吸收土壤深层的水分和养分，所以特别耐干旱、耐瘠薄。特别适合北方年降水量偏少的河北、山西、陕西、内蒙古、甘肃、新疆、吉林、辽宁等干旱半干旱的地区的丘陵、山坡、沟壑作为绿化荒山、荒坡，进行荒漠化治理的优良树种，成活率远高于山杏、小叶杨等耐旱树种。文冠果树也特别耐寒，在零下 41℃尚能安全过冬。

据不完全统计，目前中国文冠果栽培面积约有 5.36 万～13.4 万公顷（包括 6 670 公顷的野生林），每年的种子产量为 100 万千克以上。文冠果作为我国北方地区防沙固土、保持水土的木本油料经济树种有极大的发展前景。

目前，我国文冠果优良品种有：红花文冠果、金银花文冠果、文冠 1 号、文冠 2 号、文冠 3 号、文冠 4 号、无毛类型、白花亚类型（小球果形、大球果形、圆柱果形）、黄花亚类型、内林 53 号。

二、文冠果资源的开发利用

文冠果不仅是中国特有的民间药用及油用植物，也是优良的水土保持、园林观赏树种，更是保护生态、绿化环境的理想树种。文冠果是一种集食用、生态、药用、观赏、环保、工业、木材、生物于一体的，极具开发价值的多用途木本油料植物。

（一）制取文冠果油

文冠果油含有大量不饱和脂肪酸，特别是亚油酸等是人体必需、且人体自身又不能合成的脂肪酸。这些成分具有降低血脂、血压、胆固醇的特殊生理保健功能和医疗作用。在医药上主要用于预防和治疗动脉硬化症。另外，文冠果油中的主要成分能促进人体新生组织生长，受损细胞组织的修复，前列腺素合成。用文冠果油经过加工可制成亚油酸丸、益寿宁等药物，对治疗高血脂、高血压、血管硬化和慢性肝炎均有明显的保健和治疗作用。

（二）文冠果资源的其他用途

除了可作为优质食用油外，文冠果还具有其他多种用途：

1. 生物质能源树种

文冠果油是一种优良的生产生物燃油的原料。文冠果油经过水解、甲醇酯化后可转化为高效生物燃油。目前，国家林业局、中石油公司等均将发展非粮食和食用油加工的生物燃油可再生能源项目列入重要的发展规划之中，并于2007年已着手在陕西、新疆等地进行规划试点，计划在1～2年内发展种植6 666.67公顷文冠果。

2. 高级木材

文冠果树的木材结构坚硬、密度大、文理清晰、色泽靓丽，是不可多得的优质用材林木之一。文冠果木材是用于制造高档家具、工艺品、居室装饰的高级原材料。

3. 多种保健饮料

文冠果树嫩叶经焖炒加工后可替代茶叶制作成清凉爽口的多种保健饮料。文冠果树叶、树枝、树干的药用价值也很高，主要用于外敷治疗风湿性关节炎。

4. 优良的动物饲料

文冠果种仁经榨取油脂后的渣粕含有25.75%的蛋白质，还含有大量粗纤维，是优良的动物饲料，丰产期的文冠果林每年每亩产生的渣粕至少可供养1～2头肥猪。

5. 园林绿化树种

文冠果花朵芳香诱人、花色鲜艳、花期长达近 1 个月，树型婀娜多姿，是非常有观赏价值的风景树，可育成文冠果林供观光旅游，也可置成盆景，是城市园林、高速公路和铁路绿化带建设的园林绿化树种之一。

三、文冠果加工技术工艺

（一）文冠果油提取工艺

1. 溶剂萃取法

溶剂萃取法是一种传统的油脂提取技术。王黎丽等以石油醚（60～90℃）为溶剂，得到的最佳工艺参数：种仁粒径为 2 毫米，提取温度为 90℃，提取时间为 10 小时，料液比为 1∶5。在最佳提取条件下，平均得油率可达 62.49%；其中含有亚油酸 44.7%、油酸 33.79%、硬脂酸 8.9%、花生酸 8.41%、棕榈酸 3.75%、亚麻酸 0.45%，不饱和脂肪酸的总量达 78.94%。用有机溶剂萃取文冠果油的得油率较高，但是潜在的食用安全性问题也不容忽视。

2. 冷榨法

通过机械压榨法提取文冠果油的结果表明，冷榨条件为压力 5 兆帕、仁壳比 9∶1、压榨时间 8 小时，冷榨油得率为 40.44%。主要的脂肪酸组成为亚油酸 42.36%、油酸 31.81%、棕榈酸 10.04%、11-二十碳烯酸 6.8%、13-二十二碳烯酸 5.29%、硬脂酸 2.6%、15-二十四碳烯酸 1.44%、二十二烷酸 0.38%。冷榨油成分较少、得油率低。另外，冷榨文冠果油的颜色更黄更深，这可能和其中含有较多的黄色素有关。

3. 超临界 CO_2 萃取法

超临界 CO_2 流体萃取技术提取文冠果油的研究结果表明，在优化的条件下（萃取压力 30 兆帕、温度 45.68℃、时间 2.08 小时、CO_2 流速 12 千克/小时、颗粒大小 0.5 毫米）出油率可达 61.28%，其中不饱和脂肪酸含量约 90%。研究认为，超临界 CO_2 萃取法是一种绿色、环保、高效的萃取文冠果油的技术。

4. 水酶法

水酶法是近年来研究和应用的一种新型制油技术。与传统的压榨法和溶剂浸出法相比，它可以同时提取油脂和蛋白质，具有条件温和、蛋白质变性少、操作安全等优点。水酶法提取文冠果种仁油时发现，Alcalase 2.4L 蛋白酶最有利于蛋白质降解和油脂提取，其用量为 0.02 毫升/克时，油脂提取率和蛋白质水解度达到最高；油脂提取率和蛋白质水解度分别达到 78.67%和 9.15%，油脂提取率高于压榨法。

5. 超声波辅助萃取法

超声波辅助萃取技术是近年来发展的新型提取技术，在植物活性成分提取方面得到了广泛的研究。应用超声波辅助提取文冠果种仁油的实验结果表明，在优化的提取条件下，得油率为 59.1%。超声波萃取法的提取率高、油的品质好、工艺简单，是提取文冠果油的较理想方法。

6. 微波辅助萃取法

微波辅助萃取技术是一种高效省时的油脂提取方法。以文冠果籽为原料，最佳的微波提取剂为石油醚，在优化条件下得油率为 47.59%；文冠果油的主要成分为亚油酸、油酸、棕榈酸、二十二烯酸、11-二十烯酸、硬脂酸、二十四碳烯酸等，其中亚油酸、油酸含量分别为 25.34%、38.62%。虽然微波辅助萃取技术具有省时、高效的优势，但是该技术的设备投入成本较高，设备工业化使用的技术成熟度较低，也存在一定的微波辐射安全隐患。

（二）文冠果油生物柴油技术工艺

文冠果油酸值低，制备生物柴油时可直接进行酯交换反应；油碳链长，属半干性油，理化性能良好；以 C18 脂肪酸为主，与理想柴油替代品分子组成类似。这些特点使其非常适合生产生物柴油。

目前，利用文冠果油脂生产生物柴油主要方法为碱催化法、固体酸催化法和生物酶法。碱催化酯交换法使用催化剂基本为 NaOH 和 KOH，转化率一般在 89.93%～96.7%。超声波辅助碱法催化文冠果油合成生物柴油的最佳工艺参数：KOH 用量 1.2%，无水甲醇 30%，超声时间 50 分钟，反应温度 50℃，在此条件下一次酯交换，生物柴油转化率为 93.7%。采用二次酯交换则脂肪酸甲酯的转化率为 96.7%。采用固体酸催化法制备文冠果生物柴油所用的催化剂有：三氟甲基磺酸稀土盐、杂多酸固体催化剂 $Cs_{2.5}H_{0.5}PW_{12}O_{40}$，收率均达 95%以上。此外，采用两步酯交换法制备文冠果生物柴油，转化率明显提高。近几年，用乙醇作为酯交换原料倍受关注，该方法也适用于制备文冠果生物柴油。

综合比较，碱催化法被广泛采用，反应产率较高，成本低，生产工艺简单，但对环境有污染。固体酸催化法优点是反应快，温度低，无环境污染，催化剂和共溶剂还可循环利用，但反应时间较长，温度较高，反应物转化率不高。生物酶法对游离脂肪酸和水不敏感，醇用量小，无污染，但成本高、反应慢。此外，文冠果油生物柴油副产物粗甘油中含有皂类、甲醇和酯类等，通过微波辅助提取法可以高效提取三萜系化合物。

（三）文冠果种仁蛋白提取技术工艺

专业人员利用蛋白质营养价值评价方法，对文冠果种仁中蛋白质进行了营养评价，比较了文冠果种仁蛋白质、酪蛋白、浓缩大豆蛋白、浓缩葵籽蛋白和脱脂大豆蛋白的营养价值，结果表明：文冠果种仁蛋白质利用率接近酪蛋白，超过经特殊加工的浓缩大豆蛋白和葵花籽蛋白。文冠果种仁蛋白提取技术工艺包括：

1. 碱溶酸沉法提取

以文冠果种仁脱脂粉为原料，采用碱溶酸沉法提取文冠果蛋白，在液料比11∶1，pH 11，时间73分钟，温度49℃的条件下，文冠果种仁蛋白的提取率为84.66%。冷冻干燥后文冠果种仁蛋白粉纯度较高，蛋白质含量达82%。文冠果蛋白的氨基酸种类齐全，含有17种氨基酸（包括7种必需氨基酸），营养价值很高，是一种优良的蛋白质资源。其蛋白质的吸油性、溶解性、吸水性、乳化及乳化稳定性均较好，可作为乳化剂、食品添加剂加以开发，具有广阔的应用前景。

2. 水酶法提取

水酶法可以同时提取文冠果油和蛋白质，具有条件温和、蛋白质变性少、操作安全等优点。由于文冠果种仁蛋白质含量高达26%，因此，经水酶法提取油脂后的蛋白质也是一种高质量的副产品。

此外，以文冠果种仁为原料，采用反胶团法，还可萃取文冠果蛋白。

四、文冠果产业的发展趋势及对策

在我国，文冠果种植虽然历史悠久，但作为一个新兴产业却起步较晚。因此，目前文冠果产业在发展中存在必须补上的“短板”：文冠果品种资源日趋减少，不能满足市场需要；技术研发力量薄弱，一些新技术的使用成本较高，企业的生产受到限制；对食用文冠果蛋白及油脂的安全性评价薄弱，需要进一步加强。目前，我国文冠果产业呈现以下发展趋势。

（一）财政支持与市场拉动相结合，支持制取生物质能源

随着生物炼制技术和生物质能源工程技术水平的不断提升，通过生物质能转化技术，利用文冠果油等生物质能源，生产各种清洁燃料，替代石油和天然气等矿物燃料已成为一种必然趋势。目前，我国文冠果能源林的建设正处在大面积种植和示范推广阶段，在辽宁、内蒙古、甘肃、陕西、山西等省区的部分地方文冠果种植面积已初具规模。为保证我国将来文冠果产业的持续发展，应提前做好有关文冠果综合开发利用技术的研究工作和关键技术储备，特别是要加大文冠果生物炼制技术的研究，包括文冠果资源综合利用技术的研究。

然而，在文冠果还未实现综合开发利用、几乎没有收益的发展阶段，提出如下建议：一是增加财政资金投入，提高造林补助标准。二是各地政府规划协调荒山荒沟和闲置土地，无偿提供发展文冠果，减少土地成本。三是设立政策性专项信贷基金，鼓励引导企业和民营资本进入该领域。四是随着文冠果产业发展、效益提高，逐步过渡到市场推动发展。通过财政资助、政府帮助、信贷支持和市场拉动，使文冠果产业走上健康快速发展道路。

（二）加快良种培育，扭转实生繁育局面

培育优良品种是实现文冠果能源林高产优质的基础。在优良品种苗木的培育上，重点应运用植物细胞工程育种技术，充分利用当地野生资源，选育优质、高产、抗逆性强的良种；同时，引进优良新品种，快速繁殖、扩大数量，加快文冠果能源林建设的步伐，提高品质和产量；还要多开办生物技术培训班，向林农普及文冠果培育栽植技术和发展生物柴油的系统知识，解决一线人才不足的问题。此外，在相关地区成立地方性生物技术社团，为新经验的推广和交流提供平台。

对于选育优良文冠果品种，专家们提出如下建议：一是，选购文冠果优株的种子和枝条进行繁殖，培育壮苗；二是，改大田繁殖为营养钵繁殖，提高苗木成活率；三是，多采用扦插和嫁接营养繁殖方法，保持原优株的优良特性，

逐步扭转实生繁育局面。

这里，要强调指出的是，必须改变自然野生文冠果树种不用管的观念，对现有规模发展的地块和成片的野生资源，必须加强土肥水综合管理措施，努力提高产量。尤其是各级林业部门要建立示范园，加快早丰优质综合技术研究，大力提高单位面积产量。

（三）以能源建设为切入点，综合开发利用促发展

文冠果种子是主产品，价值大，功能多：一是种仁具有久服轻健、通络化栓、治疗多种疾病的作用，可制成绿色保健食品；二是恢复研制民间榨取高级药、食、保健兼用油；三是随着规模发展，种子产量提高，利用中科院工程研究所已完成的文冠果油转化成生物柴油的技术，建立生物柴油加工厂；四是收集种子榨油后的饼粕，研制蛋白食品和精饲料。

据《中华药典》介绍，文冠果的果壳、枝、叶、花粉均可入药，具有很高的药用和食用价值。通过综合开发利用文冠果资源，形成产业化生产，可有效提升其经济价值和效益：①研制罐头和替代茶叶的饮品。根据民间摘嫩叶泡茶、摘嫩枝花序做菜的习惯，利用管理中疏剪花序、摘心收集的材料，研制罐头和替代茶叶的饮品。②研制保健食品。文冠果花量大，花蜜和花粉多，而且品质高，是可食用的保健品。青果是中药，利用疏花疏果收集的花果，研制专用成品。③生产皂苷和糠醛。果皮中含皂苷和糠醛，产量提高后可建立化工厂。此外，文冠果的根呈黄色，含有染料，木材坚硬致密，都有开发利用价值。

（四）以美化改善生态环境为目的，加快规模发展

文冠果树是美化环境的极佳树种：其耐寒、耐旱、耐瘠薄、喜光，根深树高，是防风固沙、改善旱区生态环境的优良树种；叶子对铅和镉有富集作用，是净化环境的环保卫士；花、叶、果美观，树型可人工造景，是庭院、街道、公路、风景区等场所珍贵的观赏树。在发展文冠果产业中，要充分利用文冠果树的生态价值和美化观赏价值，加快文冠果公益林种植，进一步实现林业多效应、多用途、高效益的目标。

政府要加大支持力度，以更大发挥文冠果树美化改善生态环境的作用：一是绿化荒山荒地。在荒山野岭积极扩大种植，促进产业全面发展。二是促进、

巩固退耕还林建设经济林。要结合退耕还林工程、通道绿化工程、增绿添彩工程等，扩大文冠果种植面积。三是实施多项绿化工程。结合园林绿化、城镇绿化、工业园区绿化、道路绿化、庭院绿化等，种植和扩大文冠果林。

第七节　乌桕资源加工技术及利用概述

乌桕树是我国特有的经济树种，已有 1 400 多年的栽培历史。这种古老的树种，用途多，经济价值极高。在南北朝时期，著名农学家贾思勰著《齐民要术》卷七中记载：梓是最好的树木。宋朝陆佃《埤雅·释木》："牡丹谓之花王，梓为木王。"明朝李时珍《本草纲目》："梓为百木长，故乎梓为木王。"乌桕树是开发能源和可再生能源的特色林产业，它具备"持续生产、安全保障、品质优良、调节气候、生态涵养"等多元功能。

一、乌桕的特性及分布

乌桕树的特点包括：为落叶乔木，树冠圆球形；树皮暗灰色，浅纵裂；小枝细，单叶互生；叶柄细长，顶端有 2 腺体。花单生，无花瓣，花期 6—7 月，果熟期为 10 月和 11 月。乌桕为速生经济林木，实生苗 7～8 年、嫁接苗 3～5 年开始结实，20～50 年为盛果期，寿命可长达 100 年以上。

1. 乌桕的生物学特性

由乌桕的生长特点决定，它分布广泛，喜光，耐寒性不强，年平均气温 15.0℃以上，年降水量 250 毫米以上地区都可生长；对土壤适应性较强，沿河两岸冲积土、平原水稻土、低山丘陵黏质红壤、山地红黄壤都能生长，土坡水分条件好生长旺盛。能耐短期积水，亦能耐旱。以深厚湿润肥沃的冲积土生长最好。

乌桕对高温有较强的适应能力。据调查，只要水分和土壤条件适宜，它可在年均温 22℃以上（广西玉林），最热月高于 30℃（广西百色），极端最高温大于 40.5℃（江苏南京）的条件下正常存活。相反，乌桕对低温寒冷的忍耐力较差。在中亚热带南缘（广西桂林）冬季径粗小于 0.4 厘米的细枝常被冻枯；而在中亚热带北缘（江苏南京），径粗 3.0 厘米以下的枝条冬季常被冻死。此外，乌桕喜湿。在水分条件好的河溪边、坡脚及平坝的田边地角乌桕生长较多。但土壤含水量过多过少对其生长发育不利。从调查情况来看，土壤含水量适宜的山坡、谷地、溪旁、洼地都是乌桕生长发育较好的环境。乌桕喜光。从自然分布来看，一般阳坡比阴坡多，旷地、林缘比林中多，平地、坡脚比狭窄的沟谷多。在光照强度不足的环境条件下，乌桕生长不良，花序小，结果少。乌桕对土壤要求不严。其分布区横跨红壤、黄壤、黄褐土、紫色土、棕壤、黄棕壤等多种土壤类型，足见其对土壤条件的适应性。既能耐一定的水湿条件，同时它也忍耐一定的干旱和贫瘠。

2. 乌桕的种质资源

通过对我国 16 省 82 县乌桕主产区乌桕品种进行调查，研究划分为 44 个农家品种和 11 个无性系品种。我国乌桕的农家品种资源分类为葡萄桕、鸡爪桕、长爪桕、鸡葡桕 4 个品种群。在自然界，乌桕存在葡萄桕和鸡爪桕 2 种不同开花习性、不同果序结构的基因型（有的学者称 2 个变种）。由于长期的异花授粉，自然界大量存在着 2 种不同基因型的许多杂种，后代变异性大，具备选育良种的有利条件。

我国林业工作者早在 20 世纪 60 年代就开始了乌桕的良种选育工作。1962 年浙江林学院率先在浙江乌桕的主产区开展乌桕农家品种的调查和优树选择，初步把浙江乌桕划分为 26 个品种类型，筛选出优树 25 株。1965 年浙江省林业科学研究所和兰溪乌桕良种场开展了金华、兰溪、桐庐、平阳等县的乌桕选优，选出优树 42 株，选育出分水葡萄桕一1 号、选桕一1 号、选桕一2 号、铜锤桕一11 号 4 个无性系。1975 年广西植物研究所开展了乌桕资源普查和良种选育试验，选出优树 6 株，育成枫选 1 号、桂选分水葡萄桕 9 号、广西蜈蚣桕 2 号等 3 个无性系。1978—1979 年华南植物研究所对粤北乌桕主产县进行了选优工作，选育出阳山 1～3 号 3 个优株。其他如湖南、河南、江西、四川等省也相继开展了乌桕品种资源调查和选优工作，并取了一定的成果。

3. 乌桕的分布

乌桕的分布是由其生物特性决定的。我国乌桕分布的北界和西界与我国亚热带界线相近，分布区的南界也伸入热带范围，而集中产区在中亚热带地区。从近海平面到海拔 2 800 米均有分布。我国乌桕自然分布于江苏、上海、浙江、福建、台湾、广东、广西、海南、安徽、江西、湖北、湖南、贵州 13 省份的全境，以及四川、云南、山东、河南、陕西、甘肃的部分地区，分布面积达 262 万平方公里。迄今，全国已形成了 6 个相对集中各具特色的产区，即浙皖山丘产区、浙闽山丘产区、大别山产区、汉江谷地产区、长江中游南部山丘产区和金沙江谷地产区。

二、乌桕的价值与利用

（一）乌桕的价值

1. 木材价值

乌桕木材微毒，不易生虫；质地细密，韧性好，可作为建筑、家具等的原材料，也可作板料、方料。尤其可贵的是，乌桕木材适合雕刻。

2. 药用价值

传统中医理论认为，乌桕性凉、味苦、具微毒，入药能清热解毒、消肿、利水通便、疗毒、防治肝硬化等，具有多种生理活性。乌桕的叶、根、皮均可入药，其根、皮叶浸出的液体有毒，能做杀虫剂。乌桕根能提取抑菌活性物质，总体来说对金黄色葡萄球菌和大肠杆菌有一定的抑制作用。在乌桕根皮中发现了治疗耐药性金黄色葡萄球菌的药物。乌桕叶中可以获得的黄酮类化合物对多种疾病有很高的抑制活性，可达到很好的治疗效果。此外，从乌桕中分离得到的几种酚类化合物，如香豆素和鞣花酸类化合物、二萜类化合物等，在药理学上都具有很重要的作用。

3. 观赏价值

乌桕适应性强，生长快，寿命长，是我国用材林和防护林的优良造林树种。特别是作为风景林，乌桕叶色多变，落叶后白色的果实长期不落，深秋时节乌桕“叶红漫染枝头，籽白素裹群山”，堪与红枫媲美。乌桕因四季颜色不同，极具观赏价值，常用于园林景观配置。乌桕树既可孤植单独成景，也可列植于草坪、园林空旷地，还可配置在桥头、廊边、自然园路旁、水石景观溪流处。用于绿化方面的乌桕品种有：圆叶乌桕、桂林乌桕、山乌桕、白木乌桕、斑子乌桕等。

（二）乌桕的利用

1. 乌桕果实的开发利用

乌桕开发利用的重点在于对果实的利用，乌桕种子用途很广。种子含油量高，每100千克种子可榨取桕脂24～26千克，桕油16～17千克，出油率高达43%以上。桕脂和桕油又称为皮油，广泛应用于工农业、医药食品及其他行业，其拓展产品达 20 多种。乌桕籽油是由种仁榨取所得的液体油脂，是轻工业、食品和国防等行业的重要油源。乌桕籽油中饱和脂肪酸占 10.68%，以棕榈酸含量最高，占 7.52%。乌桕籽油中不饱和脂肪酸占 89.13%，单不饱和脂肪酸占 18.63%，以油酸含量最高，占 14.55%；多不饱和脂肪酸占 70.50%，其中含量最高的为人体所必需的脂肪酸亚油酸和 α-亚麻酸，分别占 30.77%和 39.30%。乌桕籽油中还含有相当数量天然植物中少有的奇数碳原子脂肪酸十一烷酸，占 0.29%，特别是乌桕籽油，裂解能产生低碳柴油。

乌桕籽可以作为制备生物柴油的一种良好原料。因此，乌桕作为再生生物质能源，具有十分广阔的发展前景。乌桕籽利用附加值最高的产品是制作巧克力。目前，全国每年为生产巧克力需要类可可脂 5 万吨以上。进口类可可脂的价格高昂，为 1.5 万～2.2 万元/吨。若以乌桕脂替代品，只需 0.5 万元/吨，可降低成本 1.0 万～1.7 万元/吨。

2. 乌桕皮油的成分与利用

乌桕皮油是利用乌桕树籽中提取出来的木本植物油，桕籽分为内外层，外层为白色蜡状物，叫桕白或蜡被。从桕籽外层提取的固体油脂叫皮油或桕脂，一般含桕脂 20%～30%，属不干性油，常温下呈固体蜡状，故又名“桕脂”。其主要成分为棕榈酸所组成的甘油三酸酯，纯净的皮油无毒可食用。内层即种仁提取的液体油叫梓油（清油），其主要成分为亚麻酸、亚油酸和油酸的甘油酯，梓油具有一定的毒性，食用后有恶心、呕吐、腹泻等症状。

乌桕籽皮油中含有 9 种微量元素，其中，硼含量最高。微量元素的含量按顺序排列为：硼＞铁＞钠＞钙＞锌＞镁＞铜＞铅≈砷。而乌桕籽皮油中的微量元素也因地域差异，其含量因品种不同而异。各种微量元素都是人体必需的。

3. 乌桕籽油的成分与利用

从乌桕籽内提取的黄褐色可与桐油媲美的叫梓油（又叫清油），为液体干性油，呈淡黄色至深黄色，密度 0.939～0.946 克/立方米。梓油中的脂肪酸主要是亚麻酸和亚油酸。乌桕种籽含油率 22.80%～64.78%，乌桕梓油折光率（20℃）1.457 0～1.485 0，比重（20℃）0.918 7，碘值 90.60～185.09，皂化值 194.10～212.20，酸值 0.625～4.100。梓油脂肪酸组成：癸酸微量，月桂酸 3.10%～6.20%，肉豆蔻酸微量约为 35.09%，硬脂酸微量 2.70%，棕榈酸 8.38%～36.00%，十二碳烯酸 3.60%～16.10%，十六碳烯酸微量，油酸 5.94%～25.60%，亚油酸 14.90%～34.41%，亚麻酸 15.15%～40.00%，未鉴定酸 3.10%。梓油脂肪酸组成中亚麻酸（C18：3）含量最高，其次是亚油酸和油酸。梓油不可食，是类似于桐油的干性油，误食梓油呈急性中毒症状。

乌桕籽油具有多种实用价值：①制造高级喷漆的原料，具有光滑易干、色泽鲜亮、漆膜不起褶等特点，还广泛应用油墨、蜡纸、化妆品、防水织物和机器润滑油的原料等。②乌桕籽油经过酯化反应可转化为生物柴油，是重要的生物质能源。③制造高级涂料。漆色浅、不易泛黄，与桐油合用可克服桐油的起霜性。④制作润滑剂。目前以脂肪为原料合成润滑剂主要有 4 类，包括一元和二元酸类、聚二醇和乙二醇酯类、分支多元醇或多元醇酯类和重排的甘油三酸酯类，梓油含有碳链二元酸和中碳链一元酸酯，可以作为以上 4 种反应的原料合成润滑剂具有广阔的市场价值。⑤制作杀菌剂。可作为原料进行加工合成杀菌剂，相对于高效杀菌剂，这种以脂肪酸为原料的杀菌剂更为安全，同时该种防菌剂无毒性，已在食品糕点中作为防菌剂实际应用。⑥用作植物生长及昆虫诱杀剂。以乌桕籽油为原料很可能制得一系列性能独特的聚合物，将广泛作为合成新型聚合物的原料使用。⑦用作柴油替代品。乌桕梓油的低热值按重量计为柴油低热值的 86.80%，比低碳醇类代用燃料高得多，具备作柴油机代用燃料的基本条件。

除了乌桕籽皮油、乌桕籽油之外，乌桕资源还有其他许多用途。在乌桕籽外，覆盖着一层蜡质，可以用来榨取桕脂；种仁可以榨取梓油。通过对其脂肪酸组分分析，乌桕脂中棕榈酸和油酸含量高，所以工业上作为提取棕榈酸和油酸的重要原料。桕脂和梓油在是轻工业中重要的原料来源，桕脂可以制造肥皂、蜡烛、蜡纸、蜡线等；桕脂中硬脂酸的含量高，可以生产化工产品硬脂酸，作为外贸出口，梓油可以用来生产油漆、油墨等，而且作为良好的原料来源，在绝缘油漆、人造革和合成橡胶等生产中都具有良好的用途。

三、乌桕资源加工技术工艺

（一）乌桕皮油、乌桕籽油加工技术工艺

1. 传统萃取工艺及其特点

传统萃取乌桕籽皮油的提取工艺以压榨法和溶剂浸出法为主。压榨法是指利用机械外力的挤压作用将油料中的油脂提取出来的方法。压榨法是传统的制油技术工艺。它的优点是：工艺简单灵活，适应性强，无溶剂残留，广泛用于

小批量、多品种或特殊油料的加工。但它的缺点也很明显，即出油率低，且高温蒸炒容易破坏热敏性成分，约有5%以上的残油会留在饼中，原料浪费大，动力消耗大。

2. 现代萃取工艺及其特点

浸出法是现代制油技术工艺。它是指利用某些有机溶剂（如轻汽油、正己烷、丙酮、异丙醇等）溶解的特性，将料坯或预榨饼中的油脂提取出来的方法。浸出法的优点是出油率高（90%～99%），干粕残油率低（0.5%～1.5%）。同时能制取低变性的粕和质量较高的毛油，能实现连续化、自动化，劳动强度低、生产率高、动力消耗相对较低。但浸出法也存在缺点，主要是萃取油脂成分复杂，使用的溶剂易燃易爆，以及存在溶剂残留等缺点。这需要在生产过程中特别加以注意。

3. 超临界二氧化碳萃取工艺及其特点

超临界二氧化碳萃取的特点包括：①密度大、溶解能力强，传质速度快，可以容易地改变操作条件（压力和温度）而改变超临界 CO_2 流体的溶解度并实现选择性提取渗透力强，提取时间大大短于使用有机溶剂。②适当分离热敏性的物质。由于超临界 CO_2 萃取的操作温度接近室温，因此大大降低了热分解的可能性，特别在萃取天然物质时，能取得风味逼真的萃取物。这是其他方法所不能解决的。③环保溶剂 CO_2 无毒、无味、无臭、惰性、不污染环境和产品；同时易于分离，在萃取过程中不会残留在产品中。④能耗较低。在超临界 CO_2 萃取工艺中，无论萃取还是分离，都没有物料的相变过程，因此能耗低。⑤在微量成分的脱除中有很大的优势。传统的微量成分脱除通常是提纯主成分的含量，这一方法效率低，效果差，能耗大；而超临界萃取可以通过控制操作条件，有选择地脱除微量成分。

（二）类可可脂的加工工艺

乌桕脂的脂肪酸组成成分与可可脂相类似。同时，乌桕脂中 POP 含量高达80%，因此是生产类可可脂的理想原料。但在乌桕脂的生产和应用中，有一个关键点就是，乌桕籽在预处理加工过程中必须使白蜡与籽仁完全分离，因为籽仁所含油脂不宜用于生产类可可脂。

类可可脂的制备，其实是一种油脂的改性。最近几十年来，各国科技工作者对类可可脂的制备进行了广泛的研究，无论从生产技术、原料来源还是产品性能等方面都取得了很大进展。目前，类可可脂的制备基本上有以下三种技术途径：分提调配法、化学法、酶促酯交换法。其中酶促酯交换法是近年来研究的热点。

四、乌桕产业发展趋势及对策

我国的乌桕产业还处在起步阶段，存在着需要解决的问题：加工技术工艺落后，装备陈旧；乌桕籽产量呈逐年下降的趋势，原料无法满足年产万吨级规模工业化生产加工；向生物柴油转化，还有待攻克技术难关。解决这些问题，需要政府采取必要对策，给于有力支持。

（一）加强优良繁殖材料的收集保存，建立乌桕种质资源库

乌桕由于栽培历史悠久且栽培范围广，在长期反复相互异花授粉下形成的种质资源非常丰富，主要栽培品种按开花习性和果序特点，主要是葡萄柏和鸡爪柏两个变种。乌桕不同品种（类型）的柏籽单株产量差异较大，优良品种栽培，单株产量在 10 千克以上。高产乌桕单株产量可达 50 千克以上，如贵州省德江县一株 60 余年生的“柏籽王”，树高 26.3 米，胸径 60 厘米，年产乌桕籽高达 55.5 千克。人工栽培的实生乌桕 10～20 年为速生期，其树高生长较快而结实能力亦强，丰产单株产籽 15～25 千克。由于乌桕产量较低，故在某些产区已沦为濒危树种，而部分珍贵育种材料更是濒临灭绝。从遗传品质上保障建立的乌桕油料能源林优质高产，需要建立种质资源库，对优良品种进行异地保存和开展评价研究。

（二）开展乌桕油料能源林培育关键技术研究，贮备配套适用技术

油料能源林培育主要是利用荒山、荒地和石漠化等土地造林，这些土地条件较差、土壤贫瘠、水分条件差，而能源林又需要规模化集约经营，提高林地生产力，需要充分依靠科技开展高产高油新品种选育、优化种植技术和经营模式等研究，乌桕油料能源林培育亦是如此。为避免规模化种植时出现优良繁殖材料匮乏和缺少配套适用栽培技术，必须加大乌桕油料能源林培育关键技术研究的科技投入，贮备配套适用技术。高产高油新品种选育是乌桕油料能源林培育的关键技术之一。乌桕皮油、乌桕籽油的含量高低主要取决于乌桕品系（类型）的种性。乌桕的种植栽培、良种选育和开发具有较好的研究基础，取得了

一系列的研究成果和专利，为开展乌桕油料能源林培育关键技术研究奠定了技术基础。要确保乌桕原料来源，必须高度重视发展乌桕生物质能源林。要在基层做好宣传，动员农民在适宜大面积开发乌桕的沿海地区和低产林区种植，是扩大乌桕原料来源的根本途径。凡是有条件的山地、溪边两岸均可成片开发，在沿海地区营造乌桕林，使乌桕这一古老的油料树种发挥更大的作用。

（三）小规模开发利用乌桕现有资源，建立生物质能源种植

开发示范基地，推动产业化发展。乌桕是深根性树种，非常适宜农林间作。加强抚育管理和保护，充分利用现有乌桕资源，以开发生物柴油来拓宽乌桕籽市场，将会促进乌桕资源的自发保护和扩大种植，为乌桕生物柴油提供更为充足的原料，有利于促进生物质能源的产业化开发。目前，可建立小型乌桕生物柴油加工厂，不宜追求规模化，产品以满足当地农机生产用油为主要目的。我国多数乌桕主要产区可建立年产 1 000～2 000 吨的小型乌桕生物柴油加工厂。在贵州，相对于目前大力倡导发展的小桐子和黄连木等树种，乌桕拥有资源数量多和乌桕籽低廉等优势（乌桕籽价格在 1.5 元/千克左右），可在乌桕籽集中产区遵义市和铜仁地区，分别建立年产 500～1 000 吨的小型加工厂，开发利用现有资源。

要实现万吨级规模的乌桕生物柴油工业化生产，必须建立规模化、专业化和集约化的乌桕能源林种植示范基地，进行乌桕能源林的培育、收获和加工等试验研究和示范等，以辐射带动乌桕生物柴油原料的种植。为了迅速扩张乌桕资源，还可结合我国天然林保护和石漠化治理工程等生态建设工程进行营造生态能源林，在提供生态产品的同时提供一定数量的油脂原料。

（四）政府政策优惠，企业改革创新

为促进生物能源企业的发展，政府要采取支持政策措施，除了资金信贷优惠措施之外，还要为企业提供更便捷的服务。同时，企业自身要改革创新，不断完善自身，树立优胜劣汰的理念，才能确保乌桕规模化种植的延续，形成乌桕产销的良性循环。此外，企业要积极争取国家、省对建设乌桕基地建设项目的资金，形成具有市场前景和有竞争力的板块经济，有效补充我国能源资源短缺现状，改善和保护生态环境。

（五）重视科技开发，加大资金投入

在乌桕的科技开发方面，要设立重大科技专项，开展乌桕的专项研究，尽快启动乌桕生物质能源产业建设，以加快推进乌桕生物质能源产业的发展。同时，政府部门要加大资金投入，通过对乌桕产品增值利用系统技术的集成，提高以农民为种植主体的积极性，并把乌桕的种植与生态治理有机结合起来，有力地推动我国乌桕产业的发展。

第八节　油桐资源加工技术及利用概述

油桐是重要的工业油料树种，与油茶、核桃、乌桕并称为我国四大木本油料树种，具有生长快、单位面积产量高、种子含油率高、适应范围广、栽培性强、经济用途广等特点。近年来木本油料资源，受到中央和地方各级政府的高度重视和大力扶持，在一系列政策的鼓励和引导下，油茶、核桃种植面积和产量都大幅提高，但却是油桐例外。

一、油桐的生长特点及分布

油桐是大戟科油桐属植物，属落叶小乔木，生长特点和环境为：喜光、喜温暖，忌严寒；生长快，生长期内要求有充沛而分配适当的降水量和较高的空气湿度；适生土壤以富含腐殖质，土层深厚，排水良好的中性至微酸性砂质壤土为宜。油桐在 3 月下旬顶芽萌动，4 月开花，4 月下旬至 5 月上旬形成幼果，10 月中下旬果实成熟。实生繁殖的油桐一般至第 3 年即可开花结果，少数油桐树第 2 年或第 4 年开始结果。第 6～8 年进入盛果期，盛果期可延续 10 年以上。油桐主要分布在我国西南 3 省、中南 2 省、华东 5 省、华南 2 省等省区。拥有油桐生产基地的 50 多个县，主要区分布在四川、贵州、湖南、湖北、云南、江西、广西、福建等省区。其中四川、贵州两省种植面积最大，均占全国总面积的 50％。我国油桐栽培面积占世界总面积的 88％，桐油产量占世界总产量的 78％。油桐树主要分布于长江流域及以南地区，垂直分布在海拔 1 000 米以下低山丘陵地区。三年桐造林地，宜选择在向阳开阔、避风的缓坡山腰和山脚，土层深厚，排水良好的微酸性或中性土壤；整地深度一般应达20～30 厘米。而海拔过高的冲风地、低洼积水的平地、山谷均不宜栽培。

油桐原产于我国，在我国已有 1 000 多年的栽培利用历史。桐油在世界上曾经具有很高的知名度和影响力，是我国传统的大宗出口商品。如何重新挖掘油桐这一宝贵资源，发挥其在材料工业、国防工业、生物质能源等领域的重要作用，推进油桐产业的快速和规模化发展，是当前经济林科技工作者、特别是油桐科技工作者的重大而艰巨的任务。

（一）我国油桐种植面积和产量

1988 年，全国油桐总面积达 186.67 万公顷，此后由于人工合成漆的冲击，桐油出口量和桐油价格急剧下降，至 1993 年国内桐油价格仅有 3 000 元/吨，致使全国油桐栽培面积大幅度减少，油桐产业严重萎缩。从 2007 年开始，由于桐油价格的攀升，全国油桐栽培面积有所回升，但发展很慢。湖南等省区的一些大公司为了开发生物柴油，正在营造大面积生物质能源油桐林。据不完全统计，全国现有油桐林面积约为 66.17 万公顷，年产桐油约 6.75 万吨，平均每公顷产桐油约 102 千克；桐油总产值约 18.25 亿元，桐饼产值约为 2.7 亿元，总产值约为 20.95 亿元。其中，广西壮族自治区的油桐资源面积最大，为 16.12 万公顷，常年产桐油约 2 万吨；贵州省的油桐资源面积次之，为 15.74 万公顷，年产桐油约 1.6 万吨；重庆市的油桐资源面积居第三位，约有 10 余万公顷，年产桐油约 1.6 万吨；陕西省居第四位，约有 10 万公顷，年产桐油约 1.3 万吨；湖北省现有油桐面积 4.04 万公顷，年产桐油 0.45 万吨；湖南省现有油桐资源面积约 3.6 万公顷，年产桐油 0.4 万吨；其他各省区的油桐资源总面积估计不超过 6.67 万公顷，年产桐油不超过 1 万吨。

与 20 世纪 80 年代相比，现有的油桐资源分布情况已发生了很大变化，原来资源面积居第五位的广西跃升至第一位；原资源面积居首位的重庆市降至第三位；原居第二的贵州省仍然稳居第二位；原居第三位的湖南省已经降至第六位；原居第四位的湖北省降至第五位。油桐林保存比较好的地区绝大多数都是偏远山区，在经济相对发达的地区几乎见不到成片的油桐林了。2009 年，我国桐油的年产量约为 6.75 万吨，仅占世界桐油总产量的 35%。而南美洲的阿根廷、巴拉圭和巴西三国的总产量已达到 11 万多吨，占世界桐油总产量的 60%。世界油桐生产的重心已经转向南美洲。

（二）油桐种质资源

我国的油桐资源共有油桐和千年桐 2 种。油桐，又名三年桐、光桐，灌木至小乔木，叶柄与叶片连接处有 2 个紫红色半球型无柄腺体，雌雄同株，果皮光滑，主产于我国的中亚热带。千年桐，又名皱桐，木油树，乔木，叶柄与叶片连接处有 2 个青绿色杯状腺体，雌雄异株，果皮皱褶，主产于我国的南亚热带。20 世纪 80 年代我国油桐科技工作者开展了全国范围的油桐品种普查工作，共发掘油桐品种类型 184 个，其中多数为农家品种。根据株型、花果序特征、生育期等情况，一般将三年桐划分为 6 大品种群，即小米桐品种群、大米桐品种群、对年桐品种群、柿饼桐品种群、柴桐品种群和窄冠桐品种群。小米桐品种群是栽培性最强的油桐品种类群，目前栽培的三年桐以小米桐类品种为最多，其次为大米桐类品种。

我国湖南、湖北、贵州等 10 多个等省市的栽培品种基本上为三年桐。千年桐主产于广西、广东和福建南部，广西西北部山区也有大量的三年桐，主要栽培品种有南丹百年桐等品种。由于油桐科研项目研究终止了近 20 年，目前国内审定的油桐品种很少。

自 1904 年美国驻中国汉口的总领事将油桐种子引入美国后，油桐迅速在美国南部生根发芽。至 1938 年，美国南部的佛罗里达、佐治亚、阿拉巴马、密西西比、路易斯安那及得克萨斯州都有油桐种植。随后，南美洲的阿根廷、巴拉圭、巴西和非洲中南部的马拉维等国利用其特有的气候条件开始大量种植油桐。在亚洲，除了中国外，日本、印度也有少量的种植。1983 年，我国桐油的年产量约为 9 万吨，占世界桐油总产量的 85%。2009 年，我国桐油的年产量约为 6.75 万吨，仅占世界桐油总产量的 35%；而南美洲的阿根廷、巴拉圭和巴西三国的总产量已达到 11 万多吨，占世界桐油总产量的 60%。世界油桐生产的重心已经转向南美洲。国外本来没有油桐，均为从中国引进的优良品种。美国和南美洲诸国目前栽培的主要是适合其气候条件的千年桐品种。

二、油桐加工工艺及利用

全国现有油桐加工（桐油压榨厂或浸出法制油厂）企业约 200 家，年加工能力在 60 万吨以上。全国年加工能力 1 000 吨以上的企业约有 100 家。近年来，由于油桐种植面积大幅度减少，总产量降低，多数加工厂的实际生产桐油量远远小于其加工能力。近年来，桐油主要出口海外以及销往国内沿海省区，其中出口到日本、东南亚及欧美等国的数量较大。

（一）桐油的制取工艺

油桐加工的主要产品是桐油。它是通过压榨或浸出加工工艺将油桐籽中的油脂提取出来的天然油脂。桐油是一种优良的干性植物油，干燥快，比重轻，有光泽；耐冷、耐热、耐酸、耐碱；防湿、防腐、防锈，因此在工业上有广泛的用途。桐油还具有不透水、不透气、不导电、抗酸碱、防腐蚀、耐冷热等特点，是制造油漆和涂料的重要油类品种。

桐油的制取工艺方法主要为压榨法和萃取法。但在高温压榨及桐子烘干过程中，桐油的主要成分桐酸，含有的3个共轭双键易发生聚合作用，从而造成油源的浪费和桐油品质的降低。与此相对照，超临界CO_2萃取工艺由于具有流程简单、步骤少、节能、传质速率快、穿透能力强、萃取效率高、操作温度低、萃取物无溶剂残留等优点，已广泛应用于植物性油脂的制备中。研究表明，应用超临界二氧化碳萃取工艺萃取的桐油比压榨桐油的品质高。桐籽经压榨或浸提生产出的桐油为毛油。毛油中因含有数量不等的各种非甘油酯成分，其含量随油桐树种、产地、制油工艺方法和储存条件不同而各异。

桐油的主要用途是涂料，在我国已有上千年的历史。近几十年来，人工合成涂料的广泛应用，拓展了桐油在涂料工业中的应用范围；主要用于木制品的涂漆和木材防腐处理：配制清油，用作涂漆家具等木制品时的厚漆稀释剂；配制腻子，处理木质和钢材等裂痕和凹处；配制防锈油，以保护钢材不生锈、不被腐蚀；配制防潮涂料，是建筑行业中最常用的施工用材料；配制油膏，主要用在钢筋混凝土装配或结构接缝上，使之不透气、不漏水；制取矽钢片漆，使矽钢片绝缘和防锈，使环氧沥青等改性以制作防腐涂料。它还可大大提高化工设备的防腐性能，制取酚醛清漆，用来调和原漆、红丹粉和门窗、家具、文具用品等材料的罩光，制取酯胶清漆，用于木质家具、门窗及金属表面罩光；制取醇酸磁漆和醇酸调和漆料，用于室内外一般金属、木质物件以及建筑的表面保护和装饰等处理中。除上述外，桐油还广泛应用于电子行业、高级印刷油墨、高级涂料、黏合剂、合成树脂和生物质能源等领域，其应用前景十分广阔。

在桐油制取工艺中，必须注意去除杂质。根据状态划分，桐油中的杂质可分为悬浮杂质、水分、胶溶性和脂溶性杂质等，这些杂质影响了桐油的品质，对桐油的储存极为不利，而且随着高科技的发展，桐油已进入了电子行业和精细化工行业，对桐油的质量要求也越来越高。因此，必须对毛桐油进行精制，除去水分、悬浮杂质，以及低沸物等，以适应社会对桐油产品的更高要求。

（二）油桐资源的综合利用技术方法

1. 桐饼去毒制造饲料

油桐全株有毒，种子毒性大，皮、茎、叶次之，桐饼毒性比桐油毒性大。桐籽榨油后的副产品——饼（粕），因含有皂苷、萜类、佛波醇等毒素不能直接添加到饲料中。经测定，油桐饼（粕）中含有25％～30％的佛波醇酯，机榨和新鲜脱油桐饼含皂苷和醇溶性成分两种毒素。对用石油醚浸出得到的桐饼测定，至少有两部分毒素。桐饼（粕）中的有毒物质对棉花象虫、棉铃象甲虫和一些害虫有杀虫作用，可以提取出来作为农药使用。

然而，桐粕（饼）含有丰富蛋白质，含量为36.29％～45.00％（利用浸出法可提取），与菜籽饼（粕）相近，且蛋白质中的必需氨基酸含量高于棉粕、菜籽饼等。脱毒桐粕蛋白质及能量营养价值研究结果表明，脱毒桐粕蛋白质以谷氨酸含量最为丰富，其次为天冬氨酸，含量最少的是蛋氨酸，脱毒桐粕是一种较好的植物蛋白质饲料原料，具有很好的开发价值。

2. 桐籽壳和饼制取有机肥料

桐油加工副产品包括桐籽壳和压榨后的桐籽饼。桐籽壳和桐籽饼中富含桐子酸、异桐子酸和皂素类化合物，这是杀灭害虫的主要成分，其提取液可以用于果树、茶叶、蔬菜、栗、烟叶、甘蔗、瓜类等经济树种和经济作物的害虫防治。桐籽壳和桐籽饼中含有氮（2％～7％）、磷（1％～3％）、钾（1％～2％）、各种微量元素以及大量有机质（75％～80％）、蛋白质、残油等成分，是优质生态环保型有机肥料。桐籽壳和桐籽饼因其含有大量的有机质还可以作为活性炭的原料。此外，桐籽壳和桐籽饼经提取可用于制作糠醛、木糖醇、栲胶和培养基等化工产品。桐籽榨油后的桐饼和桐麸是肥效很高的优质肥料。据分析，桐麸内含有机物质75％～85％、氮素3.59％～3.80％、磷酸0.97％～1.30％、氧化钾0.57％～1.30％。在农田中施用桐麸后，不仅能提高农作物的产量，而且能改良土壤，提高土壤的保温和保水能力，并能杀灭害虫。果壳可制活性炭，炭灰可熬制土碱；油桐的老叶切碎捣烂，水浸液可防治地下虫害。

3. 桐饼（粕）脱毒的主要技术方法

目前主要是采用水、乙醇、丙酮等溶剂浸出法进行处理；利用高压蒸汽、水煮及烘箱干燥进行热处理，以及两种处理方法相结合的方式进行处理，但饲喂效果差。根据醇溶性毒物含有不饱和键的特点，采用皂化、氨化、乙酰化等方法处理毒素，效果较好。通过热处理基本上可以使饼粕中的凝集素和抗胰蛋白酶抑制因子消失。目前，我国对桐饼（粕）脱毒一般采用以下几种方法：乙醇脱毒、氨熏脱毒、发酵处理法、水蒸气加热脱毒法、化学溶剂萃取法、溶剂蒸气循环热解法、化学药剂热解法、聚氧醚类脱毒法、微生物固体发酵脱毒法，以及两种或多种方法联合脱毒。

4. 油桐饼粕有机—无机复混肥的生产工艺

油桐饼粕是传统的有机肥料，但有效氮、磷、钾含量低，不能满足作物高产需要。以油桐饼粕为基础原料生产有机—无机复混肥，不仅肥效高，还能杀灭土壤虫害，改良土壤，满足生产需要，形成高附加值的有机商品肥。目前，一般按发酵烟茎、发酵油桐饼粕、磷酸铵质量比为 64∶11∶25 的配方，生产油桐饼粕有机—无机复混肥。

此外，油桐资源还有其他多种用途。桐油用来制作复合材料。油桐树枝和树皮含鞣质 18.26%～18.30%，可提取栲胶。油桐木质轻软，纹理通直，易加工，可制作轻便家具和器具，树枝和加工剩余物是培养香菇、木耳的菌袋。开展油桐资源的综合利用，可大大提高其经济生态、社会效益。

三、油桐产业发展趋势及对策

20 世纪 90 年代以后，由于人工合成油漆等替代产品的大量涌现，桐油市场严重萎缩。目前，我国油桐产业在组织经营、加工技术、市场销售等方面存在着必须加强的问题：油桐籽烘干技术必须革新，否则油桐果实进行烘干时极易发生酸败。20 多年来，基本上没有新品种的选出，油桐种质资源损失严重。目前 3 个全国油桐种质资源库全部被毁；经营油桐的比较效益低，致使油桐栽培面积和桐油总产量急剧下降，且基本上为 20 年以上疏于管理的老残林。全国桐油总产量由 1985 年的 11 万吨下降到 2009 年的 6.75 万吨，全国平均每公顷产桐油也仅约 102 千克。此外，目前油桐加工生产规模小、技术水平低、生产成本高，资源利用率和附加值低，制约着油桐产业的发展。因此急需引进高新技术，延长油桐产业链，促使油桐产业重新振兴起来。

（一）油桐产业发展的新趋势

为全面提升我国油桐产业科技创新能力，推动油桐产业的健康发展和产业升级，必须发挥油桐特异成分的优越性、油桐栽培分布的广泛性、山区农民经营油桐的习惯性，大力开展综合经营，开发符合国家经济发展战略需要的新产品、附加值高的优质产品、应用范围广的系列精深加工产品。通过优质产品、系列精深加工产品的开发，拉动油桐资源面积的扩大，油桐经营“三个效益”的提高，把油桐产业做成国家有战略需求、市场有广泛需要、环境保护有保障的大产业。

1. 促进油桐生物质能源发展

油桐是一种适合我国发展生物质能源树种。桐油自古以来就是我国南方点灯照明用的燃料油。桐油为三酰甘油的混合物，通过酯交换反应可以生产生物柴油。现在国内利用桐油生产生物柴油的技术已经被攻克，生物柴油已经实现工业化生产。同时，桐油在加工生产过程中，产生大量的副产品桐籽壳和桐饼，桐籽壳和桐饼中含有大量的有机质，将其隔绝空气高温催化裂解，可以得到气体燃料、液体燃料和固体燃料，是生产生物质能源的优质原料。国家在“十五”和“十一五”期间，为固体有机质生产生物质能源提供了大量的经费支持，多个技术难点已被攻克，一些有机质转化为优质生物质能源的工业化生产已经实现。

油桐生长快，种子含油率高，栽培分布范围广，品种资源丰富，这有利于在比较短的时间内大面积发展油桐生产。从发展生物柴油的视角来看，油桐最具潜力也最有可能发展成为广泛栽培利用的生物质能源树种。我国现有油桐适宜林地面积在 333.33 万公顷以上，如果在南亚热带和部分中亚热带发展 66.67 万公顷千年桐作为生物质能源林，则每年可加工、提供 50 万吨生物柴油。生物质能源市场广阔，发展油桐生物质能源经济林是一项重要选择。

2. 促进油桐环保型高档油漆和特种油漆产业发展

桐油中含有 80%左右的桐酸，其化学性质活泼，能发生多种化学反应，是重要的工业原料。桐油属于干性油，在油类品种中干燥性最快，所得漆膜坚硬，性能优良，是制造高档、环保型油漆和涂料的重要原料。桐油因其具有不饱和共轭双键，可和丙烯酸树脂进行接枝反应，对醇酸涂料进行改性，可实现涂料的水性化，目前国内已研制出高档桐油水性型涂料性能好、无污染。利用桐油制造的油漆无污染，适合应用于高档环保家具表面保护和室内装饰。利用桐油所得漆膜抗酸碱、防腐蚀、耐冷热的特点，可研制抗酸碱、防腐蚀、耐冷热的特种油漆，用于大型钢结构和化工设备的防腐，能延长大型钢结构和化工设备的使用寿命，可用于东北、西北寒冷地区的铁轨表面保护，防止冬季的低温冻裂。开发环保型高档油漆和特种油漆有广阔的市场，可以发展成为一项新兴的环保型产业。

3. 促进油桐复合功能新材料产业发展

桐油有着特殊的化学结构与活泼的化学性质，利用桐油可开发出多种有特殊用途的中间体，将这些中间体与工业化大品种高分子材料的改性结合起来，可以开发大量有用的高分子材料，不仅能大幅度提高各种产品的性能，而且能进一步扩大桐油的应用领域，增加桐油的附加值。

（二）促进油桐产业发展的对策

科学规划是先行。我国需要制定和实施油桐产业发展的科学规划。基于基本战略考虑，要促使油桐发展成为一个综合性大产业，包括新兴的能源产业、环保产业、新材料产业等。这些新兴产业都是国家积极倡导和重点发展的产业。国家应该给予正确引导，加大投资和科技创新力度，大力加强油桐资源保护。依据油桐栽培面积和数量及国家建设对能源、新材料和环境保护的需要，做好油桐的产业布局和整体规划工作，以开发新产品，拉动资源发展，以资源培育壮大油桐产业。

1. 把油桐产业列入国家发展战略的重点产业之列

要把油桐产业正式列入国家战略性的生物质能源、新材料、环保型重点产业开发内容之中，并从政策、资金、技术等方面给予重点倾斜和扶持。要进一步强化对油桐产业的领导和技术指导，做好现有资源的管理和保护工作，严禁对油桐资源的破坏。同时，进一步加强宣传和信息服务，拓宽桐油销售渠道和市场。建立发展油桐生物质能源经济林和生物柴油企业的补贴制度，确保油桐作为生物质能源树种发展的战略需要和产业可持续发展的需要。

2. 加大科研投入，强化科技支撑

加大对油桐产业开发的投资力度，将油桐的栽培、育种和加工利用列入国家的科技支撑等相关研究项目中。要充分利用国内大专院校、科研院所、专业机构的技术力量，打造一支精干的专业技术队伍，大力开展科学研究工作；培育油桐新品种，扩大油桐资源面积；开发油桐深度加工新产品，拓宽桐油的应用领域，为油桐产业发展提供有力的技术支撑。此外，要综合运用现有的优良品种和丰产栽培技术措施，强化抚育管理，提高油桐单位面积产量和经济效益，提高农民经营油桐的积极性。

3. 加大对现有低产林更新和改造的力度

针对当前油桐低产林比重大的实际情况，一是对那些树龄老化、衰败、品质太差的油桐林，以优良品种更新改造，直接培育新的丰产良种油桐林；二是对于那些品种较优、立地条件较好、有增产潜力的低产林可采取中耕、除草、抚育、施肥等措施，提高栽培技术水平；三是积极推行国家标准局1988年颁布的《油桐丰产林国家标准》，制定和落实良种区域推广计划，以提高油桐经济林的单位面积产量和经营效益。

4. 着力培植龙头企业和品牌

要科学、合理地整合现有油桐加工企业，以市场为导向、优化资源配置，并要提供优惠措施：从政策、资金、技术、林地流转等方面扶持现有油桐加工龙头企业；鼓励企业与农户合作营建原料林，强化技术创新，拓宽桐油使用领域和范围，开发精深高端加工产品，提高桐油产品的附加值，带动产业的发展。同时，还要打造新型知名企业和知名品牌。

5. 全面综合开发利用油桐资源

采取循环经济原则、充分综合开发利用油桐资源，除生产主产品外，要把桐籽榨油后的副产物资源化，进一步开发桐果皮、种壳、桐麸、油桐木材的综合利用和多层次利用，以提高油桐经济林的综合效益。如是，既创造大量财富，又保护美化环境。

第九节　油用牡丹资源加工技术及利用概述

油用牡丹是我国新兴的一种木本油料。如今，油用牡丹繁花似锦，欣欣向荣。牡丹，是我国特有的木本名贵花卉，其花大色艳、雍容华贵，素有“花中之王”的美誉。牡丹在中国有3 900多年的栽培史，南北朝（420—584年）时南朝诗人就有“永嘉水际竹间多牡丹”之说。古诗云：春来谁做韶华主，总领群芳是牡丹。在众多花卉中，牡丹色、香、姿、韵俱佳，被尊为国花，是富贵祥和、繁荣昌盛的象征。牡丹和中国文化紧密相连，正所谓“牡丹聚天地之灵气，日月之秀色，万卉之姿韵，为天下人所真爱”。中国牡丹在公元7世纪传入韩国，8世纪传入日本，17世纪传入欧洲，19世纪传入美国。牡丹作为传播中国文化的使者、对外交往的纽带，为世界花卉事业谱写出美丽的篇章。

一、我国牡丹资源及分布

牡丹，又名木芍药、白两金、富贵花、国色、天香、花王、谷雨花、洛阳花。属于毛茛科芍药属牡丹种的木本植物。牡丹之名，最早见于战国后期的《黄帝内经·素问》。牡丹最早约在公元2世纪就作为药用植物记载于《神农本草经》中。牡丹作为观赏植物栽培，则始于1 500多年前的南北朝时期。达尔文在19世纪70年代写的《动植物在家养状况下的变异》一书中提到：牡丹在中国已经培育栽培了1 400年。

牡丹原产于我国西部秦岭和大巴山一带山区，如今在全国许多地方都有种植。目前，牡丹栽培面积最大的集中地有洛阳、菏泽、亳州、铜陵、临夏、天彭、绛县、商洛等地。牡丹可分为观赏牡丹和药用牡丹两种。油用牡丹是由药用牡丹发展而来的，是一种灌木植物。原来以种植观赏牡丹为主的河南洛阳和山东菏泽，现在扩大油用牡丹种植。此外，安徽铜陵的药用牡丹（凤丹）也很著名。凤丹皮为安徽四大中药材之一，具有很高的保健及药用价值。目前，我国牡丹拥有四个栽培品种群：中原牡丹品种群、西北牡丹品种群、江南牡丹品种群和西南牡丹品种群。

（一）油用牡丹的主栽品种

牡丹原产于我国西北部，虽能在全国栽培，但以黄河流域、江淮流域栽培为主，尤其是河南洛阳、山东菏泽一带是我国牡丹的主要生产基地、良种繁育基地和观赏中心。洛阳建有世界上最大的牡丹种质资源库。与传统观赏和药用用途不同，油用牡丹的选择主要以结籽量大、出油率高、适应性广和生长势强等指标为主。目前，我国种植和推广的油用牡丹主要有凤丹和紫斑牡丹2大系列品种。其中，紫斑牡丹品种系列适宜北方半干旱地区，主要选择其中瓣化程度较低、种子产量高及油质好的全缘叶品种类型，包括“雪海丹心”“冰山雪莲”和“书生捧墨”等20余个品种。而“凤丹系列”属江南牡丹品种群，适生于长江流域，全国有20多个省市适合种植。该系列以花量大、结实多、萌蘖少、生态适应性强为主要特点，以“凤丹白”为代表。经过多年栽培选育，主要品种有“凤丹粉”“凤丹紫”“凤丹玉”“凤丹绫”“凤丹韵”和“凤丹荷”等10余个，具有巨大的开发潜力和广阔的发展前景。

（二）油用牡丹基地建设

据不完全统计，目前全国油用牡丹种植面积已达到 4.93 万公顷，主要分布在山东、河南、甘肃、安徽、湖北、重庆、青海和西藏等地；牡丹籽年产量达到约 5 785.5 万千克；从事牡丹籽加工的企业有 120 家，牡丹出口企业 11 家。在全国牡丹产业布局中，山东省牡丹种植面积已达 3.87 万公顷，占全国的 58%，其中油用牡丹 3.47 万公顷，占全国的 70.3%。山东省牡丹种植区域相对集中，其中菏泽市种植 2.85 万公顷，主要集中在牡丹区、定陶县、单县等地；聊城市种植 0.53 万公顷，主要集中在东阿县、东昌府区等地。牡丹种植从原生地、主产区向全省适应生产地发展，日照、济南、临沂、济宁市种植面积分别达到 266.67 公顷、173.33 公顷、106.67 公顷、93.33 公顷。

（三）油用牡丹的生物特性

牡丹为多年生落叶小灌木，株型小，15 年以上多在 1.5～2.5 米之间，肉质根。牡丹花色彩斑斓，有白、黄、粉、红、紫红、紫、墨紫、雪青、绿、复色等十大色系。正常花的雄蕊多数结子力强，种子成熟度高，成熟种子直径 0.6～0.9 厘米，千粒重约 400 克。牡丹有“宜冷畏热、喜燥恶湿、栽高敞向阳而性舒”的特点。牡丹喜温凉气候，性较耐寒，不耐湿热。但从牡丹在全国的栽培分布来看，已跨越三个气候带，这说明牡丹在长期的栽培过程中，已具有较广的生态适应性。牡丹喜光，也较耐阴，避去太阳中午直射或西晒，对其生长开花有利，也有利于花色娇艳和延长观赏时间。夏秋雨水过多，叶片早落，易发生秋季开花现象。喜疏松肥沃、通气良好的壤土或沙壤土，忌黏重土壤或低洼积水之地。土壤从微酸性、中性到微碱性均可，但以中性土为宜。

二、我国油用牡丹的价值及利用

牡丹全身都是宝，除了观赏价值之外，蕊、花、茎、叶、根等都有很大的开发潜力，现已研制成功一系列深加工产品，综合经济效益十分明显。据估算，1 吨牡丹籽可衍生出牡丹籽油、胶粉、营养粉、多糖等 9 个产品门类，实现经济价值 50 万元。牡丹籽油与花生油、大豆油比较，无论是营养价值，还是产出效益都具有明显优势。随着牡丹的全面价值和消费者认知程度的提高，牡丹衍生产品市场前景日益广阔。

（一）牡丹的油用价值

油用牡丹是一种新兴的木本油料作物，具备“三高一低”的特点：①高产出。5 年生亩产可达 300 千克，是国产大豆的 2～3 倍，国产花生的 2 倍；而 15 年生的凤丹牡丹籽亩产量可达 600～800 千克（表 9-4）。每亩综合效益可达万元以上。②高含油率。牡丹籽含油率 22%，高于国产大豆 17.5%的含油率。③高品质。不饱和脂肪酸含量高达 92%上下。牡丹籽油不饱和脂肪酸含量 92%，多不饱和脂肪酸含量 70%，其中 α-亚麻酸为 40%以上，是橄榄油的 140 倍，大豆油的 10 倍。同时牡丹籽油还含有众多的药用牡丹有效成分。2011 年山东大学医学院的临床试验表明，服用牡丹籽油，高血脂患者血液中的三酰甘油下降了 24.8%，胆固醇下降了 12.5%。④低成本。油用牡丹耐旱耐贫瘠，适合荒山绿化造林，适合林下种植，一年种百年收，成本低廉。同时亩产 50 千克左右干花粉和大量的牡丹分蘖芽、牡丹花瓣，全身都是宝，附加值高。

表 9-4　不同油料作物产量及出油率对比表

油料名称	大豆	油菜籽	油茶籽	油橄榄	核桃	油牡丹（5 年）	油牡丹（15 年）
平均亩产（千克）	130	150	150	700	250	300	600～800
含油率（%）	19	40	30	20	60	22	22
出油率（%）	13	35	24	15	50	18	18

大量研究表明，牡丹籽油富含 α-亚麻酸，若采用超临界萃取技术，其 α-亚麻酸含量可达 66.85%。此外，牡丹籽油中含有抗癌活性很强的奇数碳脂肪酸如 C17、C15 等，还含有独特香气的山俞酸（含量为 0.166%）和少量环状结构的脂肪酸。毒理学研究还表明，牡丹籽油无急性毒性、遗传性毒性和亚急性毒性，具有较高的食用安全性。对牡丹籽油理化特性研究发现，牡丹籽提取物具有良好的抑菌、抗氧化和防晒特性。油用牡丹是一种良好的木本油料资源，牡丹籽油可广泛应用于食品工业、医药工业、高级化妆品和润滑油制造等行业，具有广阔的开发和应用前景。

（二）牡丹的药用价值

油用牡丹的根部（丹皮）是一种传统中药材。据《本草纲目》记载，牡丹花是清热解毒的传统药材，其味苦、性平，具有和血、生血、凉血之功效，主治血中伏火、除烦热。牡丹花含有芍药花苷、没食子酸、紫云英苷、丹皮酚等有效成分，对降低血压、镇咳及抗肿瘤等具有较高活性。芍药苷是从芍药中提取的最主要生物活性成分，不仅具有解痉、镇痛、镇静及改善记忆的作用，还具有抗自由基损伤、抑制细胞内钙超载和抗 KA 神经毒性等生理作用。牡丹酚作为牡丹的主要药用成分，具有抗动脉粥样硬化、抗惊厥及增强免疫功能等重要作用。此外，油用牡丹花中还含有原花色素，而该物质是目前世界上已知的抗氧化活性最强的物质，对人体具有很强的保健作用。

（三）牡丹的营养价值

据专业研究机构测定，牡丹籽营养成分全面而丰富，其中，富含脂肪酸、蛋白质、18 种氨基酸、多种微量元素和多种维生素，是优良的天然营养资源。牡丹籽油营养价值很高：含有 92%的不饱和脂肪酸，42%的 α-亚麻酸。2011 年 3 月 22 日，由卫生部《卫生部关于批准元宝枫籽油和牡丹籽油作为新资源食品公告》（2011 年第 9 号）批准为新资源食品。这标志着牡丹籽油已经成为我国木本食用油品中的一种。

（四）牡丹的景观与生态价值

油用牡丹不仅能成为优良的木本粮油资源，而且兼具景观与生态价值，这是其他食用油植物所不具备的。油用牡丹适生的范围广大，耐干旱、耐瘠薄、耐高寒，既可结籽，也可观花，是很好的绿化美化树种。牡丹既能在连续数月无降水的地带生存，也能在海拔 2 000 米以上的高寒贫瘠山岭上存活，是绿化荒山、改善生态环境的先锋树种。

（五）牡丹的美容价值

随着现代科技的发展，牡丹的美容功效也被开发出来，牡丹已经成为真正意义上的“美丽使者”。牡丹鲜花中蕴含丰富的牡丹精油、牡丹黄酮、牡丹氨基酸、牡丹甙类化合物等多种有效成分，牡丹美容产品就是利用牡丹鲜花萃取精华物质经多种工艺制作而成，牡丹精油芳香浓郁、品味高雅；牡丹黄酮抗氧化，能抑制自由基生成，延缓衰老；牡丹氨基酸及甙类化合物对肌肤具有良好的保健营养作用。牡丹化妆品已经得到了化妆品界的认可，实现了自古以来人们用牡丹鲜花养颜护肤的愿望。

（六）牡丹的其他用途

以油用牡丹鲜花发酵液和浸渍液加适量蔗糖、蜂蜜、柠檬酸等，经特殊工艺可制作成不添加任何色素和防腐剂的纯天然牡丹花汁饮料。以油用牡丹花粉、山药、牛奶等为原料制成的牡丹花粉山药饮料不仅具有牡丹花粉特有的清香，而且增加了酸奶制品的风味。油用牡丹花瓣经揉搓、干燥等工艺可制成具有安神、养血、降压等功效的牡丹花茶；以牡丹鲜花、多种鲜果为原料，佐以蔗糖、蜂蜜等经发酵可制作牡丹花果酒；油用牡丹花粉烘干后用超微粉碎机粉碎，可作为用于饮料、糕点、冷冻食品、糖果等食品的添加剂。

三、牡丹籽的加工技术工艺

（一）牡丹籽油制取技术工艺

1. 牡丹籽油制取方法

主要有溶剂提取法、物理压榨法、超声波辅助提取法、微波辅助提取法和超临界二氧化碳萃取法等。牡丹籽的含油量为34.31％左右，脂肪含量同油料作物相当，因此油脂的提取工艺为广泛研究的重点。目前，以石油醚作为浸提溶剂，采用超声波技术辅助溶剂浸出法提取牡丹籽油，出油率可达到24.12％；而使用传统机械压榨工艺压榨牡丹籽，牡丹籽出油率较低，且压榨出的牡丹籽油不饱和脂肪酸含量较低，油脂中游离脂肪酸含量较高，色泽较深。采用超临界二氧化碳萃取提取技术提取，牡丹籽油得率可达到24.22％和30.70％。超临界二氧化碳萃取具有高效、不易氧化、纯天然、无化学污染等特点，由此可以判断该方法会在一定程度上减小提取过程中牡丹籽油的氧化率，由此可以推断超临界二氧化碳提取牡丹籽油会倍受研究者的喜欢。

2. 牡丹籽油的精炼方法

主要包括三种：机械方法、化学方法和物理方法。牡丹籽原油颜色较浅，异味较少，因此纯化工艺比较简单。

（二）牡丹籽蛋白制取技术工艺

牡丹籽含油量约为29％，而粗蛋白质含量约占20％，因此利用制取牡丹籽油后的牡丹籽粕，要发展综合利用，进一步制取牡丹籽蛋白。

采用糖化酶辅助碱提酸沉优化制备牡丹籽蛋白。研究结果表明：用糖化酶辅助制得的牡丹籽蛋白的纯度很高，可以达到分离蛋白的效果。制备牡丹籽蛋白的最优工艺条件为：料液比 1∶10，碱提 pH9.5，酸沉 pH4.5，糖化酶处理时间 30 分钟，糖化酶用量 0.03%，糖化酶处理 pH4.0。在最优工艺条件下，制得的牡丹籽蛋白含量为 91.12%，蛋白质提取率为 88.34%。采用碱溶酸沉法对牡丹籽蛋白进行提取的最佳工艺条件为：料水比 1∶35、pH11、提取温度 40℃、提取时间 2 小时。在此条件下，蛋白提取率达到 87.20%，并测得牡丹籽蛋白的等电点为 pH3.9。

四、油牡丹产业发展趋势及对策

我国油用牡丹是一个新兴产业。由于起步是近年来的事情，存在一些需要加强的问题：科技薄弱，缺乏良种良法的研发和推广；产业基础薄弱，牡丹籽原料供应总量相对不足；产品监测薄弱，牡丹籽油尚无统一标准与品牌；受技术和生产规模限制，牡丹籽油价格昂贵。鉴于此，振兴油用牡丹产业，需要采取必要对策。

（一）培育良种壮苗，夯实发展基础

培育良种壮苗是发展油用牡丹产业的重要基础，必须采取以下措施：①要充分利用已经选出的适生性强、产量稳定、含油率高和抗病虫害的优良品种，抓紧扩大繁育优良苗木。特别是要在适生区和集中分布区，选择环节条件好的地方，建立骨干示范苗圃和良种繁育基地。②要加强油用牡丹种质资源的保护和研究，尽快制定油用牡丹苗木培育技术规程、造林技术规程和丰产栽培技术规程，更好地指导油用牡丹产业的发展。③对油用牡丹种苗严格实行“三证一签”的管理制度，确保种苗质量安全。实行“外引”与“自繁自育”相结合，运用现代育种技术，筛选油用、观赏、药用等目标性状突出、综合性状优良的育种材料，培育有重大应用价值的新品种，储备新优品种。④进一步抓好国家牡丹种质资源库建设。目前洛阳牡丹种质资源库是世界上最大的资源库，但是还需要进一步建设完善。⑤牡丹新品种测试基地项目建设。依托规模化种植区建设一批油用牡丹良种繁育基地，进一步提高牡丹种苗产量和质量，推动良种化进程。

（二）建设现代化规模化种植基地

发展油用牡丹产业，不能一哄而起，盲目种植，劳民伤财，挫伤和打击农民的积极性，必须科学有序稳健发展：一要根据牡丹资源现状、栽培历史、种植技术、经营管理水平和不同地理条件等，选择有代表性的地方先行试验示范。二要按照产业链、产业带、产业群的发展思路，科学规划，合理布局，建设片、点、线结合，建设油用、观赏、药用等不同类型的示范基地，抓好不同区域的典型示范。以示范带动油用牡丹产业的发展，用典型效应来调动农民、企业和社会各方面发展油用牡丹产业的积极性。三要鼓励支持有条件的地区发展油用牡丹加工业，提高附加值，推行先进生产栽培技术和规范化管理，扩大生产基地种植规模。然而，发展加工业更要警戒盲目性，要稳步有效发展。

（三）着力提升牡丹产业化、综合化发展水平

要提高油用牡丹产业发展的质量与效益，关键靠科技。要通过开展多种形式的技术培训和技术服务，使优良品种繁育、丰产栽培、抚育管理和病虫害防治等配套技术，真正让农民掌握，并运用到生产中去。要积极培育和发展油用牡丹种植大户、专业合作社、龙头企业等新型生产经营主体，形成“公司＋基地＋农户”的产业发展模式，不断提高产业集中度，增强原料与产品供销的稳定性。要探索牡丹籽油生产、贮存、销售方式及利用新途径，不断研发深加工技术，进一步推动牡丹产业向综合化方向发展，因地制宜向医药制品、日用化工、营养保健、食品加工、特色餐饮、工艺美术、食用菌、畜牧养殖、旅游观光等全产业链延伸，提升牡丹产业附加值。

（四）加强牡丹品牌化市场建设

通过改进生产加工技术，进一步提升牡丹产品品质，改良口感、延长保质期、降低价格，尤其要重点加强市场宣传和推广，加强产品的包装、运输和售后服务，提高消费者对牡丹产品的认知度。瞄准国内外高端市场，通过网上交易平台、信息平台、技术平台展销，积极拓宽牡丹产品市场销售渠道。鼓励引导龙头企业和农民合作社创知名品牌，重点打造几个具有国内外影响力的知名品牌，提高产品市场竞争力。健全市场法规，打击假冒伪劣产品，提高行业自律水平，建立公开、公平、公正的市场环境，形成合理的牡丹产品供求关系和

价格水平。

（五）制定优惠政策，加大扶持力度

油用牡丹一次投资，长期受益。但是，其前期需要较大投入，造林苗木需2～3年生，平均每公顷需要栽植1.5万株左右，造林后3～4年开花结实，才能有经济收益。国家应该把发展油用牡丹列为与退耕还林和油茶造林等工程项目一样，进行扶持。公共财政每年应安排一定比例的资金作为油用牡丹产业发展专项资金，对发展油用牡丹产业实行“以奖代补”办法。要对种质资源保护、优良品种选育与繁育、骨干苗圃、良种繁育基地和规模造林基地建设等项目进行重点支持。各地要统筹使用农业综合开发资金、财政扶贫资金、农业专项资金、农业产业化贷款财政贴息资金等，加大对发展油用牡丹产业的投入。银行、信用社等金融机构对从事油用牡丹产业的企业，要优先给予贷款。税务部门要在政策规定范围内减免油用牡丹产业企业所得税。同时，还要继续加大招商引资力度，广泛吸收和积极引导民间、社会资金投入油用牡丹产业。

（六）加大对油用牡丹产业发展的宣传力度

要通过网络、电视、报纸等各种媒体形式，广泛宣传牡丹籽油的独特功效，扩大牡丹籽油知名度。同时，应大力提倡健康饮食及生活方式，为油用牡丹产业发展创造良好的市场条件。包括制作牡丹籽油纪录片、公益广告、宣传片等，广泛进行牡丹籽油的科普知识，有力提高民众意识，促进油用牡丹产业的持续发展。

第十章　世界木本粮油资源概况

粮油既是关系国计民生和国家经济安全的重要战略物资，也是人类最基本的生活资料。当前全球农业发展面临的风险和挑战日益凸显，未来全球所有农作物产量增长的难度都将增大，而需求增长也更强劲，且农作物及其产品生产仍存在相当的不确定，这些因素会对未来全球粮油食安全构成威胁。而木本粮油是优良的食用粮油或工业用油脂来源，未来木本粮油资源综合利用的潜力巨大，对保障世界粮油安全也有重大意义。

第一节　世界木本粮食资源

一、世界板栗资源

世界上有很多国家种植板栗，品种主要分为美洲栗、中国栗、欧洲栗和日本栗，主要集中在东亚和欧洲地区。而中国板栗主要集中于黄河流域的华北、西北和长江流域各省，分布极广，早在 5 000 年前中国就有食用栗子了。2 000 余年前栗子作为重要粮食，与枣、柿子茶油、核桃等一起被称为“铁杆庄稼”，成为历代荒年的救命之宝。

从产量来看，据联合国粮食及农业组织统计，21 世纪以来世界板栗产量一直呈稳定增长态势，2000—2012 年产量增长了 105.56 万吨，年均增长率为 6.46%（图 10-1）。2012 年世界板栗总产量 199.89 万吨，较 2011 年略有下降。其中，中国板栗产量排第一位，达 165.00 万吨，约占世界总产量的 82.55%；韩国和土耳其的板栗产量分别为 7.00 万吨和 5.98 万吨，分别排世界第二和第三位；玻利维亚和意大利紧随其后，产量分别为 5.70 万吨和 5.20 万吨，依次居第四位和第五位。2012 年，总产量排名前五的板栗生产国的产量约占世界板栗总产量的 94.5%。

从板栗收获面积来看，据联合国粮食及农业组织统计，世界板栗收获面积除 2001 年略有下降外，2000 年以来一直呈稳定增加态势，2012 年较 2000 年增长了 22.20 万公顷，年均增长率为 4.55%，略低于总产量的年均增幅（图

10-2)。2012 年世界板栗收获面积共计 53.67 万公顷，其中，中国的板栗收获面积最大，为 30.50 万公顷，约占世界收获总面积的 56.83%，较 2011 年略有下降；玻利维亚和土耳其的板栗收获面积分别为 4.40 万公顷和 3.88 万公顷，较 2011 年略有增加，排世界第二和第三位；排在第四和第五位的分别是韩国和葡萄牙，收获分别为 3.65 万公顷和 3.48 万公顷，较 2011 年略有增加(图 10-2)。2012 年，收获面积排名前五的板栗生产国的收获面积约占世界板栗总收获面积的 85.55%，较 2011 年略有增加。

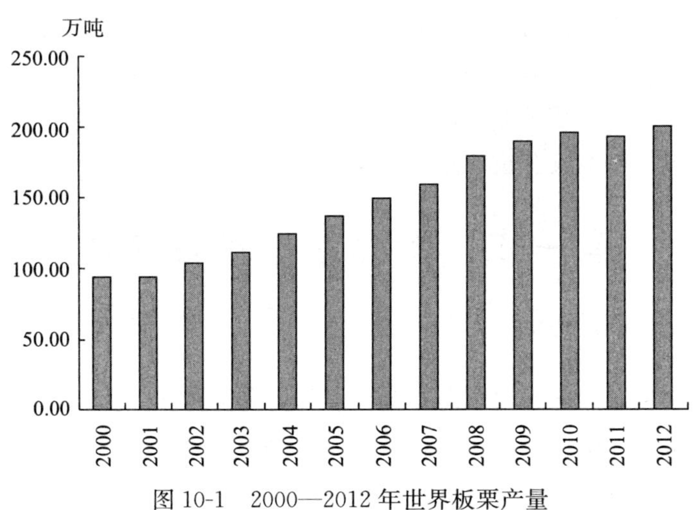

图 10-1　2000—2012 年世界板栗产量

资料来源：FAOSTATE。

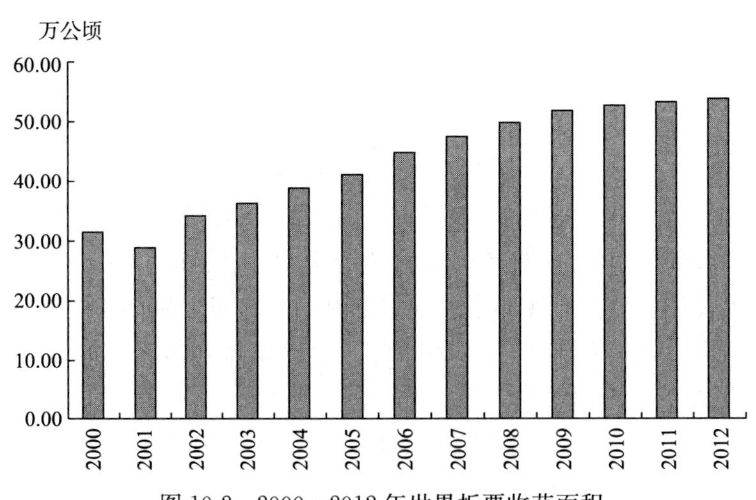

图 10-2　2000—2012 年世界板栗收获面积

资料来源：FAOSTATE。

从板栗单产来看，据联合国粮食及农业组织统计数据，世界板栗单产水平稳步提高，2000—2012 年平均单产由 2 998.0 千克/公顷提高到 3 724.8 千克/公顷，年均增长率为 1.83%（图 10-3）。2012 年世界板栗平均单产水平较 2011 年提高了 96.1 千克/公顷。其中，罗马尼亚的板栗单产水平最高，为 25 000千克/公顷；其次是中国，为 5 409.8 千克/公顷，较 2011 年略有下降；希腊排第三位，为 4 159.4 千克/公顷；秘鲁排第四位，为 3 773.6 千克/公顷；排在第五位的是乌克兰，为 3 125.0 千克/公顷。2012 年葡萄牙的板栗单产最低，仅为 548.9 千克/公顷。

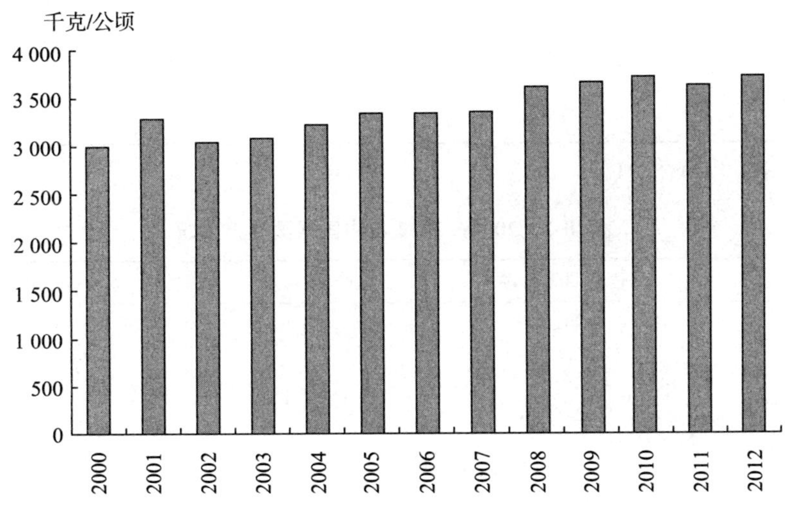

图 10-3　2000—2012 年世界板栗单产水平

资料来源：FAOSTATE。

无论是从总产量和收获面积，还是从单产水平来看，当前世界板栗的生产均呈稳定增长态势（表 10-1）。这期间，中国是当之无愧的世界第一板栗生产大国，其单产水平明显高于世界平均水平，2012 年是世界的 1.45 倍，在世界板栗生产中占有举足轻重的地位（表 10-2）。

表 10-1　2000—2012 年世界板栗生产情况

年份	面积（万公顷）	总产量（万吨）	单产（千克/公顷）
2000	31.46	94.32	2 998.00
2001	28.82	94.32	3 272.30
2002	34.08	103.77	3 044.60

（续）

年份	面积（万公顷）	总产量（万吨）	单产（千克/公顷）
2003	36.35	111.90	3 078.80
2004	38.90	125.08	3 215.80
2005	41.04	136.70	3 331.00
2006	44.69	149.29	3 340.40
2007	47.40	159.28	3 360.60
2008	49.64	178.99	3 606.10
2009	51.76	189.28	3 656.70
2010	52.64	195.62	3 716.60
2011	53.13	192.79	3 628.70
2012	53.66	199.89	3 724.80

资料来源：FAOSTATE。

表 10-2　2000—2012 年中国板栗生产情况

年份	面积（万公顷）	产量（万吨）	单产（千克/公顷）
2000	11.00	59.82	5 438.00
2001	7.91	59.91	7 577.20
2002	13.00	70.17	5 397.60
2003	14.50	79.72	5 497.70
2004	17.50	92.27	5 272.80
2005	18.50	103.19	5 577.60
2006	22.00	113.97	5 180.30
2007	23.80	126.65	5 321.50
2008	26.00	145.05	5 578.70
2009	28.00	155.00	5 535.70
2010	29.50	162.00	5 491.50
2011	30.00	160.00	5 333.30
2012	30.50	165.00	5 409.80

资料来源：FAOSTATE。

二、世界柿子资源

柿子原产地在中国，已有 2 000 多年的栽培历史。目前已发展到 1 000 多个品种。当前，柿子的生产主要集中在中国、日本、韩国和巴西等国，意大利、以色列、尼泊尔和伊朗等国的柿子生产发展也较快。

从产量分布看，据联合国粮食及农业组织统计，世界柿子总产量逐年平稳增加，2000—2012 年总产量由 239.17 万吨增长到 446.90 万吨，增长了 207.73 万吨，年均增长率为 5.35%（图 10-4）。2012 年柿子产量最高的是中国，为 338.60 万吨，占当年世界柿子总产量的 75.77%；韩国位居世界第二，产量为 40.10 万吨；日本总产量为 25.38 万吨，居第三位；巴西为 15.82 万吨，位居第四；阿塞拜疆为 14.01 万吨，居第五位。2012 年柿子总产量世界排名前五位的国家的产量占世界总产量的 97.10%。

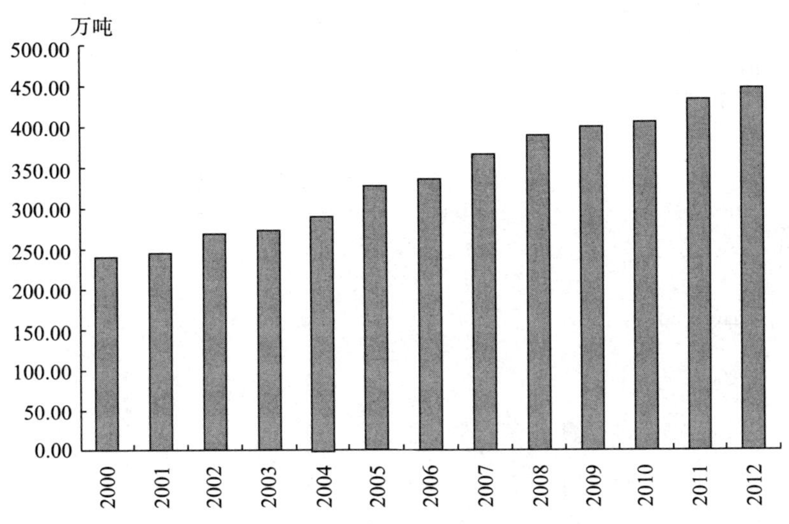

图 10-4　2000—2012 年世界柿子产量情况

资料来源：FAOSTATE。

从收获面积看，据联合国农业及粮食组织统计，进入 21 世纪以来，世界柿子收获面积逐年平稳增加，从 2000 年的 54.49 万公顷一路增长至 2012 年的 81.35 万公顷，年均增长率为 3.40%（图 10-5）。2012 年世界柿子收获面积最大的是中国，为 73.48 万公顷，占当年世界柿子收获总面积的 90.32%；排在第二位的是韩国，但收获面积与第一位相差悬殊，为 3.03 万公顷，日本的柿子收获面积排第三位，为 2.19 万公顷；排在第四和第五位的分别是巴西和阿塞拜疆，收获面积分别是 0.82 万公顷和 0.80 万公顷，与位居前三的中国、韩国和日本，尤其是与第一位的中国相距甚远（图 10-5）。2012 年，柿子收获面积排前五的生产国的收获面积合计占世界收获总面积的 98.73%。

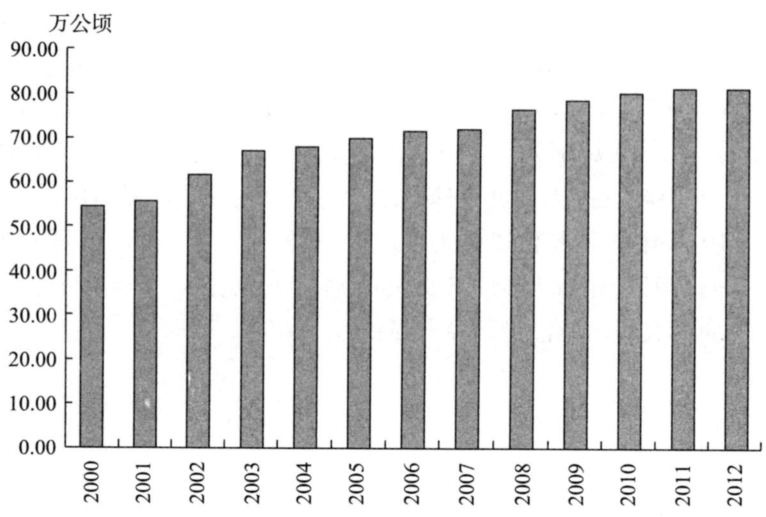

图 10-5　2000—2012 年世界柿子收获面积

资料来源：FAOSTATE。

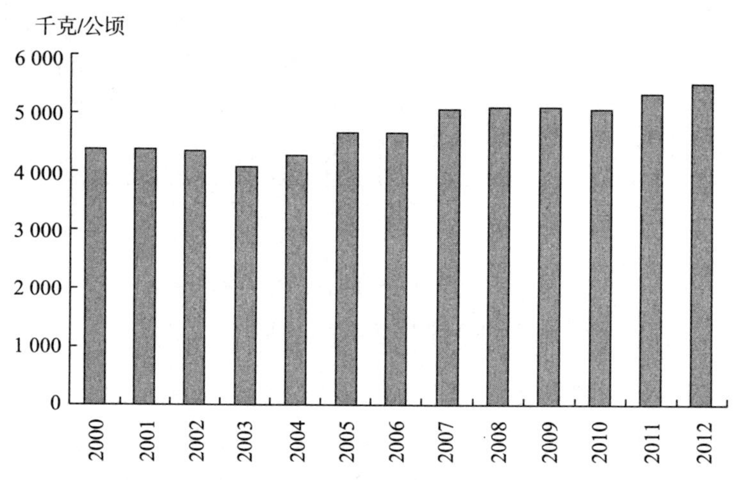

图 10-6　2000—2012 年世界柿子单产水平

资料来源：FAOSTATE。

从单产水平来看，据联合国粮食及农业组织统计，世界柿子的单产呈波动增长趋势，近年来波幅不大。2000—2012 年单产水平提高了 1 103.80 千克/公顷，年均增长率为 1.89%（图 10-6）。2012 年世界柿子平均单产水平为

5 493.20千克/公顷，其中，单产水平最高的是意大利，为 21 363.6 千克/公顷；排在第二位的是巴西，单产水平为 19 368.5 千克/公顷；中国台湾地区的单产水平也比较高，居世界第三位，为 17 916.7 千克/公顷；阿塞拜疆排在第四位，为 17 421.0 千克/公顷；新西兰的柿子单产水平为 15 259.7 千克/公顷，位居第五。柿子单产水平排世界前五位国家和地区的柿子单产都远高于世界平均单产水平，排名前 10 位的国家和地区的单产水平均在 10 000.0 千克/公顷以上。

近年来，世界柿子收获面积、总产量和单产均呈平稳增长态势，其年均增长率分别为 3.40%、5.35%和 1.89%，尤其是柿子的总产量的增速较明显（表 10-3）。分析表明，中国的柿子生产地位在世界格局中非常突出，总产量和收获面积均居世界第一位。2012 年中国柿子的收获面积占全世界柿子收获总面积的 90.33%，产量占世界柿子总产量的 75.77%，但是单产低于世界平均水平，仅为世界平均水平的 83.89%（表 10-4）。

表 10-3 2000—2012 年世界柿子生产情况

年份	面积（万公顷）	产量（万吨）	单产（千克/公顷）
2000	54.49	239.17	4 389.40
2001	55.78	243.87	4 372.00
2002	61.65	268.41	4 353.40
2003	66.93	273.14	4 080.90
2004	67.80	289.78	4 273.80
2005	69.72	326.30	4 680.00
2006	71.40	333.57	4 671.90
2007	72.10	365.95	5 075.40
2008	76.40	388.03	5 078.80
2009	78.34	398.50	5 087.00
2010	80.09	405.83	5 067.50
2011	81.00	431.73	5 329.80
2012	81.35	446.90	5 493.20

资料来源：FAOSTATE。

表 10-4　2000—2012 年中国柿子生产情况

年份	面积（万公顷）	产量（万吨）	单产（千克/公顷）
2000	47.15	161.58	3 427.20
2001	48.26	161.08	3 338.10
2002	54.00	177.53	3 287.60
2003	59.31	183.34	3 091.10
2004	60.31	203.44	3 373.20
2005	62.23	221.22	3 554.70
2006	63.95	234.67	3 669.40
2007	64.37	260.71	4 050.30
2008	68.39	274.49	4 013.80
2009	70.39	287.12	4 078.80
2010	72.03	304.64	4 229.60
2011	73.01	329.01	4 506.70
2012	73.48	338.60	4 608.10

资料来源：FAOSTATE。

三、世界枣类资源

枣起源于中国，在中国已有 8 000 多年的栽培历史，世界各国栽培的枣均引自中国，当前世界五大洲 20 多个国家和地区均有枣的栽培。枣类主要包括椰枣和红枣，椰枣有“沙漠面包”之称，分布于西亚、北非以及中国的福建、广西、云南、广东等地，原产西亚和北非，埃及、伊拉克、沙特和伊朗等中东国家栽培最多，南美、澳大利亚、东南亚国家也有引种，果实产量高，是中东一些国家的重要出口农作物。红枣原产中国，是我国的第一大干果品种，总产量呈不断上升趋势。我国是世界上最大的红枣生产国，同时也是最大的红枣及其加工品出口国，全球 90%以上的红枣都由我国供应，市场占有率高，但出口贸易量占国内总产量的比例一直不大。

从产量来看，据联合国粮食及农业组织统计，与板栗和柿子的产量情况不同，21 世纪以来世界枣类产量起伏较大，但总体呈波动增长趋势，由 2000 年的 650.00 万吨增长到 2012 年 754.89 万吨，增长了 104.89 万吨，年均增长率为 1.25%（图 10-7）。2012 年总产量超过 10 万吨的国家有 13 个，其中排在前三位的埃及、伊朗、沙特阿拉伯的年产量均超过了 100 万吨，分别达到

147.00 万吨、106.60 万吨和 105.00 万吨。这 3 个国家均以生产椰枣为主。阿尔及利亚和伊拉克分别居 2012 年世界枣类生产的第四和第五位，产量分别为 78.94 万吨和 65.00 万吨。2012 年世界排名前五位的枣类生产国的总产量占世界枣类总产量的 66.57%，较 2011 年略有下降。

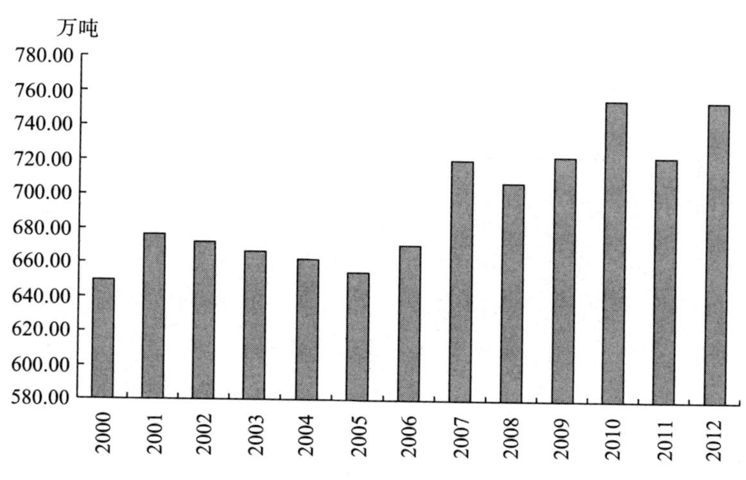

图 10-7 2000—2012 年世界枣类产量变化

资料来源：FAOSTATE。

2001—2012 年，埃及、沙特阿拉伯、伊朗、阿联酋、阿尔及利亚、伊拉克、巴基斯坦、苏丹（前）及阿曼等基本稳居世界椰枣产量前九位，其中埃及椰枣产量自 2001 年以来持续平稳增长，年均总产量稳定在 100 万吨以上，且一直稳居世界第一。沙特阿拉伯的椰枣产量增长最快，由 2001 年排名世界第四位，一路赶超伊朗和伊拉克，2011 年跃升至世界第二位，产量也由 81.79 万吨增长到 112.28 万吨。2011 年是 2001 年的 1.37 倍，2012 年略降至 105.00 万吨，仅较伊朗的 106.60 万吨低 1.60 万吨，居世界第三位。伊朗的椰枣产量呈波动增长态势，2003—2009 年虽然曾经跃居世界第二位，但 2001 年、2010 年和 2011 年降到世界第三位，2012 年再上升至世界第二位。自 2001 年以来，阿联酋的椰枣产量一直比较稳定。2009 年开始快速增长，移居世界椰枣产量第四位，而 2012 年剧烈下跌至世界第九位。阿尔及利亚椰枣产量呈持续波动增长趋势，2009 年跃居世界第五位，2012 年跃居世界第四位。伊拉克的椰枣生产由于战争影响，波动比较大。2001 年的产量就已达到 90.70 万吨，战争爆发导致 2004 年产量锐减至 44.84 万吨，2005 年更是降至 40.40 万吨，直到

2012 年才恢复到 65.00 万吨，由 2001 年的世界第二位跌至 2005 年的第七位，2012 年有所提高，上升至第五位。巴基斯坦椰枣产量波动趋减，由 2001 年世界第六位跌至 2011 年的第七位，2012 年恢复世界第六的排名。苏丹（前）和阿曼的椰枣产量一直分别稳定在世界第八和第九位，2012 年苏丹跃居世界第七位，阿曼上升至第八位（表 10-5）。

表 10-5　2001—2012 年世界枣类主产国枣产量

单位：万吨

国家	2001	2002	2003	2004	2005	2006	2007	2008	2009	2010	2011	2012
埃及	111.33	109.00	112.19	116.62	115.97	132.87	131.37	132.61	127.05	135.30	137.36	147.00
伊朗	87.50	87.90	88.50	98.96	99.68	100.00	130.79	102.31	102.31	102.31	101.66	106.60
沙特阿拉伯	81.79	82.95	88.41	94.13	97.05	97.70	98.25	98.64	99.17	108.94	112.28	105.00
阿尔及利亚	43.73	41.84	49.22	44.26	51.63	49.12	52.69	55.28	60.07	64.47	69.00	78.94
伊拉克	90.70	86.60	86.80	44.84	40.40	43.24	43.09	47.63	50.70	56.77	61.92	65.00
巴基斯坦	63.03	62.50	42.68	62.24	49.66	42.63	55.75	56.64	53.12	52.40	55.73	60.00
阿曼	29.80	23.86	21.98	23.10	24.73	25.87	25.59	26.70	25.86	27.64	26.80	27.00
苏丹（前）	33.00	33.00	32.80	33.60	32.82	34.80	33.60	33.93	42.20	43.10	—	43.35
阿联酋	75.76	75.76	75.76	76.00	75.76	75.76	75.76	75.76	75.90	82.53	90.00	25.00
世界合计	675.61	672.31	667.09	661.99	654.91	670.50	720.30	706.68	722.50	768.34	750.50	754.89

资料来源：FAOSTATE。

从收获面积看，据联合国粮食及农业组织统计，2000—2012 年，世界枣类收获面积波动较为明显，总体呈先增加后减少的趋势，其中 2000 年的面积最少，为 104.99 万公顷，最高年份出现在 2007 年，为 123.26 万公顷，2012 年减少到 110.46 万公顷（图 10-8）。其中，2012 年阿尔及利亚的收获面积最大，为 16.40 万公顷，占世界总收获面积的 14.85%；沙特阿拉伯、伊朗、伊拉克和巴基斯坦分别以 16.00 万公顷、15.60 万公顷、12.46 万公顷和 9.5 万公顷的收获面积排在世界第二、第三、第四、第五位。枣类收获面积世界排名前五位的国家合计占世界收获面积的 63.34%（图 10-8）。

在枣类生产中，伊拉克、沙特阿拉伯和伊朗是世界传统的椰枣生产大国。2001—2012 年，世界椰枣主产国尤其是排名前五位国家的收获面积相对比较稳定，其中阿尔及利亚和沙特阿拉伯的走势平稳趋升，近年来基本稳定在 16 万～17 万公顷，这是因为椰枣在阿拉伯人的生活中一直占有重要地位。阿

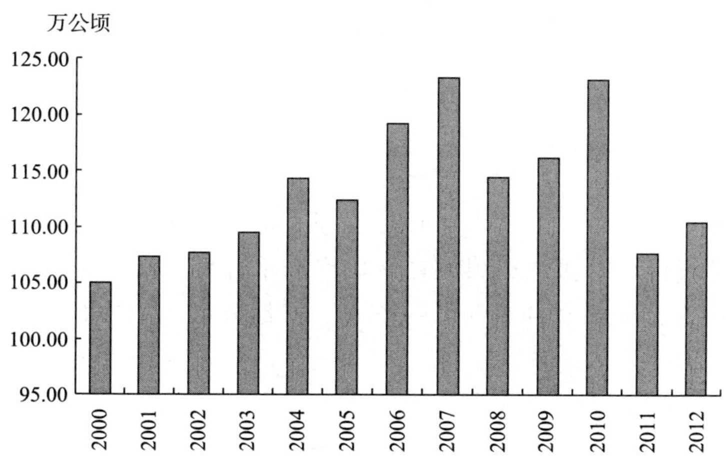

图 10-8　2000—2012 年世界枣类收获面积

资料来源：FAOSTATE。

联酋的椰枣收获面积则由 18 万公顷左右平稳增加至 20 万公顷左右，但 2012 年陡降至 5.00 万公顷。而伊朗和伊拉克波动相对较大，2007 年以前伊朗的椰枣收获面积呈持续增长态势，但在 2007 年之后大幅度减少，2008 年以来基本稳定在 15 万公顷左右。伊拉克的椰枣收获面积除 2005 年出现大幅度下降外，其他年份则保持平稳（图 10-9）。

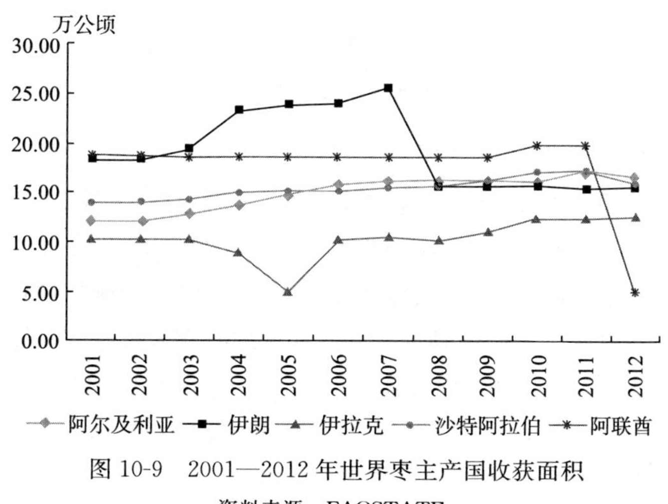

图 10-9　2001—2012 年世界枣主产国收获面积

资料来源：FAOSTATE。

从单产来看，据联合国粮食及农业组织统计，21 世纪以来，世界枣类平均单产水平呈先小幅下降后波动上升趋势，2000—2012 年单产水平最低的是 2006 年，为 5 625.2 千克/公顷；最高的是 6 834.1 千克/公顷（图 10-10）。其中，埃及枣类单产水平遥遥领先，虽然近年来小幅波动趋减，但一直稳居世界第一位，2001 年以来一直保持在 32 千克/公顷以上，2001 年达到最高值，为 37 790.0千克/公顷，2012 年降低至 34 588.2 千克/公顷，仍较世界排名第二位的中国单产水平高出 20 302.5 千克/公顷。苏丹（前）、叙利亚和哥伦比亚分别排在第三位、第四位和第五位，单产水平分别为 11 904.8 千克/公顷、10 890.7千克/公顷和 10 000.0 千克/公顷。其他国家的单产水平均在 10 000.0 千克/公顷以下。

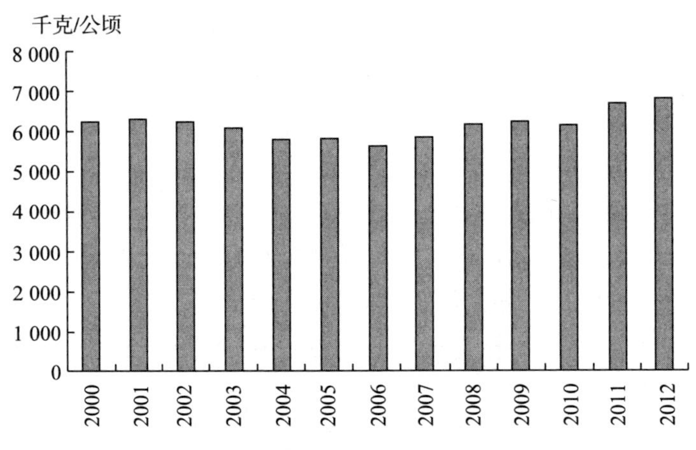

图 10-10　2000—2012 年世界枣类平均单产

资料来源：FAOSTATE。

中国枣类的单产水平虽然居世界第二位，但远不及排名第一的埃及的一半，近年来中国枣类的单产水平总体上均呈下降趋势，且下降速度较埃及快，由 2001 年的 19 500.0 千克/公顷下降到 2012 年的不足 14 285.7 千克/公顷，下降了 5 214.3 千克/公顷，年均降幅 2.79%。而埃及的椰枣单产水平从 2001 年 37 790.0 千克/公顷下降到了 2012 年的 34 588.2 千克/公顷，下降了 3 201.8千克/公顷，年均降幅为 0.80%，由 2001 年是中国的 1.94 倍变为 2012 年是中国的 2.42 倍。中国枣类单产水平与第一位相距甚远的原因是，埃及主要生产的是椰枣，而中国主产红枣。

近年来，世界枣类的总产量、收获面积和单产水平与板栗和柿子的走势有明显不同，其波动性较为明显，除了面积波动趋减后回升外，总产量和单产水平都呈现出较为明显的增长态势，2000—2012 年的年均增长率分别为 1.25%、0.42%和 0.83%（表 10-6）。中国枣类单产水平在世界枣类生产中占有较突出的地位，但由于收获面积较低，总产量相对也较低，2012 年其产量、收获面积和单产水平分别是世界的 1.99%、0.95%和 209.04%（表 10-7）。

表 10-6　2000—2012 年世界枣类生产情况

年份	产量（万吨）	面积（万公顷）	单产（吨/公顷）
2000	650.00	104.99	6 191.10
2001	675.61	107.31	6 296.10
2002	672.31	107.67	6 244.40
2003	667.09	109.55	6 089.60
2004	661.99	114.26	5 793.80
2005	654.91	112.40	5 826.80
2006	670.50	119.20	5 625.20
2007	720.30	123.26	5 843.80
2008	706.68	114.48	6 173.00
2009	722.44	116.25	6 214.80
2010	755.76	123.13	6 137.80
2011	722.52	107.67	6 710.20
2012	754.89	110.46	6 834.10

资料来源：FAOSTATE。

表 10-7　2000—2012 年中国枣类生产情况

年份	产量（万吨）	面积（万公顷）	单产（千克/公顷）
2000	12.50	0.60	20 833.30
2001	11.70	0.60	19 500.00
2002	13.00	0.70	18 571.40
2003	12.00	0.70	17 142.90
2004	13.00	0.70	18 571.40
2005	15.00	0.90	16 666.70
2006	12.50	0.80	15 625.00
2007	13.00	0.85	15 294.10
2008	13.50	0.90	15 000.00
2009	14.00	1.00	14 000.00
2010	14.00	0.99	14 073.20
2011	15.00	1.05	14 285.70
2012	15.00	1.05	14 285.70

资料来源：FAOSTATE。

第二节 世界木本油料资源

当前，木本油料及油脂类干果的生产经营，在世界范围呈发展趋势，世界各国普遍重视对木本油料的研究、开发和利用。油棕、核桃、油桐等均是世界上产油较高的木本油料作物。

一、世界油棕资源

油棕俗称油棕榈，其果实含油量非常丰富，与各种油料作物的含油量和产量相比优势突出，是世界上单位面积产量最高的木本油料作物，享有“世界油王”之称。据联合国粮食及农业组织统计，全球种植油棕的国家已达40多个，主要分布在亚洲的马来西亚和印度尼西亚，非洲西部和中部，以及南美洲的北部，中美洲也有部分种植。随着全球范围内对植物油消费需求的增长和油棕栽培、加工等技术的不断进步，油棕产业发展迅速，使得近年来世界棕油生产得到较快发展。

根据联合国粮食及农业组织的统计数据，2000—2013年，世界油棕收获面积逐年增加，由2000年的1 003.15万公顷增长到2013年的1 700.77万公顷，年均增长率为4.14%；油棕果平均单产波动增长，由2000年的12.00吨/公顷增长到2013年的15.73吨/公顷，年均增长率为2.10%；油棕果总产量增长速度较快，由2000年的12 035.98万吨稳步增长到2013年的26 755.05万吨，年均增长率高达6.34%。油棕产量的这种加速增长正是基于油棕收获面积和单产水平的“双增长”实现的（表10-8、图10-11）。

表10-8 2000—2013年世界油棕生产情况

年份	面积（万公顷）	单产（吨/公顷）	产量（万吨）
2000	1 003.15	12.00	12 035.98
2001	1 061.08	12.13	12 873.43
2002	1 133.24	11.95	13 545.58
2003	1 168.59	12.85	15 014.39
2004	1 227.18	13.30	16 327.44
2005	1 290.85	14.09	18 181.58
2006	1 331.27	14.69	19 553.41

（续）

年份	面积（万公顷）	单产（吨/公顷）	产量（万吨）
2007	1 394.34	13.84	19 297.87
2008	1 475.30	14.51	21 413.81
2009	1 544.87	14.13	21 829.29
2010	1 610.83	13.94	22 457.00
2011	1 685.71	14.58	24 581.96
2012	1 757.18	14.76	25 941.59
2013	1 700.77	15.73	26 755.05

资料来源：FAOSTATE。

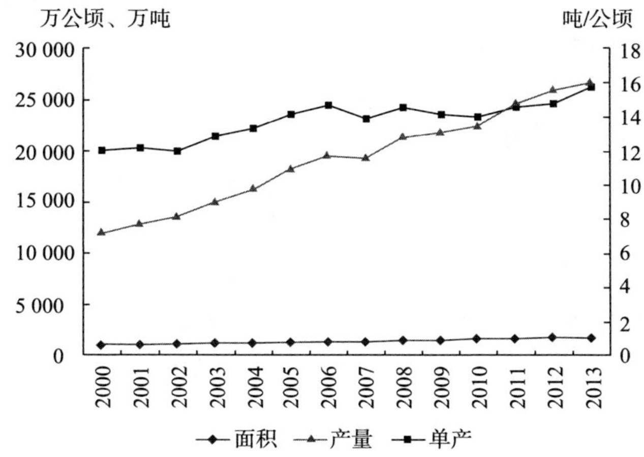

图 10-11　2000—2013 年世界油棕生产情况

资料来源：FAOSTATE。

2013 年，世界上油棕收获面积最大的是印度尼西亚，为 708.00 万公顷，马来西亚居第二位，为 455.00 万公顷，居世界第三位的是尼日利亚，收获面积为 200.00 万公顷，泰国和加纳分列世界油棕收获面积的第四和第五位，收获面积分别为 62.64 万公顷和 36.00 万公顷。可见，在世界排名前五的油棕种植国家中，每个国家的收获面积相差非常大，2013 年排名第一的印度尼西亚的收获面积分别是第二、三、四、五位收获面积的 1.56、3.54、11.30 和 19.67 倍。此外，2013 年几内亚的油棕收获面积为 31.00 万公顷，与第五名相差不多。2013 年，世界排名前三的油棕生产国的油棕收获面积占世界总收获面积的80.14%，排名前五的油棕生产国的油棕收获面积占世界总收获面积的85.94%，充分体现出了东南亚地区生产油棕的绝对优势。

2013年，世界上油棕果单产水平最高的是危地马拉，高达22.77吨/公顷；马来西亚的单产居世界第二位，为21.98吨/公顷；排在第三位的是泰国，为20.45吨/公顷；尼加拉瓜和哥伦比亚则分别以20.00吨/公顷和19.97吨/公顷的单产水平排在第四和第五位，这5个国家的平均单产水平均明显超过了15.73吨/公顷的世界平均单产水平，尤其是危地马拉油棕的平均单产水平是世界平均水平的1.45倍之高。2013年，中国的油棕果单产只有13.40吨/公顷，未达到世界平均水平；单产水平最低的是苏里南，仅为2.00吨/公顷。

2013年，世界油棕果产量最高的是印度尼西亚，为12 000.00万吨；马来西亚的总产量为10 000.00万吨，排世界第二位；居世界第三位的泰国的产量明显低于前两位的水平，仅为1 281.20万吨；排在第四位的尼日利亚的产量更低，只有500.00万吨，而哥伦比亚以499.12万吨的产量屈居第五位。2013年中国的油棕果产量仅为67.00万吨，排世界第17位。2013年，世界油棕果总产量合计26 755.05万吨，排名前五的油棕生产国的油棕果总产量占世界总产量的90.75%。

从棕油产量来看，根据联合国粮食及农业组织的数据，进入21世纪以来，世界油棕生产呈稳定增长态势，2000年棕油产量为2 222.78万吨，2013年增长到了5 580.09万吨，13年增长了3 357.32万吨，年均增长率高达7.34%（表10-9、图10-12）。其中，2006年较2005年增长了715.36万吨，增长速度较快。

表10-9　2000—2013年世界棕油产量

年份	产量（万吨）	年份	产量（万吨）
2000	2 222.78	2007	3 976.30
2001	2 483.58	2008	4 235.29
2002	2 613.61	2009	4 386.00
2003	2 867.73	2010	4 576.86
2004	3 006.24	2011	4 934.65
2005	3 226.83	2012	5 326.97
2006	3 942.19	2013	5 580.09

资料来源：FAOSTATE。

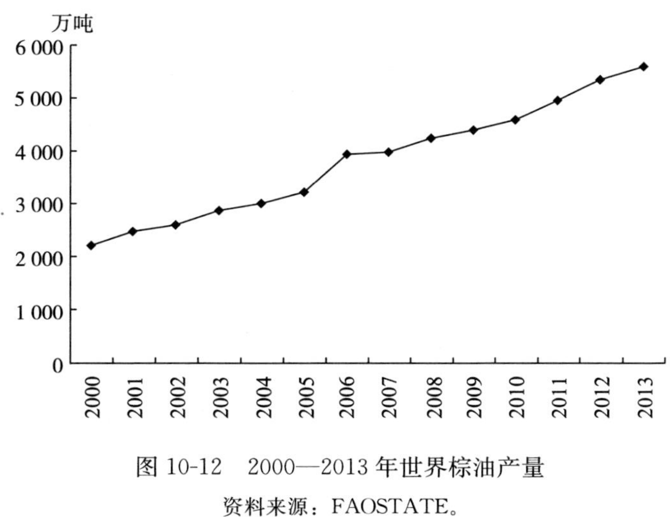

图 10-12　2000—2013 年世界棕油产量

资料来源：FAOSTATE。

二、世界核桃资源

核桃是重要的坚果和木本油料树种，在油脂类干果中产量最多。核桃营养丰富，核桃仁中脂肪含量为 60%～70%，居所有木本油料之首，有“树上油库”的美称。而用核桃仁加工成的核桃油是一种营养和保健价值很高的食用油，国际市场售价不菲，且大有供不应求之势，当前食用核桃油已经成为一种消费趋势。随着经济全球化、贸易全球化的发展和生活水平的提高，人们的饮食结构逐渐由温饱型向营养型、保健型过渡，国际市场对核桃油消费的增加必将带动世界核桃产业的快速发展。

据联合国粮食及农业组织统计，进入 21 世纪以来，世界核桃生产平稳、快速发展，收获面积由 2000 年的 61.94 万公顷增长到 2012 年的 99.50 万公顷，2000—2012 年的年均增长率为 4.03%；核桃单产水平由 2000 年的 2.09 吨/公顷增长到 2012 年的 3.44 吨/公顷，2000—2012 年的年均增长率为 4.24%，明显高于面积增幅；核桃总产量由 2000 年的 129.25 万吨增长到 2012 年的 341.86 万吨，增长了 1.64 倍，2000—2012 年的年均增长率为 8.44%，明显高于收获面积和单产的增长速度，也说明了收获面积和单产的双增长推动了总产量的平稳快速增长（表 10-10、图 10-13）。

表 10-10　2000—2012 年世界核桃生产情况

年份	收获面积（万公顷）	单产（吨/公顷）	总产量（万吨）
2000	61.94	2.09	129.25
2001	62.19	2.15	133.61
2002	63.36	2.25	142.42
2003	64.60	2.38	153.89
2004	65.30	2.40	156.51
2005	67.04	2.67	178.76
2006	67.66	2.61	176.77
2007	73.82	2.77	204.75
2008	80.70	3.00	242.48
2009	83.33	3.18	264.92
2010	91.12	3.23	294.65
2011	99.03	3.35	331.30
2012	99.50	3.44	341.86

资料来源：FAOSTATE。

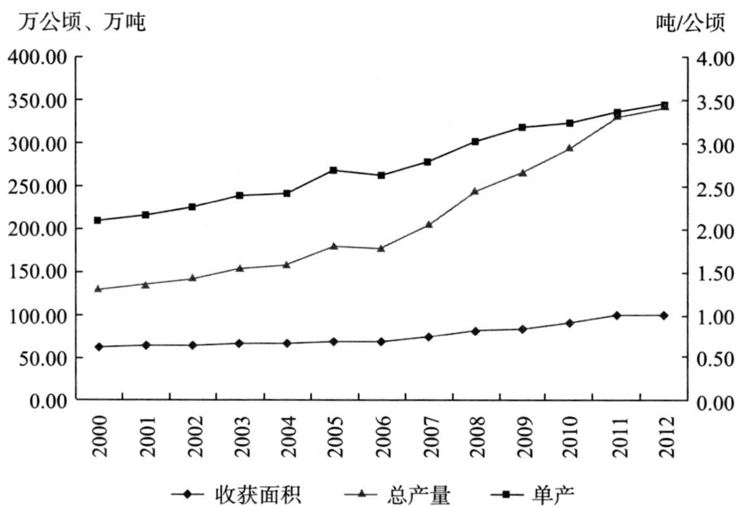

图 10-13　2000—2012 年世界核桃生产情况

资料来源：FAOSTATE。

2012 年全世界约有 53 个国家种植核桃，主要分布在欧洲和亚洲地区，美洲、非洲等也有种植。其中，中国核桃收获面积居世界第一位，2012 年达到 42.5 万公顷；居世界第二位的土耳其的核桃收获面积为 9.96 万公顷，仅为世界第一位中国总面积的 23.44%；美国的核桃收获面积以 9.90 万公顷屈居世界第三位；居世界第四位和第五位的分别是墨西哥和伊朗，这两个国家的收获面积也相差无几，分别为 6.98 万公顷和 6.40 万公顷。由上述可见，中国是世界核桃生产大国，其收获面积占世界核桃收获总面积的 42.71%。土耳其、美国、墨西哥和伊朗分别是世界排名第二、第三、第四、第五位的 4.27、4.29、6.09、6.64 倍。2012 年，排名前五位的国家的收获面积占世界核桃收获总面积的 76.12%，彰显了亚洲国家尤其是中国在核桃生产方面的优势地位。

2012 年，世界核桃单产水平最高的是斯洛文尼亚，高达 25.61 吨/公顷；罗马尼亚的核桃单产水平居世界第二位，为 21.32 吨/公顷；巴基斯坦的核桃单产为 9.58 吨/公顷，远低于前两位的平均水平；伊朗和乌克兰分别居世界单产水平第四和第五位，具体分别为 7.03 吨/公顷、6.87 吨/公顷。2012 年排名前五位国家的核桃单产水平均明显高于世界 3.44 吨/公顷的水平，尤其是排名第一和第二位的斯洛文尼亚和罗马尼亚，单产水平分别为当年世界平均水平的 7.45 倍和 6.20 倍。2012 年，中国核桃的单产水平为 4.00 吨/公顷，也高于世界平均水平；单产水平最低的是克罗地亚，仅为 0.24 吨/公顷。

2012 年，世界核桃总产量最高的是中国，高达 170.00 万吨，稳居世界第一位；伊朗居世界第二位，总产量为 45.00 万吨，与第一名相甚远，仅为第一名的 26.47%；排在世界第三位的是美国，总产量为 42.58 万吨；土耳其的总产量为 19.43 万吨，居世界第四位；居世界第五位的是墨西哥，其总产量为 11.06 万吨。2012 年，世界核桃总产量为 341.86 万吨，总产量排名世界前五位的国家的核桃总产量合计占世界的 84.27%。从总产量的世界分布也能够看出，亚洲国家尤其是中国在世界核桃生产中占有绝对优势，仅中国的核桃产量就占世界核桃总产量的 49.73%，可以说是占据了世界核桃总产量的半壁江山，是名副其实的世界核桃生产大国，对世界核桃总产量的贡献也最大。

2000—2012 年，中国和世界核桃生产均快速发展，总产量增速基本一致，差别体现在单产的发展速度上。2005 年是单产水平的一个关键点，也是很重要的一个转折点，这一年中国和世界的核桃单产分别为 2.68 吨/公顷和 2.67 吨/公顷，中国略高于世界。在此之前中国的核桃单产水平一直低于世界平均水平，在此之后除 2006 年略低于世界外，自 2007 年起持续高于世界平均水平，且高出的空间也越来越大（表 10-11、图 10-14）。这进一步说明了中国的核桃生产在世界核桃生产中具有举足轻重的地位。

表 10-11　2000—2012 年中国和世界核桃单产及产量

年份	中国		世界	
	单产（吨/公顷）	总产量（万吨）	单产（吨/公顷）	总产量（万吨）
2000	1.84	30.99	2.09	129.25
2001	1.44	25.23	2.15	133.61
2002	1.95	34.33	2.25	142.42
2003	2.19	39.35	2.38	153.89
2004	2.36	43.69	2.40	156.51
2005	2.68	49.91	2.67	178.76
2006	2.53	47.55	2.61	176.77
2007	3.00	63.00	2.77	204.75
2008	3.01	82.86	3.00	242.48
2009	3.21	97.94	3.18	264.92
2010	3.67	128.44	3.23	294.65
2011	3.94	165.55	3.35	331.30
2012	4.00	170.00	3.44	341.86

资料来源：FAOSTATE。

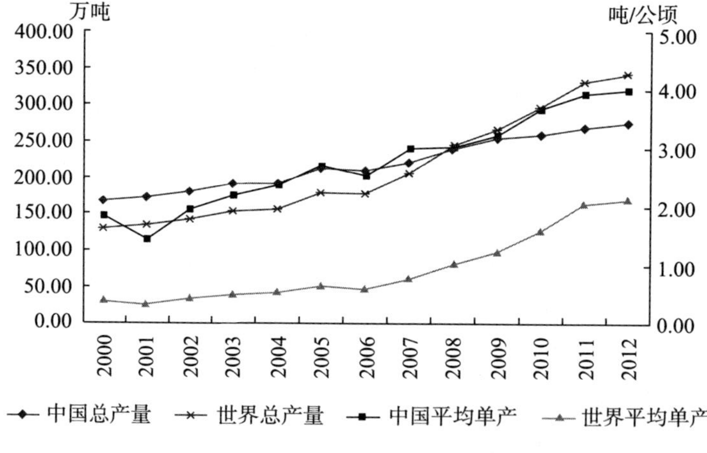

图 10-14　2000—2012 年中国和世界核桃产量及单产

资料来源：FAOSTATE。

三、世界油桐资源

油桐，被誉为四大木本油料植物之一，是重要的工业油料树种，原产中国，既是我国重要的木本油料资源，又是水土保持的好树种，其森林水源涵养功能较强。从油桐种子中可以榨取或提取出桐油，是一种天然的重要化工原料，也是世界上最优质的干性油，并具有良好的生态和经济价值，可广泛用于工业、农业、渔业、建筑、交通运输、印刷、国防等行业，仅工业用途上与桐油有关的产品就有 1 000 种以上，直接用桐油原料生产的产品达 850 多种，因此，桐油是世界性商品，具有很好的发展前景。

据联合国粮食及农业组织统计，进入 21 世纪以来，世界油桐生产波动增长，总体呈增长趋势，其中，收获面积呈缓慢持续增长态势，由 2000 年的 15.43 万公顷增长到 2013 年的 18.57 万公顷，年均增长率为 1.44%。单产波动性较强，2000 年为 3.24 吨/公顷，之后呈明显的下降趋势，2003 年降到最低，为 2.50 吨/公顷，之后震荡增长，2013 年已回升至 2.75 吨/公顷，2010 年曾回升至 2.87 吨/公顷的高位，但仍然低于 2000 年的水平。由单产波动影响，油桐的总产量也呈显著的波动回升态势，2000 年为 49.94 万吨，之后趋于下降，2003 年下降到最低，为 41.51 万吨，之后来回反复、波动频繁，直到 2009 年才呈现出明显的增长趋势，2012 年增长到 51.72 万吨，2013 年略降至 50.98 万吨，这和单产的波动下降不无关系（表 10-12、图 10-15）。

表 10-12　2000—2013 年世界油桐生产情况

年份	收获面积（万公顷）	单产（吨/公顷）	产量（万吨）
2000	15.43	3.24	49.94
2001	15.95	2.94	46.90
2002	15.71	2.74	43.02
2003	16.63	2.50	41.51
2004	16.24	2.71	43.96
2005	15.94	2.70	42.99
2006	16.46	2.72	44.75
2007	16.54	2.59	42.91
2008	16.46	2.62	43.14
2009	16.92	2.54	42.90

（续）

年份	收获面积（万公顷）	单产（吨/公顷）	产量（万吨）
2010	17.26	2.87	49.58
2011	17.60	2.84	50.02
2012	18.47	2.80	51.72
2013	18.57	2.75	50.98

资料来源：FAOSTATE。

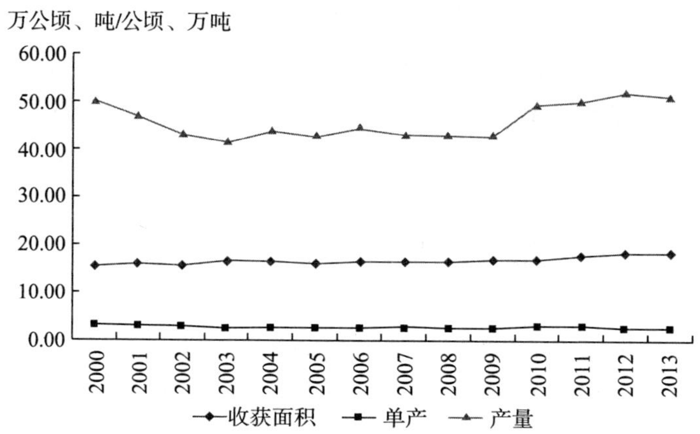

图 10-15　2000—2013 年世界油桐生产情况

资料来源：FAOSTATE。

根据联合国粮食及农业组织的统计，2013 年世界上种植油桐的国家仅有 6 个，分别是中国、阿根廷、巴西、马达加斯加、马拉维、巴拉圭等。从收获面积来看，2013 年，中国的收获面积最大，为 16.70 万公顷，是排在第二位的 18.57 倍，以绝对优势稳居世界第一；排在世界第二位的是巴拉圭，收获面积仅为 0.90 万公顷，远远低于排在第一位的中国；马达加斯加的收获面积为 0.40 万公顷，位居世界第三；马拉维以 0.38 万公顷的收获面积屈居世界第四位；阿根廷排在世界第五位，收获面积为 0.18 万公顷；收获面积最小的是巴西，仅为 0.01 万公顷（表 10-13）。从种植面积上可以看出，中国是世界上具有绝对优势的油桐种植国，其 2013 年收获面积分别为世界排名第三、第四、第五和第六位的 41.75 倍、43.95 倍、92.78 倍和 1 391.97 倍，占世界总收获面积的 89.93%。

表 10-13　2013 年世界油桐主产国排名情况

排名	国别	面积（万公顷）	国别	单产（吨/公顷）	国别	产量（万吨）
1	中国	16.70	巴拉圭	4.00	中国	46.00
2	巴拉圭	0.90	阿根廷	3.78	巴拉圭	3.60
3	马达加斯加	0.40	中国	2.75	阿根廷	0.68
4	马拉维	0.38	巴西	2.50	马拉维	0.41
5	阿根廷	0.18	马拉维	1.08	马达加斯加	0.26
6	巴西	0.01	马达加斯加	0.65	巴西	0.03

资料来源：FAOSTATE。

从单产水平看，2013 年巴拉圭的单产为 4.00 吨/公顷，居世界 6 个主产国之首；阿根廷排世界第二位，单产为 3.78 吨/公顷；排在世界第三位的是中国，单产水平为 2.75 吨/公顷；巴西的单产为 2.05 吨/公顷，居世界第四位；排在世界第五位的是马拉维，为 1.08 吨/公顷；马达加斯加的单产水平仅为 0.65 吨/公顷，居世界第六位（表 10-13）。2013 年油桐单产水平世界排名前三的国家均高于当年世界平均单产水平，巴西、马拉维和马达加斯加的单产均明显低于 2.75 吨/公顷的世界平均水平。

从产量来看，2013 年中国的油桐产量为 46 万吨，稳居世界第一位；排名第二的是巴拉圭，总产量为 3.6 万吨；居世界第三位的是阿根廷，总产量为 0.68 万吨；马拉维的总产量为 0.41 万吨，居世界第四位；马达加斯加和巴西分别居世界第五位和第六位，总产量分别为 0.26 万吨和 0.03 万吨（表 10-13）。2013 年中国的油桐产量占世界总产量的 90.23%，足以说明中国在油桐生产方面的绝对优势及地位。

鉴于油桐独特的天然资源属性，19 世纪末 20 世纪初世界上多个国家相继从我国大量引种，但多数引种不成功，仅有阿根廷、巴拉圭、马拉维、巴西和马达加斯加引种成功，且保持了一定的生产量，21 世纪以来，中国油桐生产的波动增长态势直接影响着世界的油桐生产发展趋势（表 10-14）。

表 10-14　2000—2013 年中国和世界油桐生产情况对比

年份	收获面积（万公顷）		单产（吨/公顷）		产量（万吨）	
	中国	世界	中国	世界	中国	世界
2000	13.50	15.43	3.36	3.24	45.35	49.94
2001	13.60	15.95	2.99	2.94	40.67	46.90

（续）

年份	收获面积（万公顷）		单产（吨/公顷）		产量（万吨）	
	中国	世界	中国	世界	中国	世界
2002	13.70	15.71	2.83	2.74	38.81	43.02
2003	14.54	16.63	2.56	2.50	37.26	41.51
2004	14.00	16.24	2.72	2.71	38.14	43.96
2005	13.50	15.94	2.73	2.70	36.87	42.99
2006	14.00	16.46	2.74	2.72	38.30	44.75
2007	14.20	16.54	2.54	2.59	36.13	42.91
2008	14.50	16.46	2.56	2.62	37.10	43.14
2009	15.00	16.92	2.45	2.54	36.73	42.90
2010	15.50	17.26	2.80	2.87	43.36	49.58
2011	15.80	17.60	2.77	2.84	43.77	50.02
2012	16.50	18.47	2.73	2.80	45.00	51.72
2013	16.70	18.57	2.75	2.75	46.00	50.98

资料来源：FAOSTATE。

从世界大环境看，联合国气候大会对全球气候变化呼声激烈，减排二氧化碳、发展绿色经济以及尽快启动绿色气候基金等，都是各国关注的焦点和重点。油桐极为广泛的用途，使得其综合开发和利用不仅能成为一种生态型、低碳型的绿色产业，而且也是生态经济和生态文化产业，是实现人类社会、自然环境、经济发展和谐发展的重要途径，恰与世界大环境的需求相一致，相信未来中国发展油桐产业的前景非常可观。

调研篇

天涯尽奇景

跋涉山岭

攀登巍峨再攀登，
穿行沟壑复穿行。
昆仑摩天云奔腾，
井冈谷深瀑溅声。
三湘崖上智树葱①，
八桂林下灵草青②。
跋涉天涯尽奇景，
多少宝藏睡山中。

①智树：智慧树，指油茶树。②灵草：灵芝草，指石斛。

丁声俊

2016年5月于北京百万庄

湖南省油茶产业领跑全国

——兼记永州跨界融合发展的“大自然油茶公司”

即使初冬，三湘大地依然满目葱茏，欣欣向荣。在湖南省林业、粮食部门的安排下，笔者先后考察了衡阳市、永州市等地蓬勃发展的油茶产业。所到之处，都感受到三湘大地油茶产业发展的滚滚热潮扑面而来。在“五位一体”建国方略、“创新五大发展理念”的统领下，湖南创新驱动绿色发展、绿色经济、绿色产业，实现“绿色湖南”宏图，开发绿色资源，大兴油茶产业，跃升为全国第一油茶大省。

一、三湘大地谱写出油茶产业新篇章

在湖南省建设“绿色湖南”的纲要中，专门设立绿色发展基金，支持绿色清洁生产，引导绿色投资、绿色生产、绿色消费，建设绿色城镇，发展绿色产业，推动建立绿色低碳循环发展体系。近年来，全省按照“稳步发展、集群发展、规范发展、创新发展、绿色发展”的基本思路，扩大基地、精深加工、振兴产业的发展思路，比较快速地把全省油茶产业推向全国前列。

（一）湖南发展油茶产业的原则和目标

湖南省政府历年来高度重视发展油茶产业，坚持“巩固提高、绿色发展”方针，把油茶产业置于支柱产业的地位，以资源培育为基础、市场需求为导向、科技创新为手段，大力扶持原料基地，着力打造湖南品牌，切实提升经济、社会和生态效益。

湖南省油茶产业的发展原则是：坚持政府引导、市场主导、社会参与，促进适度规模经营；坚持科学规划、合理布局、稳步实施，充分考虑资源环境承载，优化产业配置；坚持依靠科技，规范种苗管理，推广新技术，实现丰产、优质、高效；坚持因地制宜、适地适树，优化油茶良种区域配置，实行生态种植，注重环境保护；坚持创新机制、多元发展，加强市场监管，强化油茶品牌

建设，确保产品安全。

湖南省油茶产业的发展目标是：高标准建设一批经济效益显著、科技支撑力强、配套设施完善、示范带动作用明显的标准化油茶产业园。培植 3 家左右经营机制完善、社会责任感强、市场化程度高、科研创新能力突出的油茶龙头加工企业。到 2020 年，实现全省油茶种植总面积达到 146.67 万公顷，茶油产量达到 50 万吨以上，油茶产业产值达到 400 亿元以上。

（二）湖南发展油茶产业取得丰硕成果

截至 2015 年年底，湖南省油茶种植面积 137.87 万公顷，茶油总产量 22 万吨（按平均 25%的出油率折算出的茶籽总产量），油茶产业总产值 230 亿元，湖南现有油茶企业 300 多家，年产量 1 000 吨以上的 35 家。此外，还有 2 000多家种植大户、500 多家专业合作社参与油茶发展，形成了衡阳、常德、怀化 3 条产业带，25 个油茶产业示范园。

2015 年湖南贵太太茶油科技有限公司在新三板成功上市，现有 48 个油茶重点县，25 个产业园，3 条百里油茶产业带，4 大油茶产业集群，湖南油茶产业已成为领跑全国的油茶中心产区。全省油茶产业年产值从 2008 年的 60 亿元增加到 2015 年的 213 亿元，到 2020 年全省油茶总产值将达产值 400 亿元，年带动就业 117 万人次。

在湖南省拥有 48 个“全国油茶产业建设重点县”。其中，衡阳市和永州市还是“全国油茶产业建设示范市”。衡阳市是湖南省最大的油茶主产市。全市林业用地面积 75.87 万公顷，现有油茶林面积 23.33 万公顷，占湖南省油茶林总面积的 1/6，茶油年产量近 2.5 万吨。全市有 4 个油茶良种采穗圃，面积 18.67 公顷，有 7 处油茶定点育苗基地，育苗面积 26.67 公顷，良种壮苗年生产能力达 2 000 万株，全市茶油年加工能力 500 吨以上的企业有 12 个，茶油年加工能力达 22.5 万吨，有 7 个县（市）先后被确定为“全国油茶产业建设重点县”。

永州市是湖南省四大重点林区之一。全市 11 个县（区）中有 10 个重点林区县，林业用地面积 154.70 万公顷，有林地面积 122.9 万公顷。全市现有油茶林面积 19.44 万公顷，其中 0.67 万公顷以上的县（区）有 9 个，66.67 公顷以上的乡镇 122 个；已建设 20 个 333.33 公顷、30 个 66.67 公顷、总面积达 8 000 公顷的连片示范基地；还建立 7 个规模以上加工企业，年油茶籽产量 10

万余吨，生产茶油 2.5 万余吨，实现油茶产业综合产值 30 亿元。

二、推动湖南油茶跃升的“五项抓手”

在以创新为第一动力、“五大发展理念”的引领下，湖南已发展成为我国油茶的中心产区。总体看，湖南油茶产业呈现种植规模大，连片基地广，建设标准高，企业定位准，产品附加值高等特点，目前仍然呈持续发展势头。概括起来，推动湖南油茶产业跃升为全国第一的原因，主要在于切实运用“五项抓手”：

一是抓产业规划，绘制发展蓝图。开创油茶产业前途，需首先绘制发展蓝图。为充分发挥本省油茶资源优势，优化油茶产业布局和产业结构，湖南省在对油茶资源全面调查研究的基础上，全省和各地都绘制了发展规划，制定和出台了实施措施，明确了发展目标。根据规划，各地建设了各具规模特色的油茶新造基地，以及“油茶低改”示范基地；同时注重全面协调发展，把各油茶产业基地连成线、连成片，形成油茶产业集群；积极扶持企业做大做强，实施品牌战略，突出规模效益。

二是抓改革创新，促进集约经营。增大油茶绿色产能，务要改革创新环境。湖南省通过承包、租赁、流转、股份合作经营等形式深化林地改革，扩大适度规模经营，采取集约化经营机制，形成了以“企业＋农户”“企业＋基地”专业合作社、大户、家庭农场、联户等多种形式并存的经营形式，参与油茶基地建设和产业发展。衡阳市积极创新发展模式，在“自愿、依法、有偿”的前提下流转土地，因地制宜，大胆探索了“企业投资、专业经营”“公司开发、返包管理”“集体开发、承包经营”“合伙开发、合作社经营”“个人投资、自主经营”等多种经营模式。永州市按照“依托大工程、建设大基地、培育大企业、发展大产业”的工作思路，坚持加大投入、重视科技、精深加工和强化龙头企业带动的发展战略，促进油茶产业发展

三是抓科技创新，普及良种良法。开创油茶产业新局面，科技创新是关键。湖南省大力加强油茶科技进步和创新，研究和推广应用油茶杂交育种、组织培养、分子技术、测土配方施肥等先进技术。同时，湖南省广泛引进科研院所等科技单位，以林业科研院校为支撑，以县（市）林业科技推广中心为基础，建立“产学研”相结合的县、乡油茶基地建设科技支撑体系，充分发挥林业科技第一生产力作用。在生产经营环节始终落实良种良法，推广油茶栽培新

技术，成功引进和培育湘林、长林等 70 多个油茶优良品种。同时，依托国家油茶工程技术研究中心，集中攻关油茶产业发展中的技术难题。采取“四加强”措施：加强优质、高产、高抗油茶新品种的选育，加快推进新品种、新技术标准化试点示范及推广应用；加强良种繁育，强化良种壮苗，积极提倡大苗造林；加强研发油茶生产垦复机、采果机、脱壳机、烘干机等机械设备，扶持有研发能力的企业开展科技攻关；加强油茶产品精深加工，开发油茶系列产品，不断提高综合利用率和效益。迄今，湖南省已培育出高产油茶良种 70 多个，取得国家和省部级科技成果 17 项，相继建成了国家级油茶种质资源库。

四是抓保障机制，加大财政投入。建立健全保障机制，是油茶产业持续发展的必要条件。湖南省采取一系列支持和扶持措施：①加大财政投入。省财政农业产业等相关专项资金都要支持油茶产业发展，各级财政要加大资金投入力度和完善后续资金投入机制，重点支持基地建设、油茶垦复、抚育管护、标准制定和修订、科技攻关及产品深度研发、技术培训等。②建立扶持机制。对油茶优势产业建立健全扶持机制。油茶主产区要将油茶列为优势产业，统筹安排和有效整合退耕还林工程及其成果巩固项目、林业生态建设工程、农业及山区综合开发、土地治理、扶贫、农业产业化、以工代赈、移民专项、水土保持等项目资金，加大对油茶产业的扶持力度，推进油茶产业示范园建设。③纳入补贴范围。鼓励和支持油茶生产全程机械化，对油茶生产中使用的农业机械积极创造条件纳入农机补贴范围。④加大信贷支持。要完善金融支持机制，拓展融资渠道，加大信贷支持力度，推进银企合作，完善银行贷款林权抵押、林权担保手续。

五是抓组织领导，强化工作责任制。加强组织领导，就是发挥支持的服务作用。湖南省各领导职能部门都把发展油茶产业列入重要议事日程，依据本职出台有针对性的配套措施。省直有关部门根据职责分工，密切配合，形成合力，共同推动油茶产业健康发展。发展改革部门把油茶产业列入国民经济和社会发展中长期规划；财政部门对油茶产业发展给予重点扶持，切实做好资金保障；林业部门要会同有关部门加强油茶产业发展系统性研究，及时解决产业发展中的困难和问题，加强督促检查，确保各项政策措施落实到位；科技部门要对油茶产业发展提供技术支撑。以衡阳市为例，各级党委政府，特别是油茶产业区均成立了油茶产业发展领导小组，明确一名政府领导专抓油茶产业建设。全面建立了领导包干责任制，把责任和任务层层分解落实到基层，贯穿到各项工作中，将油茶产业发展工作纳入干部政绩考评，并严格奖惩。同时加强督促考核，将油茶产业发展列入对市、州、县市区农业和农村工作考核的重要内容，实行督查和通报制度，确保油茶产业发展规划、任务、资金、责任、成效“五落实”。

为了深入调研湖南省油茶产业的发展经验，笔者详细考察了一个在“双创”中生机勃勃发展的民营油茶企业——大自然油茶公司。面对“大自然”郁郁葱葱的油茶种植基地和林下经济，看到一个转型到绿色发展的欣欣向荣景象。近年来，它在全国重点油茶加工企业中，以综合实力蝉联两届“全国油茶籽油加工 10 强企业”，先后获得“国家粮食局科技创新成果奖”等 86 项资质和荣誉称号。

三、“大自然”：一个跨界融合发展的科技生态企业

十二度春华秋实，十二载开拓发展，“大自然”旧貌换新颜。原来只是单一制药的大自然制药有限公司，如今已逐步演变成为一个跨界融合发展的科技生态企业。它的成功转型升级，是把创新、协调、绿色、开放、共享的“五大发展理念”落地生根的硕果。

一是进军油茶产业，建立油茶种植基地。以此为契机，公司延伸油茶药业产业链，大步进军油茶种植，建设优质油茶林种植示范基地。近年来，大自然公司累计投入奖补资金 1 200 多万元，共发展良种油茶林面积 800 公顷，油茶低改 1 733.33 公顷，其中高标准低改 1 066.67 公顷，亩均增产茶油 10 千克以上。迄今，大自然已在永州市范围内建立油茶林基地 2.4 万公顷，联结基地农户 3 万多户，油茶林种植专业合作组织 9 个，油茶林种植面积达 3.33 万公顷，优质油茶、黑茶、中药材种植示范基地 1 万公顷。公司拥有优质油茶林种植面积示范基地近 0.4 万公顷。其中，大自然公司完成了油茶核心园区建设，包括 40 公顷良种油茶采穗圃、26.67 公顷油茶种苗基地、333.33 公顷大苗种植示范区；还包括罗汉果、厚朴、青蒿、颠茄等药材基地，杜仲、黄柏、银杏等药材基地，以及黑茶种植基地。大自然公司以有效利益分配机制为纽带，与基地、农户、专业合作社紧密连接，形成“公司＋合作社＋基地＋农户”的经营模式，不仅从源头上确保了油茶籽油原料的供应和加工产品的质量，而且促进油茶产业朝着产业化、标准化、品牌化方向发展，赢得油茶产业创新发展与农户增收“双赢”。据测算，凡与大自然公司合作的农户每年增收达 8 000 元

以上。

二是综合开发资源，发展油茶精深加工。迄今，大自然公司在以下四个方面综合开发资源，已取得显著成效：①推行“秸秆还田”。即在建设高标准油茶示范基地过程中，在林下覆盖秸秆，既增施有机肥料、改良土壤，又避免秸秆焚烧而引发污染、有利于改善生态环境。②综合利用废料。即利用油茶副产物研发适宜林业、农业、养殖业使用的有机肥料、有机饲料，变废料、废渣、废弃物为资源，形成废弃物处理产业链。目前已建设三条生产线：生物有机肥料产量达 5 万吨的生产线；生产生物有机饲料产量达 5 万吨的生产线，以及生物杀虫剂产量 1 万吨的生产线。这既解决了公司跨界发展的原料瓶颈；又使公司和周边地区减少废料、废渣治理成本；还为美化环境，减少环境治理压力及水、电等能源消耗，据计算，降低生产成本 20%～40%，可使油茶种植农户年均收入提高 2 000 元以上。③探索“林药模式”。即综合开发资源。因地制宜发展林下经济，在油茶林下种植中药材。公司已有中药及中药出口品种 1 000多种的优势，加之有临床验证的有特效的糖尿病、痛风、心老血管的多个专利产品。④全面转变发展方式。即在油茶、黑茶、中药材三大产业中跨界融合，开创油茶、黑茶、中药材由粗放加工方式向“油药”“茶药”深度开发、精细加工和副产物循环利用的集约化发展方式转变，在业界取得令人瞩目的成果。⑤着力发展精细加工。目前，大自然现有通过国家 GMP 和美国 CGMP 认证的、年处理 5 000 吨油茶籽生产线 2 条、年处理 3 000 吨中药材及原料药和中成药生产线 3 条、年产 50 吨黑茶提取物生产线 2 条、年产 500 万瓶山泉水生产线 2 条，系列开发、研制 36 种主要产品，打造出“油茶药”跨界融合产业链模式。

三是注重科技创新，提高核心竞争力。大自然公司始终抓紧科技创新，既包括技术创新，又包括经营管理创新，还包括商业模式创新，以及产品创新。为加强跨界创新力量，跨界融合发展产业，公司一方面从各地引进人才，另一方面与高等院校和科研机构合作“借脑兴企”。目前已聚集 36 名来自油脂化工、生物制药、育苗种植、植物制取、经营管理等方面的专家。为实施油茶药跨界融合这一项目，公司与湖南农业大学、湖南科技学院等科研教学合作建立起“产学研”相结合的基地。以湖南中医药大学、香港大学为技术依托，创新生产工艺，形成自主知识产权，目前公司已拥 46 项国家发明专利。特别是针对特定人群，开发研制出专治心脑血管的“油茶果血络通软胶囊”、治疗痛风的“油茶果降酸软胶囊”、治疗糖尿病的“油茶果降糖软胶囊”、增强人体免疫力的“油茶油软胶囊”等高科技、高附加值的油茶籽油系列产品，有效解决了亚健康人群的健康需求。

四是以人为本，理念先进。大自然公司遵循“一切为了人”和绿色发展的思维，以“营养健康、回归自然”为经营理念，采用大自然的资源，制造最适合人的健康的天然产品。公司利用自主知识产权专利 6 件和 2 项关键技术，以创新技术为桥梁，运用生物指纹图谱，纯化优选油茶籽油及油茶果的有效活性成分，激活油茶籽油有效活性物质和生物利用度，研发生产出“油药”结合的膳食营养补充剂——油茶籽油软胶囊，让人们从传统的间接“吃”茶油进入到直接“口服”的新时代，可使作用增大 6 倍。目前已研制大自然系列“油茶籽油”及油茶化妆品等 9 大系列 60 多个特色产品。另有深度研发提取茶油生物活性物质，配选传统中医药方剂，研发高附加值油药复合系列产品 12 个系列 90 多个品种，取之于自然本原，益之于人体康健。

在大众创业，万众创新的新时代，大自然公司站在“双创”的潮头，荣获“中国侨界创新成果贡献奖”，董事长李文东荣获“全国创新标兵”称号。目前，大自然公司又绘制一幅开拓发展的宏大蓝图：在转型升级时注重发挥“药油茶”复合产品的核心竞争力，同时配套合作成立了大自然港大糖尿病研究中心、大自然种植基地、大自然制药、大自然网络、大自然糖尿病医院，从而形成了“油药茶”复合的生态健康系统。拟投资 12 000 万元，建设大自然“生态制养康复体系”，包含大自然制药，已投资 4 000 万元；大自然网络医院健康科技公司，拟投资 4 000 万元；大自然养生养老俱乐部，拟投资 4 000 万元。在滚滚向前的“双创”热潮的驱动下，大自然公司正向延伸油茶药跨界融合产业链，探索具有跨界融合产业特色的新型产业发展之路挺进。

2016 年 3 月

“绿色王国”里兴起绿色产业

——对广西油茶产业及林下经济的调研与思考

地处祖国西南边陲的广西壮族自治区，植物资源极为丰富，已知植物种类达 9 168 种之多，居全国第三位，被誉为“植物王国”和“绿色宝库”。全区气候跨“三带”，土壤条件多样，植物种类丰富，地貌以丘陵、山地为主，是“八山一水一分田”。在全区 23.67 万平方公里（折合 0.24 亿公顷）的土地总面积中，林地面积占到 0.16 亿公顷，占总面积的比重高达 67%以上，人均林地面积是耕地面积的 4 倍以上。丰富的植物资源和广阔的林地面积，构成了雄厚的绿色资本。

如今在广西，绿色资本正与金融资本和技术资本相结合，勃勃兴起绿色产业。这就是：树上产粮油；树下聚财富。前者是指积极发展木本粮油产业，生产大量油茶、核桃、桐油等优质产品；后者是指多形式开拓林下经济，生产出丰富多彩的森林食品、中成药、食用菌、蔬菜、畜禽等产品，“林上”和“林下”相辅相成，促进绿色发展、绿色产业，守住经济发展和保护生态的“两条底线”，既保护好“绿水青山”，又获得“金山银山”，促使广大农民脱贫致富，走上小康路。

一、木本油料产业再上层楼

广西具有发展木本粮油产业得天独厚的条件，在全区林地总面积中，适宜种植木本粮油树种的面积达到 0.15 亿公顷，占林地总面积的 94.3%以上；适宜种植的经济林树种多达 46 科 116 种，当家品种有油茶、核桃和油桐等；适宜种植木本粮油经济林的地区广大，包括柳州、桂林、白色、贺州、河池等 11 个市。近年来，广西把油茶产业置于重要支柱地位，当作全区 9 大农业产业和 5 大林业之一，编制了《特色经济林产业和油茶产业发展规划》，并采取了多项措施，有力推进绿色产业、绿色经济蓬勃发展，在八桂大地上蔚为壮观，开创出新局面。

迄今，广西打造了千万亩油茶基地、百万亩核桃基地、百万亩油桐基地等"9个千百万亩基地"。截至2014年年底，全区经济林面积达到220万公顷，占全区森林面积的15%，占商品林面积的25%以上。经济林产品总量达到1 250万吨，其一、二、三产业的总产值超过600亿元。在广西经济林总面积中，油茶林面积占42.67万公顷，年产油茶籽18万吨，可榨油4万吨。如果按照油茶的一、二、三产业的总产值计，2014年超过80亿元。例如，三江县是广西第一、全国第三油茶大县，现有油茶林面积4.13万公顷，具有"广西油海"之称，是全国油茶产业发展重点县。截至2014年，全县共营造良种新油茶林0.55万公顷，抚育改造油茶低产林2.7万公顷。此外，还建立一批示范基地：①建立6.67公顷以上规模的油茶新优品种种植示范基地12个。其中，66.67公顷以上规模的有2个，26.67公顷以上规模的有5个。②建立13.33公顷以上规模油茶低产林抚育改造示范基地3个。其中，66.67公顷以上规模的有1个，33.33公顷以上规模的有1个。③油茶采穗圃基地58.67公顷，年可生产优良油茶良种穗条1万千克以上，还建立油茶繁殖圃基地18.67公顷，年可培育优质油茶苗木1 000万株以上。油茶良种繁育基地的建设，不仅满足了本县每年油茶造林用苗的需求，还解决了周边县油茶造林用苗的需求。现代示范基地的建设，成为全县乃至全区示范样板，有效带动油茶产业的提升。

二、林下经济初战告捷

不进森林，难知林下天地多宽阔；走进森林，方知林下资源丰富无比，是个巨大"聚宝盆"。广西近年来探索和开拓林下经济的成功实践表明：林下天地宽，新型产业前景灿烂。

所谓林下经济，是指以林地资源和森林生态环境为依托，发展起来的林下种植业、养殖业、采集业，以及森林旅游业等新的经济门类。可以说，这是一种空间经济学在林业中的运用。广西以进一步深化林改为契机，发展林下经济，开拓林业发展的新空间。早在2011年。广西在全国率先制定《林下经济专项规划》，勾画出三大区域、四大类型、八大模式的发展蓝图。像林下中草药带、林下红菌带、林下养殖带等，形成以下显著特点。

1. 加大投入，建立林下经济示范基地

从2012年以来，广西积极筹措各种资金3.35亿元，投入基地建设。迄今，广西全区供培育、建立 11 个国家级林下经济示范基地、197 个自治区级林下经济示范基地，以及 339 个市级林下经济示范基地。作为广西林业和油茶产业大市的桂林市，2014 年林下经济总面积达到 14.8 万公顷，产值达 16.6 亿元。全市建立五大林下种养基地：林下种植中药材产业基地、林下养鸡产业基地、林下养蜂产业基地、林下养畜产业基地，以及森林旅游产业基地。油茶种植基地的扩大，对于提高油茶产业及其林下经济区域化、规模化、集约化水平，开辟了基本途径。

2. 创新体制，推进专业合作社组织经营

这是创新油茶产业及其林下经济体制和机制的必要措施。近年来，广西注重培育和建立“专业合作社＋基地＋农户”组织经营模式。截至 2015 年上半年，全区共建立油茶专业合作社 200 多个，参加农户 2 万多个，经营茶林 2 万多公顷。此外，还建立从事林下经济的林业专业合作社 1 095 个。百色市拥有经济林总面积达 37.33 万公顷，主要树种包括油茶 10 万公顷、八角 8 万公顷、板栗 4.53 万公顷、核桃 0.8 万公顷、其他 14 万公顷。该市目前已建立现代油茶产业示范区、林下生态养鸡示范区、林下生态养牛示范区、林下生态养羊示范区等，还建立森林公园 6 座。有力增强了整个油茶产业及林下经济发展的新动力。例如，百色市的百色建鑫植物油有限公司、田东增年山茶油有限公司，都是良种树繁育、山茶油品研发、山茶油系列生产、销售一体化的龙头企业，采取“公司＋基地＋种植合作社＋农户”的组织经营模式。前者年收购山茶籽 7 000 吨，压榨国标一级山茶籽油 1 000～2 000 吨；后者年生产精炼茶油 1 500 吨。这类龙头企业，对广西全区油茶产业及其林下经济的发展发挥了带动作用和示范作用。

3. 完善流通，加强茶油等产品市场营销

广西高度重视、并采取多项措施，完善市场流通，推动油茶及林下经济产品的营销：一是建立和启用“广西林下经济信息网”，引入电子商务，采用“一站式订单”等现代营销形式；二是建立商品交易市场，全区目前共有商品批发市场 37 个，形成了市场网络，有效扩大了产品销售；三是培育新型市场主体，扩大经纪人队伍，成为林下经济产品销售的生力军；四是打造品牌，扩大各种产品影响力。多年来，广西通过多种形式打造和宣传茶油及林下经济产品的品牌。特别是，利用中国—东盟博览会的平台，展示油茶和林下经济产品，有效扩大了影响。据统计，迄今广西全区油茶和林下经济产品品牌商标和地理标识产品数量多达 134 个之多。像“孟江茶油”“三椿”“风雨桥”“金茶王”“巴马油茶”等。由于采取以上措施，广西已基本打破自产自销的落后经营形式，转向代理化、企业化、专业化的现代营销形式，把广西的油茶和多种林下经济产品销往更广大的市场。

4. 龙头带动，发展“产供销”一体化新路子

近年来，广西注重发挥龙头企业引领带动作用，坚持扶持龙头和专业合作社，提供贴息贷款、扶贫开发、种植和养殖补助，培育和建立“龙头企业＋基地＋农户”组织经营模式。截至 2015 年上半年，全区共建立从事林下经济的龙头企业 727 家之多。三江县的三椿生物科技有限公司是个典型实例。这是一家集育苗、种植、生产、加工销售与一身的产业化龙头企业。该公司投入 2 000多万元，累计培育三大系列良种油茶苗 3 000 多万株，采取“公司＋基地＋农户”的模式种植高产油茶 0.17 万公顷。带动周边群众种植油茶 0.4 万公顷；建立年产万吨有机肥料厂 1 座，每年促使农民减少化肥消耗量 2 000 吨；申请各类专利 12 项；生产的“山椿”牌系列产品销往全国许多大城市和省份。再如，百色市田东增年山茶油有限公司和百色建鑫植物油有限公司是自治区级的龙头企业，带动当地 5 000 个农户创业致富。

三、绿色产业综合效益不凡

木本粮油特色产业及其林下经济，是一种不同于传统林业的特色产业和生产经营方式。它强调不同新产业相互融合，以及人的要素的主动参与，促进各项产业协调发展，保护和利用林业资源，开拓林业发展的广阔前景。广西木本粮油特色产业及其林下经济成功实践表明，其经济、社会和生态效益明显，促进林业转型升级，有力增强了引领新常态的动力。

（一）促进了林业结构调整，开拓林业发展新前景

以多种形式在木本粮油林下发展新产业，开拓出林业发展的新模式。长期来，困扰林业改革和发展的是，林业（包括木本粮油在内）是长线产业，投资较大、周期较长、收效较慢，一直未找到有效的解决办法。近年来，在林业领域探索发展的林下经济，提供了一条广阔的发展新途径。其基本特点是促进了林业结构调整。

一方面，促进长线与短线相结合。探索发展林下经济的各种新产业，投资

小、周期短、收效快。通过开发利用一直闲置的广阔的林下空间，发展林下经济，促进长线产业与短线产业相结合，以短补长，协调产业和谐发展。尤其是，通过兴办短线产业，有效增加农民收入，既可巩固林业改革成果，又可守住保护生态和促进发展两条“底线”。

另一方面，单一与多元相结合。传统林业的经营模式就是单一化的造林营林，而发展林下经济的种植、养殖、采集等多种产业，促使林业由单一经营模式向多元模式转变。随着专业合作制和林业产业化组织经营的推进，不仅促使林业经营向规模化、集约化转变，而且促进同等数量的林地可生产出品种更多、数量更大的日用必需品，从而为林业开拓出广阔新前景。

（二）提升了林业综合效益，加快农民脱贫致富步伐

在发展林下经济之前，林业主要是靠木材采伐或经济林靠果实收入，效益较低，大批农民还处在贫困中。通过发展木本粮油产业、特别是发展林下经济，开辟出提高林地产出率的多条新门路：①多重利用林地林荫空间。对包括木本粮油经济林在内的林地林荫空间，进行了多重有效利用，可生产丰富多彩的产品。②扩大林地综合产出。通过转变发展方式，提升集约化、规模化经营水平，既提高了生产率，又显著扩大了林地综合产出。③森林休闲旅游业风生水起。在广西等西南少数民族聚集地区，具有民族风情特色的休闲旅游普遍兴起，“森林人家”等“农家乐”受到青睐。以上途径开辟出林业增效、农民增收的新门路，促使农民脱贫致富。2014 年，广西全区培育出一大批支柱产业和主导产品，促使每亩林地的产值大幅度提高，2014 年达到 1 232 亿元，是 2007 年的 20 倍。

与林业效益增长明显相对照，农民收入也相应增加。其增收来源主要有四方面：一是通过发展林下经济扩大农民就业门路明显增收。2013 年，广西全区从事林下经济的农户达到 245 万户，吸纳就业人员 759 万人。例如，广西陆川县林下养猪业带动 36 户、180 个农民就业，户均年增收 23.1 万元。二是通过林下经济创业实现了增收。2014 年，百色市右江区林下经济实体达到 5 000 个，其中：种植养殖专业大户 30 个，专业合作社 32 个，龙头企业 10 家，户均收入都在几万元以上。三是通过林地租金上涨增加了收入。目前林地租金一般达到 120 元/亩，比 2009 年每亩提高了 100 元。四是通过发展加工业增加附加值大幅度增收。通过发展林下中草药种植、畜禽和食用菌养殖，带动了保

鲜、加工、物流等相关产业，拉长了产业链，提升了附加值。据统计，2014年，广西共培育和发展了一批林下经济加工业典型：1 447 个“十万元户”；195 个“百万元户”；75 个“千万元户”；15 个“亿元镇”；11 个“十亿元县”。

（三）改善了生态环境，青山绿水更秀美

发展林下经济有利于实现“长短结合、以短补长”，农民不再靠砍树卖钱维生，有效避免了乱砍滥伐。以广西种植面积最大的经济林油茶为例，油茶是一种常绿阔叶林，枝叶繁茂、根系发达、抗逆性强、耐干旱贫瘠，适宜在广大荒山荒地、采伐迹地种植，扩大森林覆盖率，保持水土，涵养水源，调节气候，净化环境，发挥重要的“氧吧”作用。据测算，每亩油茶林、每天大约可吸收二氧化碳 4 千克；同时可释放氧气 2.6 千克，相当于 3 人 1 天的吸氧量。全区 42.67 万公顷油茶林、每天大约可吸收二氧化碳 2 560 万千克；同时可释放氧气 1 664 千克，相当于 1 920 人 1 天的吸氧量。通过发展油茶产业，有利于改善小气候，减少风灾、冰冻、水土流失的自然灾害，对维护区域生态平衡、保护青山绿水，发挥了良好作用。

2015 年 7 月

绿色产业在贵州秀山峻岭间蓬勃崛起

——对贵州木本粮油及林下经济调研纪实

一、豁然明朗："兴贵"之路在绿色发展

贵州之"贵"，"贵"在何处？曾经"守着青山绿水挨贫困"的贵州人，多年来苦苦思考、孜孜探索："兴贵"之路在何方？2014 年 3 月，习近平总书记参加十二届全国人大二次会议贵州代表团审议时精辟指出：正确处理好生态环境保护和发展的关系，就是"绿水青山"和"金山银山"的关系，是实现可持续发展的内在要求，要守住发展和生态两条底线，是贵州推进现代化建设的重大原则。聆听习近平总书记从战略和全局高度发表的一番讲话，贵州人豁然明朗。

生于斯、长于斯的贵州人，透彻认识了贵州之"贵"："贵"在优良生态；"贵"在优美山水；"贵"在深厚人文。从认清本省优势出发，贵州开始了全新的"兴贵"之路：以生态文明引领贵州可持续发展，坚持以生态文明理念引领经济社会发展，致力于经济效益、社会效益、生态效益同步提升，使贵州青山变"金山"，碧水变"银河"，环境更优，财富涌流，实现百姓富、生态美的有机统一。这是符合贵州省情的宽广大道。贵州省属南方集体林区，是一个典型的山区省份，山地和丘陵总面积占全省国土面积的比重高达 92.5%；林业用地面积 877.2 万公顷，占全省国土面积 1 761.7 万公顷的 49.79%，其中集体林地占全省林地面积的 96%。国家实施西部大开发战略以来，贵州林业步入了快速发展的轨道，并逐步成为贵州省社会经济发展的重要支柱产业。

2015 年 7 月上旬，笔者深入贵州省的锦屏、黎平、玉屏等广大深山老林考察，与农民、专业合作社及林业企业座谈，所到之处，耳闻目睹，给人留下鲜明印象。贵州各地发挥生态优势、走后发赶超的战略路径，大力促进绿色发展，建设多彩贵州，增加人民福祉，造福子孙后代。尤其令人感受深刻的是，贵州省 2010 年完成集体林权制度改革，并以此为契机进一步深化林业改革，充分发挥资源优势，进一步推进绿色产业发展——木本粮油及林下经济，正在

贵州的秀山峻岭间显示勃勃生机。

二、在山吃山，开发木本粮油特色资源

上山下山，越溪过河，穿行于贵州山水之间，仿佛置身于一个天然“大氧吧”。在饱尝大自然原生态美的同时，令人鼓舞的是，绿色产业蓬勃崛起：现代木本粮油基地郁郁葱葱，多形式的林下经济生机勃勃。

贵州省是我国油茶、核桃、桐油的重点产区之一。近年来，贵州省在发挥生态优势的方针下，高度重视油茶、核桃产业发展，继续把新建油茶基地作为调整农村产业结构和100个农业现代高效示范园的重要内容，积极引导农民专业合作组织、造林大户、林业企业及农民投资油茶、核桃产业发展和种植基地建设中。

油茶是贵州省一大优势产业，不仅资源丰富，而且种植历史悠久。早在明朝中后期已开始种植油茶，距今已有500多年。贵州的玉屏县，古来盛产茶油，种植规模大，油品品质好。1958年，周恩来总理为玉屏题写“油茶之乡”，至今四个巨型大字，蔚然屹立在青山绿水间，成为鼓舞玉屏人民的精神力量。玉屏县是贵州省油茶大县，也是贵州省唯一的国家林业局命名的“中国名特优经济林油茶之乡”。目前，贵州省建设“绿色油库”呈现三大特点。

一是，提升油茶产业地位，加大扶持力度。自2009年以来，贵州省林业局等相关部门积极推进油茶产业化扶贫项目，把油茶产业列为主导产业，加大扶持力度。扶贫龙头企业的贷款利率在其同类同档次贷款加权平均利率的基础上下浮2个百分点以上；贫困农户贷款额度5万元以下、期限不超过3年的，原则上实行特惠金融政策，执行基准利率；扶贫龙头企业和贫困农户贷款均按年利率5%给予贴息补助。6年间，全省累计投入扶持资金6.25亿元，在全省33个县（市、区）新造油茶林5.56万公顷，改造低产油茶林3.6万公顷。扶贫龙头企业和贫困农户贷款均按年利率5%贴息补助油茶产业，推进这项特色绿色产业步入快速发展期。在各种惠农政策的吸引下，已有50多家外省企业到贵州省从事油茶种植和加工。目前，全省油茶产业呈现快速发展的态势。短短5年，油茶种植实现了面积、产量都翻番：油茶林面积从2009年的6.85万公顷增加到2013年的14万公顷，增长104.28%；油茶籽年产量从2009年的1.4万吨增加到2013年的3.8万吨，增长171.43%。进入21世纪以来，贵州省各地大力发展油茶特色产业，建设“绿色油库”，取得长足发展。截至2014

年年末，全省油茶种植面积 14.53 万公顷，年产茶籽约 3.5 万吨，总产值 5 亿元以上，较 2010 年均增长 50%以上。截至 2014 年年底，全省油茶种植总面积达到 15.33 万公顷以上，到 2020 年，力争突破 26.67 万公顷，实现年产油茶 4 万吨，年产值 20 亿元以上。

二是，科技振兴油茶，示范区标准化。从 2009 年开始，贵州省天柱县就将油茶产业列为主导产业来抓，并注重以科技为动力，促进振兴油茶产业。该县与省林科院签订了“院县科技合作协议”，成立了“油茶研究中心”。天柱县油茶产业项目列为省林业厅 9 个经济林示范项目之一。经过多年的科研攻关，如今已成功转化运用具有自主知识产权的油茶良种白市 4 号、瓮洞 8 号、瓮洞 24 号，以及通过实施区域化实验项目，填补了贵州省无自主优良品系的空白。优选出湘林 1、湘林 210、湘林 27 等 12 个品种，全面提高了优良主导品种的覆盖率。

天柱县在发展油茶产业中，建立了油茶标准化示范区。迄今，天柱县油茶产业园区，还是黔东南州乃至全省面积最大的油茶产区，是省级现代高效示范园区。园区规划为核心区和重点区，核心区面积达 0.15 万公顷；重点区面积为 0.13 万公顷。按照规划，天柱县到 2020 年将建成优质油茶林基地 3.33 万公顷以上。目前，全县已发展油茶林 2 万公顷，种植户达 4 万户，年产茶油 1 400吨，年产值上亿元。天柱县油茶示范区已发展成为现代高效园区，现在已第二年挂果，再过 2 年到盛产期，茶油亩产量将达 40 千克。油茶树结果期可达 80～90 年，为农户开辟了一条增收的广阔途径。

三是，做大核桃产业，产量 4 年翻番。核桃是贵州省最重要的干果树种之一，主要分布在西部和西北部，地方品种有串核桃、泡核桃、薄壳核桃等。截至 2014 年年底，贵州省共有核桃资源面积约 40 万公顷（含山核桃），年产核桃 7.66 万吨，比 2010 年增长 1 倍以上。核桃在贵州省主要产于毕节市、六盘水市和黔西南等地区。迄今，全省有核桃加工企业 10 多家，主要加工产品有核桃乳、核桃油、核桃粉和核桃糖等。其中，规模较大的有 2 家公司，均以生产核桃乳为主，其中贵州赫之林食品饮料有限公司年产核桃乳 1.5 万吨，产值超亿元以上，相关系列产品主销本省城乡市场及云南、重庆、四川等地。核桃已成为主产区农民群众的主要收入之一，每年每户核桃产业取得的收入，在人均纯收入中的比重超过 60%。近年来，由于消费者对核桃需求量不断增大，市场售价持续上升，种植核桃的经济效益明显提高，再加上优惠政策的支持，主产区农民的生产积极性空前高涨。随着核桃产业的发展。农民生活条件显著改善，在核桃主产区赫章县，有近400户建造了砖混楼房，购置机动车辆1 650多辆，90%以上的群众使用了移动电话。在毕节市、六盘水市，以及黔西南等主产区，掀起振兴核桃产业和建设美丽乡村的高潮。

四是，板栗种植稳增，消费市场扩大。贵州省是我国南方板栗主产区之一，到2013年年底，全省板栗种植面积为3.54万公顷，年产量约2.34万吨。贵州省板栗主产区有黔西南、铜仁、毕节、黔南及黔东南等市（州）。目前，贵州省板栗主要是以鲜食和糖炒栗子为主，深度加工仍处在起步阶段。贵州省板栗消费市场不断扩大。除了主销本省城乡市场之外，还扩大到湖南、广西等邻省地区。贵州省的品牌板栗各有特点，闻名遐迩：玉屏大板栗，颗粒硕大，外形美观；兴义红油板栗，色泽鲜艳，含糖量高，外形和品质俱佳；毕节顶红板栗大小适中，品质优良，虫害较少。这些品种都受到省内外消费者的青睐。在政策支持和引导下，贵州省板栗主产区群众积极性高涨，板栗种植面积及年总产量均呈上升趋势。

三、大兴林下经济，为山区发展注入活力

如何坚守发展和生态两条“底线”？贵州省大规模的、富有成效的探索证明，“林下天地宽”，发展林下经济是一条有效的、可持续的、兼顾发展和生态“两全”的广阔途径。

（一）政府全面部署，强化引导和扶持作用

政策措施的引导和扶持、保障机制的长效和有力，是林下经济各类绿色产业发展的必要条件。早在2013年5月，贵州省人民政府对全省发展林下经济做出了全面部署，制定和实施了《关于加快林下经济发展的实施意见》（以下简称《实施意见》）。该文件，从加大资金投入、加强金融支持、加强基础设施建设，到加强科技、信息、市场服务等，都做出明确规定。

（1）建立以市场投入为主、各级政府补助为辅的林下经济发展投入机制。为此，整合发展改革、农业、林业、水利、畜牧、扶贫、科技、移民等相关部门的专项资金，集中财力重点扶持林下经济，逐步形成农民、企业和社会为主体的多元化林产业投入格局。

（2）各银行业金融机构，要扶持发展林下经济的林业大户、专业合作社、

龙头企业，并按规定给予政策性贴息，鼓励和支持以农民林业专业合作组织为主体的市、县、乡三级互动性担保体系建设。

（3）落实相关税费优惠政策，从事农、林、牧、渔业所得的收益，免征、减征企业所得税，农民生产的林下经济产品免征增值税，一般纳税人从农民购进的免税林产品可按13%的抵扣增值税进项税额。

（4）为发展林下经济所建造的生产设施占用的农用地不征收耕地占用税。承包荒山、荒沟、荒丘、荒滩发展林、牧业免征契税。发展林下经济的企业办理土地、房屋权属手续免征或减半征收契税。

（二）展现"四性"特点，林下经济方兴未艾

贵州省人民政府《实施意见》发布后，极大调动了广大农民的创业热情、主动性和创造性，向林业经济的广度、深度进军。他们纷纷走进山林，利用林下的广阔空间，发展林下食品、林下药材、林下养殖、苗木花卉、林下旅游等新兴产业，掀起了大兴林下经济的热潮，呈现群众性、规模性、多样性和效益性等特点，取得了良好的经济、社会和生态效益，为农户脱贫致富开辟了新途径。

1. 产业规模不断扩大，林下经济的效益逐步显现

近年来，贵州省林下经济经营面积不断扩大，林业附加值大幅提升，林下经济总产值持续快速增长。截至2014年，全省发展林下经济利用的林地面积达到76.73万公顷，总产值达661.59亿元。其中：①林下种植面积为15.55万公顷，参与农户31.46万户，实现产值25.07亿元；②林下养殖面积为10.57万公顷，参与农户38.35万户，实现产值14.43亿元；③森林景观利用面积为24.24万公顷（仅指集体林地），实现产值13.97亿元，参与农户8.94万户；④林下产品采集加工面积为26.37万公顷，实现产值8.12亿元，参与农户11.5万户。

2. 因地制宜兴新业，经营模式多元化

贵州省山多林密，环境各异，各州（市）因地制宜，振兴新产业，迄今已形成林下种植、林下养殖、林下采集加工，以及森林休闲旅游四大领域。在这些领域中，探索出多种林下经济发展模式。主要包括林禽、林畜、林菌、林药、林粮、林菜、林草、林茶、林蜂、竹藤编织、松脂采集、竹笋采集加工、野菜采集加工、"农家乐"、生态家园休闲游、森林公园游等。尤其是，林下种

植中药材令人瞩目。至今贵州省林下种植中药材品种多达 60 个，主要有太子参、天麻、半夏、石斛、金银花等，食用菌有香菇、松木菌、百合、魔芋等。

3. 着力打造品牌，提升市场竞争力

贵州省各地根据自身的条件优势，因地制宜确定当地的林下经济发展方向，配置和构成林下经济优势产业带，打造产品品牌。有许多地方开展仿野生种植活动，大幅度提高产品品质。像大方、德江等地种植的天麻；施秉、黄平等地种植的太子参；剑河针叶林下种植的钩藤；贞丰、兴义、关岭灌木林下种植的金银花；沿河、黎平、凤冈等地马尾松林下种植的松茯苓；赤水等地的金钗、石斛；以及遵义杜仲、织金竹荪、剑河钩藤、大方天麻、威宁党参等林下经济产品，已形成一定规模，在国内享有较高声誉。“大方天麻”还荣获国家地理标志认证。林下中药材种植的大发展，对全省中药材产业的发展做出了重要贡献。

4. 林农收入逐步增加，改善了村容村貌

林下经济的发展，确实给广大农民带来了实惠。据不完全统计，截至 2014 年，贵州省林下经济惠及农户 90.25 万户、360 多万人。迄今，在省内已培育出大批林下种植、养殖、休闲旅游的专业村、专业户，一方面，解决了部分农村劳动力就业问题，有效带动了农业增效和农民增收，经营林下经济的林农的年人均收入一般都增加 400～500 元；另一方面又改善了村容村貌，为有效解决“三农”问题，推进社会主义新农村建设做出了积极贡献。

5. 创新组织经营形式，产业化路子越走越宽

在贵州省振兴林下经济中，一个具有实质意义的创新是，探索组织经营形式，专业合作社发挥了带头作用，走产业化发展之路。据不完全统计，2014 年全省共有林业专业合作组织 2 601 个，其中，林业专业合作社 1 691 个，入社（含组织）农户 25.3 万户，林下经济产品年交易额达 32 亿元。迄今，贵州省已初步形成具有较强带动作用的六种林下经济产业化发展模式，即：“公司＋基地＋农户”“专业合作社＋农户”“国有林场＋农户”“专业协会＋农户”、联户或联组经营等。其中，“公司＋基地＋农户”的组织形式，在规模、产值、效益等方面占有较大的比例，部分大型企业已实现了订单化生产。

（三）以市场为导向，以新型主体为主力

发展林下经济是一个全新的产业。其特点千姿百态，形形色色，决不可从

上到下统一号令，而必须依靠林业大户、专业合作社、龙头企业等多种新型主体，充分发挥市场配置资源的决定性作用。同时，要扩大适度规模经营，以多形式、多途径开发资源，大力开拓林下种植、养殖、休闲旅游等林下经济产业项目。如今在贵州省，多种绿色产业在秀山峻岭的林下勃勃兴起，蔚然壮观。诸如以林禽模式、林畜模式、林蜂模式等为主的林下养殖业；以林菌模式、林药模式等为主的林下种植业；以休闲旅游、农家乐等为主的森林旅游业等绿色产业“铺天盖地”，展现出一条正确处理好生态环境保护和发展关系、农民脱贫致富的广阔途径。

1. 发展林下养殖业，林禽、林畜兴旺

许多农户利用林下的空间条件，饲养鸡鸭、牛羊、生猪等畜禽，还有的农户种植食用菌。林下发展养殖业，融入大自然的怀抱，饲养成本低，产品质量高，迎合了人们追求生态绿色食品的消费理念，既助推了农户饲养业向规模化发展，又提高了经济和生态效益。

贵州黔东南州利用广阔的林下空间，发展林禽、林畜和特色养殖业。迄今，利用森林面积0.124万公顷，家禽养殖达56.35万只，投入资金共950万元，总产值达1 860万元；利用森林面积0.2万公顷，家畜养殖达到13 280头，投入资金350万元，总产值达1 080万元；利用森林面积51.33公顷发展特色养殖，投入资金190万元，总产值400万元。林下养殖不仅实现了生态养殖、循环养殖、环保养殖，带富了一方农民，还打造出“从江香猪”“三穗鸭”等一系列林下养殖特色品牌。

（1）饲养肉牛。在天柱县坪地镇，村民利用退耕还林的山地种植牧草，大力发展养牛业。全村涌现130多家养牛户，户均养牛3头以上，村民年均纯增收达到2 700元。

（2）饲养肉鸡。剑河镇青年黎宏武创办林下养殖场，养鸡数量达到6 000多只，一年出栏两批，年收入达40余万元。在他的示范带动下，该镇60余户村民纷纷办起林下养鸡场，户均年收入3万～6万元。

（3）饲养山羊。施秉县马溪乡村民，利用林下空间养殖山羊，存栏量达3 000余只，年销量2 000余只，销售额达30多万元。仅林下养羊一项，使村民年人均纯收入增加1 000余元。现在98%的农户已摆脱贫困。

（4）种植蘑菇。在印江县广泛实施林菌模式，发展林下食用菌产业。截至2015年6月末，国家开发银行累计为食用菌产业扶贫项目发放小额贷款4 116

万元，带动全县广大农户脱贫致富。

（5）养殖蜜蜂。黔东南州天然林、经济林多，野花蜜源丰富，发展养蜂业具有得天独厚的优势条件。该州养蜂业以“中蜂”为主，蜂蜜年产量约在1 000吨左右。锦屏县涌现一批林下养蜂专业大户，产品野桂花蜜闻名省内外，现年产量达 90 吨，产值 360 多万元。

2. 发展林下种植，中药材百花齐放

贵州省森林广布，是一个林业大省。林业一般前期投入大，见效周期长，农民一般收益较低。通过发展投入低、收效快的林下经济，可收到“以短养长”效果。贵州省气候凉爽，生态优美，适宜种植多种中药材。像天麻、太子参、金银花、松茯苓、金钗、石斛、杜仲、天麻、党参等，真是品种繁多，资源丰富，成为一个资源绿色产业。

（1）以短养长，套种名贵中药材。目前贵州省有多个市（地）以林药模式发展中药材。被誉为“全国经济林产业示范县”的玉屏县，近年来，以短养长，积极发展林下种植和林下养殖，有效解决林业投入短缺问题。截至 2014 年年底，全县林下套种中药材面积达到 0.17 万公顷，主要品种包括头花廖、太子参、射干、药用牡丹等，显著提高了综合效益。

（2）因地制宜，套种油料等作物。锦屏县因地制宜，套种花生、大豆等适宜油料作物，既收到经济效果，又收到改良土壤的生态效益。新化乡油茶专业合作社在油茶林下套种白术、玉竹、烤烟、花生等，既熟化土壤，又增加了油茶种植农户的收入。这个乡欧阳村与浙江一家民营企业联办油茶专业合作社，在油茶种植园套种白术 26.67 公顷、花生 3.33 公顷、烤烟 200 公顷，获得“双赢”。2014 年，村民人均纯收入达到 5 600 元，一举脱贫。

2015 年 7 月

一个具有“三民”特性的红枣专业社

——记内黄县“枣相情”红枣专业社

金秋重阳时节的灿烂阳光，洒满内黄千年枣乡，一片片枣林枝繁叶茂，满眼碧青，一派生机。内黄地处豫北黄河故道，红枣栽培历史悠久。据《内黄县志》记载：在唐宋时期内黄红枣已有大面积种植，达万余亩，并纳入银税。这足以见证：内黄种植红枣已有2 000余年的历史。目前内黄红枣已发展到3.07万公顷，700余万株，年产鲜枣12万吨，产值2.4亿元，面积和产量在全国都名列前茅，居河南省第一。全县人均红枣收入354.3元，占农民人均纯收入的12.4%，已成为内黄的支柱产业、特色产业和优势产业。国家林业局先后授予内黄县“中国名特优经济林红枣之乡”“中国红枣产业龙头县”“全国大枣标准化生产示范县”等称号。内黄大枣品质优良，鲜食酸甜可口、干食甜香味长，是历代帝王之贡品。在1915年巴拿马万国博览会上荣获银奖，被海外誉为“东方宝果”。内黄县现有枣制品加工企业300多家，年加工能力2万吨，红枣制品畅销全国各地，并远销到乌克兰、俄罗斯、韩国、日本、朝鲜、泰国及东南亚等国家和地区。

迎着金风，穿过郁郁葱葱的枣林，笔者专访内黄县“枣相情”红枣专业合作社（以下简称“枣相情”专业社）。这是一家由枣农兴办的、具有民办性质的农民专业合作社。

一、农民是合作社的主人，具有红利分享权

“枣相情”红枣专业社成立于2008年8月。农民以枣林（林地）或红枣产品入股形式加入合作社，现有360个农户入社，即拥有360个农民社员。“枣相情”专业社成立有理事会、监事会，特别是建立了与社员共享的利益分配机制。农民社员可按照土地股份分红；如果社员参加劳动，还可获得工资收入。这也就是说，合作社与农民社员真正结为利益共同体。农民社员既可分享土地收益权，又可取得劳动收益权。2014年，“枣相情”专业社销售总额1 221万

元，实现利润 112 万元，分配给合作社社员盈余返还 99 万元，提取公积金 13.5 万元。

这种具有“民办、民有、民享”的“三民”性质的农民专业社，具有很大吸引力。自成立 7 年多来，“枣相情”红枣专业社不断发展壮大，社员由原来的 98 户，发展到现在的 360 户，入股资金由 68 万元扩大到 736 万元，截至 2015 年 8 月，资产总额增长到 960 万元，其中固定资产 302 万元，年销售收入 1 221 万元，实现利润 112 万元。2015 年，新加入社员达到 50 户，总计入社农户达到 410 个。与此相应，继续扩大示范基地规模，面积达到 266.67 公顷；同时投入资金 50 万元，引进先进红枣加工设备，提高合作社加工厂加工能力，年实现经营收入 1 450 万元，实现利润 150 万元以上，进一步增强了合作社示范带动作用。

二、管理制度完善，办社理念正确

“枣相情”专业社成立后，建有固定的办公场所，置备现代化的办公条件。更重要的是，建立了合作社理事会和监事会，设有理事、监事；设理事长 1 名，副理事长 1 名，理事 23 名。每年定期召开社员代表大会。此外，“枣相情”专业社不仅制定了《合作社章程》，还制定和完善了财务等各项管理制度，实现了规范化的管理。

“枣相情”专业社，按照“农业、生态、科技、特色”的办社理念和思路，致力促进农业、林业现代化，建设科技成果转化基地和科技人才培训创新基地。截至 2015 年，“枣相情”专业社已形成上联科研院校，下接科技示范户和种植户，中间有农民技师、营销经纪人、红枣加工企业的组织服务网络，走上一条“以科技兴产业、以市场活产业、以拉伸产业链条富枣农”的发展新路子。迄今，“枣相情”专业社已创办高效特色生态示范园 1 个，总面积已达到 240 公顷；以股份制形式建成农副产品加工厂 1 个，年加工红枣等农副产品 3 000吨。在管理经营方面，已形成农资统一供应、统一品牌、统一加工、统一销售的服务体系。专业化服务大大加强了“枣相情”专业社的带动能力，如今辐射到内黄、滑县、汤阴、濮阳等周边地区 30 余个乡镇，带动 3 000 余农户发展红枣等特色高效农业。

三、积极转变发展方式，促进农民增收致富

“枣相情”专业社，积极转变发展方式，探索综合发展、绿色发展、生态

发展、可持续发展的新路子，促进农民增收致富。近年来，“枣相情”专业社，以生态示范园为依托，大力发展林下经济和红枣文化旅游，取得了良好的经济、社会生态效果：

（一）综合开发林下空间，大力发展林下经济

2015年，“枣相情”专业社生态示范园、林下种植农作物面积扩大到240公顷，带动全县及周边地区发展无公害红枣生产基地0.67万公顷，特色高效农业0.4万公顷。主要种植黑小麦、彩色花生、紫薯，以及中草药和蔬菜等。内黄县红枣协会会长王相军介绍：现在的“枣相情”专业社，是“上有摇钱树，下有聚宝盆，中间夹着粮食囤”。这三句话形象地表现出红枣业及林下经济的发展景象：“摇钱树”是指红枣；“聚宝盆”是指林下种植中药材、蔬菜和彩色花生等；“粮食囤”是指林下种植黑小麦、甜玉米。王会长给我们算了一笔账：每亩红枣产量500千克，每500克5元，总产值5 000元；林下种植黑小麦，每亩产量250千克，每500克3.5元，产值1 750元；林下种植紫薯，每亩产量1 000千克，种植彩色花生，每亩产量300千克，都大幅度提升了土地的产出率。通过在枣林发展林下经济，有效促进农民社员收入的增长。合作社社员的年收入一般比其他非社员农民要高出2 000余元。

（二）依托高效特色生态园，推动红枣文化旅游业发展

内黄县种植红枣的历史超过2 000年，素有“中国红枣之乡”的美誉。2007年11月，国家质检总局组织在北京召开了“内黄大枣”地理标志产品保护专家审查会，国家质检总局和中国农业大学、中国标准化研究院、北京农林科学院林果研究所等单位的领导和专家，在会上经过严格审查，认为内黄大枣具有鲜明的地域特色和独特的品质特征，符合《地理标志产品保护规定》的相关条件和要求，同意批准对内黄大枣实施国家地理标志产品保护。以此为契机，内黄县举办红枣文化节，开展丰富多彩、生动活泼、富有群众性的文化活动，促进了红枣生态旅游业，包括推出了红枣采摘、农事、民趣体验，以及观光旅游、休闲娱乐等项目，年接待游客达10万余人，年收益200余万元，促进当地旅游业的发展，带动全县建设红枣观光采摘园达100余个。

（三）是加大基础设施投资，促进特色农产品销售

近年来，内黄县积极发展标准化特色农业，先后建立了省级和国家级大枣

标准化示范区，通过实施标准化生产，使大枣品质进一步提高，并扩大加工能力年产干枣4万吨。自2014年以来，“枣相情专业社”投资300余万元，在生态示范园埋设节水管网3 000米，硬化生产道路1.5公里；在加工厂建设保鲜冷藏库1座，红枣加工车间1座，新建红枣加工生产线1条，项目投产后，年可储藏保鲜、加工红枣等农副产品5 000吨，将大大提高生产规模，使合作社发展有一个飞跃。特别是2014年，“枣相情”专业社投资80万元，建置“互联网＋特色农产品”销售平台，开展网上销售业务；同时建立“枣相情旗舰店”，促进了红枣及特色农副产品的销售，年交易额达到6 000余万元。

“枣相情”专业社办出了特色，办成了真正农民的专业合作社，自然受到广大农民的欢迎，同时获得党政有关部门的肯定和嘉奖。2008年，安阳市委、市政府授予“优秀农村经济专业合作组织”称号；被河南省科协、财政厅联合评为“河南省科普惠农兴村先进单位”；2010年、2013年两次被省农业厅评为“河南省农民专业合作社示范社”；2010年被国家农业部评为“农民专业合作社示范社”，2013年11月“枣香茶”在武汉第十一届中国国际农产品交易会上获得参展产品金奖。

我们满怀信心地展望，内黄这个千年枣乡，在农民专业合作制的道路上，将越走越宽广。绿满黄河古道，结满“珍珠玛瑙”，农民生活芝麻开花节节高，实现全面小康在今朝。

2015年9月

后　　记

《中国木本粮油发展研究》一书出版问世了。此书是由国家林业局委托国家粮食局科学研究院承担的软科学研究项目“中国木本粮油产业发展战略研究”资助完成。从课题申请、立项到完成研究报告，及至专著的出版，历时千日、行程万里，花了几多辛劳的不眠之夜。千日辛劳不寻常，交上了一部数十万言的成果。

借本书出版之机，对所有提供帮助的同志们表示诚挚感谢！

特别是：对国家林业局刘跃祥、韩非同志，以及在作者调研过程中得到许多省（区）林业厅、粮食部门同志们的帮助表示诚挚感谢！

对国家统计局农经司黄秉信司长、张延华处长等人的帮助表示诚挚感谢！

对国家粮食局科学研究院杜政院长、刘荣华党委书记、任保中副院长、李福君总工程师的各位领导，以及粮科院科研处、财务处、办公室等处室表示诚挚感谢！

图书在版编目（CIP）数据

中国木本粮油发展研究 / 丁声俊等著．—北京：
中国农业出版社，2016.4
ISBN 978-7-109-21439-2

Ⅰ.①中… Ⅱ.①丁… Ⅲ.①粮油工业—发展—
研究—中国 Ⅳ.①F426.82

中国版本图书馆 CIP 数据核字（2016）第 025306 号

中国农业出版社出版
（北京市朝阳区麦子店街 18 号楼）
（邮政编码 100125）
责任编辑 姚 红

北京中兴印刷有限公司印刷 新华书店北京发行所发行
2016 年 5 月第 1 版 2016 年 5 月北京第 1 次印刷

开本：720mm×960mm 1/16 印张：18 插页：1
字数：300 千字
定价：45.00 元